중 · 근세 동아시아지역의 해륙 경계인식

이 책은 2010년 정부(교육과학기술부)의 재원으로 한국연구재단의 지원을 받아
수행된 연구(NRF-2010-32A-A00007)이며, 수록된 논문들은 『한일관계사연구』
제39집(2011.8)의 '기획논문'에 실린 것을 수정 보완한 것임.

중·근세 동아시아지역의 해륙 경계인식

손승철 엮음

景仁文化社

발간사

　이 책은 2010년 한국연구재단 지원 기초과제연구지원사업인 〈전근대 동아시아지역의 해륙 경계인식과 분쟁에 관한 종합적 연구〉의 연구성과물로 발간하는 단행본이다. 이 연구는 근년에 연속되고 있는 한·중·일 삼국간의 경계인식 및 영토 분쟁의 근원을 파악하고자 시도된 공동연구다. 연구의 대주제를 4분야(동아시아 지역 총괄, 한국 지역, 중국 지역, 일본 지역)로 나누고, 이를 다시 17개의 소주제로 세분하여 1차년도에는 경계인식을, 2차년도에는 경계분쟁을 키워드로 설정하여 과제를 수행했다.

　1차년도에는 경계인식 분야에 주력하여 다음과 같이 세분화하여 진행하였다. 먼저 동아시아 지역 총괄 분야는 동아시아 삼국의 해금정책과 동아시아지역의 고지도(한국, 중국, 일본, 서양)를 통해 동아시아 삼국의 경계인식을 비교 검토했다. 한국 지역 분야는 조선의 대마도 및 일본에 대한 경계인식과 울릉도 경영, 일본 막부의 조선과 중국에 대한 경계인식, 왜구의 활동을 중심으로 한 구주, 대마도인의 경계인식의 형성과정과 변화의 추이를 고찰했다. 중국 지역 분야는 중근세 시기 만주지역에서 조청 간 국경설정의 배경이 된 양국의 無主地의 형성배경과 전개, 명의 衛所의 설치 및 山川·城站의 진위 여부를 밝혀 명대 강역과 경계인식을 검토했다. 일본 지역 분야는 에도막부 초기에 '외적인 존재'(=他)였던 에조치의 '내적인 존재'(=自)로서의 변화와 평가, 류큐에 대한 일본의 '他'인식과 17세기 이후 '自'로 변용되는 과정을 살펴보았다.

　2차년도에는 1차년도의 경계인식에 대한 연구성과를 바탕으로 경계분쟁이 어떠한 양상으로 나타나는가를 집중적으로 규명했다. 먼저 동아시아지역 총괄분야에서는 '海禁'정책의 변화 양상과 분쟁 발생을 규명하고 고지도를 통한 중근세 해양경계인식의 변화를 파악하고자 했다. 한국 지역 분야는 조일 간의 어업권과 경계분쟁, 왜구의 약탈과 분쟁의 양상, 안용복 사건 등을 키워드로 한 연구를 진행하여 조선의 대일 경계인식과 경계분쟁의 실상을 고찰했다. 그리고 중국 지역 분야는 여말선초 여진 귀속문제와 조·명 간의 요동 쟁탈전을 중심으로 한·중 간의 경계분쟁에 대한 성격규명을 시행하며, 일본지역 분야는 근세 일본의 에조치와 류큐로의 진출과 그로 인한 분쟁 양상을 중심으로 진행했다.

또한 이 연구를 위하여 1차년도에는 2010년 7월 26일부터 31일까지 5박 6일간 일본 규슈지역(후쿠오카, 아이노시마, 야마구치, 오이타, 유후인, 가라츠, 다자이후 등)과 2011년 1월 28일부터 2월 1일까지 4박 5일간 북해도지역(치토세, 노보리벳츠, 삿포로, 네무로, 쿠시로, 하코다테 등)을 답사했다. 2차년도에는 2011년 8월 16일부터 23일까지 7박 8일간 두만강과 압록강지역(블라디보스토크, 훈춘, 방천, 도문, 연길, 용정, 백두산, 송강하, 집안, 단동, 대련 등)과 2012년 1월 27일부터 31일까지 4박 5일간 일본 오키노시마(요나고, 도토리, 마츠에, 오키노시마, 이즈모, 오오다 등)를 답사했다. 이 자리를 통해 일본 현지답사를 안내해 준 佐伯弘次, 伊藤行司, 松尾弘毅, 堀本一繁, 권석영, 橋本 雄, 김영미, 門田眞知子 교수 그리고 중국 현지답사를 안내해 준 金泰國, 金洪培 교수님께 감사를 드린다.

또한 2회의 학술대회를 개최하여 참여연구원 전원이 17개 소주제를 발표하여, 학계전문가의 자문을 받았다. 토론을 맡아주었던 정성일, 장순순, 홍성덕, 이경룡 교수님께도 감사드린다.

그리고 연구결과물로서 소주제 17개를 한국연구재단 등재학술지인 『한일관계사학회』 제39집과 제42집에 특집 기획논문으로 게재하였으며, 이번에 현지답사 기록을 포함하여 이 책으로 발간하게 되었다.

당초 연구계획서에는 모든 소주제 연구는 등재학술지에 게재함과 동시에 조사내용과 관련 자료들은 분류 정리하여, 학술진흥재단「연차보고서」에 수록하며, 연구수행 결과로 획득된 자료(사료의 원문 탈초문과 번역문, 사진, 현장조사 내용)는 모두 DB화하여 홈페이지(가칭「동아시아 삼국의 경계와 분쟁DB」)를 통하여 공개하기로 했으나, DB화 부분은 여건이 원활치 못하여 다음 기회를 기약하기로 했다.

이 책의 발간으로 현재 자행되고 있는 중국의 동북공정과 일본의 독도 망언에 대한 허구성이 드러나고, 동아시아 삼국의 영토분쟁에 대한 집중적인 연구가 더욱 진전되었으면 좋겠다. 그동안 공동연구의 성공적인 수행을 위해 온갖 궂은일을 도맡아 해준, 신동규, 한성주 선생에게 감사드리며, 연구보조를 위해 협력해준 김강일, 김윤순, 서은호, 정병진, 정지연, 황은영, 김수정, 원연희, 이홍권, 장경호, 한동환, 홍을표 선생에게도 고마움을 전하고 싶다.

끝으로 이 책의 발간은 물론이고,『한일관계사연구』를 비롯하여『경인한일관계총서』등 출판물 지원을 아끼지 않는 경인문화사 한정희 사장님과 신학태 팀장을 비롯한 직원 여러분께 감사한 마음을 전한다.

2013년 7월
연구책임자 손 승 철

목 차

제3장 중국지역

제4장 일본지역

x

제2부 답사보고서

제1장 동아시아지역 총괄

중·근세 동아시아의 해금정책과 경계인식
- 동양삼국의 해금정책을 중심으로 -

민 덕 기*

1. 머리말

중국 역사상 가장 개방적인 시대로 꼽는 것은 근세의 明·淸시대가 아닌 중세의 唐代이다. 唐代 수도인 長安은 100만의 도시였으며 그 거리에선 백인종도 흑인종도 만날 수 있는 국제도시였다고 한다. 많은 외래종교도 유입되어 신봉되었고, 중국의 율령이나 불교를 공부하기 위해 주변의 국가에선 官費 또는 私費로 유학생을 파견하기도 했다. 그중에서는 科擧에 합격하여 중국에서 관리가 되기도 했으니 최치원의 경우가 그러하다. 인도를 여행하고 『往五天竺國傳』을 남긴 승려 혜초는 중국에서 생을 마감하고 있다. 신라인들의 집단거주 지역인 新羅坊이 중국에 있었던 것도 이 시대였고, 일본 승려 엔닌(圓仁)의 『入唐求法巡禮行記』를 통해서 알 수 있듯이 장보고가 동북아시아를 배경으로 활약한 것도 당나라 때였다. 이처럼 唐代는 열린 시대였다.

이에 비해 明은 어떠한 체제였을까? 주변 국가에서의 중국 유학은 국방상의 노출을 우려한 明에 의해 허용되지 않았고, 唐代 8세기 중반 일

---

* 청주대학교 역사문화학과 교수.

본으로 건너간 스님 간진(鑑眞)과 같은 중국인의 출국도 더 이상 가능하지 않았다. 고려시대 개성을 드나들던 송나라 상인과 같은 중국 상인도 明代의 조선에서는 찾아볼 수 없었다. 이른바 '海禁'에 의한 것이었다. 그 결과 어떠한 중국인도 私的으로 중국을 떠날 수 없고, 어떠한 외국인도 公的 입장을 띠지 않고선 중국에 입국할 수 없었다. 사절만이 중국과 주변 국가를 오갈 수 있는 폐쇄적인 시대가 시작된 것이다.

元代에 이르기까지 민간의 해외교류는 비교적 개방적이었고, 국가가 바다를 통한 경제적 교역을 적극적으로 후원하여 국가재정의 확충에 활용한 측면도 찾아볼 수 있다. 하지만 明代에 이르러 강력하고 專制的인 국가권력이 모든 민간의 대외경제교류를 통제하고, 이를 바탕으로 '朝貢冊封體制'라는 중화적 세계질서의 수립을 지향하는 경향이 나타나기 시작하였다.[1]

본 논문은 이러한 明代의 海禁정책이 어떤 배경에서 발생하여 전개되었는가? 이러한 해금정책은 조선에 어떻게 반영되었는가? 이에 비해 일본의 해금정책은 '鎖國'과 어떻게 다른가? 한·중·일 삼국의 해금은 어떤 다른 특징을 가지고 있는가? 해금정책으로 국가의 경계 인식은 어떤 변화를 가져왔는가? 등을 검토하고자 한다. 그러나 紙面의 한계도 있어 해금정책의 변화, 예를 들어 明의 16세기 이후의 明朝의 해금체제 이완과 淸朝의 해금정책은 유보하기로 한다. 또한 조선후기의 해금정책도 본 논문에서는 제외하고자 한다. 아울러 표류민 송환체제에 대한 언급도 유보하려 한다.

---

1) 이문기 외 공저, 『한·중·일의 해양인식과 해금』, 동북아역사재단, 2007, 13쪽.

2. 明朝의 해금정책

1) 해금정책의 성립

중국사상 국가 차원에서 바다를 통한 對外무역을 관리하는 官員이 설치된 것은 唐朝가 들어선 이후의 일로 알려져 있다. 唐 開元 연간(713~741) 처음으로 市舶司라는 관직을 두어 安南·廣州 등지에 파견하여 무역을 국가가 관리하기 시작하였다. 宋代에는 광주·항주·명주·천주·밀주 등지에 시박사를 설치하여 해외교통과 무역에 대한 제도적인 관리체계가 성립되었고, 원대에도 시박사를 통해 해외교통과 무역을 보호하고 장려하였다.

明初에도 이러한 해외무역의 발전 추세를 이어받아 무역장려책이 채택되어 명주·천주·광주 등지에 시박사가 설치되었다. 비록 홍무 4년(1371)에 이미 해금령이 내려진 상황이었지만, 민간무역은 일정한 수속을 거치고 조건을 갖추면 비교적 자유롭게 허용되었다. 하지만 홍무 7년(1374) 시박사는 폐지되었고, "조각배도 바다에 띄울 수 없다."는 매우 엄격한 해금정책이 실시되면서 明朝는 일체의 해상활동을 철저하게 금지하였다.[2]

이러한 명조의 해금정책은 통시대적인 맥락에서 보면 매우 이례적인 정책이었다. 唐代의 개방정책은 宋代엔 政經분리정책으로 이어졌다. 그리하여 다수의 宋商이 海上航路를 통해 고려·동남아·아라비아 세계와 접촉하며 활발한 교역활동을 펼쳐 海路通商의 절정기를 가져왔다. 이어 元代에 이르러 해상교역은 空前의 활황을 맞이하기에 이르렀다. 元朝는 宋朝 이상으로 해외무역에 적극적이었고, 시박사가 설치된 광주와 천주

---

2) 홍성구, 「청조 해금정책의 성격」, 『한·중·일의 해양인식과 해금』, 동북아역사재단, 2007, 162쪽.

는 남해 무역의 거점으로 크게 번영하였다. 13~14세기에 남중국해로부터 인도양·아라비아해에 걸친 해역은 원조를 중심으로 동서의 무역상인이 왕래하는 하나의 교역권이 형성되기도 하였다.

이처럼 활발했던 국제교역이 돌연 중단되고 폐쇄적인 정책이 채용된 것이 明初의 상황이었다. 이른바 '해금'이라고 불리는 조치에 의해 일반민중과 상인의 자유로운 해외왕래는 금지되고, 외국상인의 내항에도 제한이 가해졌다. 明朝는 전통적인 조공제도와 조공무역에 이와 같은 새로운 '해금'을 결합시켜 통행과 교역을 국가가 완전하게 통제하는 독특한 명대의 조공시스템을 만들어낸 것이다.3)

그러면 명대의 해금은 어떤 배경에서 출현한 것일까? 元末의 반란집단 중에서 대두한 주원장 홍무제는 원조를 북으로 내쫓고 1368년 명을 건국하였다. 그러나 원말명초 중국 연해안에서는 前期왜구가 활발하게 활동하고 있어, 『明史』·『明實錄』에 기록된 바에 의하면 홍무 원년(1368)부터 홍무 7년까지 왜구의 침구는 23회에 이른다.4) 나아가 '장사성·방국진의 잔당'이라고 불리는 연해안의 주민과 왜구가 연합하여 침구하였으므로 명조는 왜구와 연해안 주민의 분단을 꾀하여 1371년 해금령을 발포하고, 官民을 가리지 않고 出海를 금지하였다.5)

이러한 해금은 해적 방지와 밀무역의 단속이라는 두 가지 기능을 겸비한 정책이었지만, 홍무제가 해금령을 발포한 직접적 목적은 왜구 금압에 있었고, 해금은 애당초 밀무역의 단속, 즉 무역통제를 행하는 정책은 아니었다. 무역통제는 市舶司 제도와 '違禁下海律'의 관할하에 있어서,6)

---

3) 홍성구, 앞의 논문, 165쪽.
4) 熊遠報, 「倭寇と明代の海禁」, 大隅和雄·村井章介編, 『中世後期における東アジアの國際關係』, 山川出版社, 1997, 90쪽.
5) 佐久間重男, 『日明關係史の研究』, 吉川弘文館, 1992, 197~199쪽; 熊遠報, 앞의 논문, 90쪽; 檀上寬, 「明代'海禁'の實像」, 歷史學研究會編, 『港町と海域世界』, 靑木書店, 2005, 147·162쪽; 上田信, 『海と帝國 明淸時代』, 講談社, 『中國の歷史』09, 2005, 95쪽.

그 통제하에서 민간무역은 인정되고 있었다.[7] 명조는 건국의 前年, 太倉에 黃渡市舶司를, 1370년에 이를 발전적으로 해소한 영파·천주·광주에 세 시박사를 설치하여 무역을 장려하면서 관세 징수를 행하였다.[8] 그러나 왜구 횡행이 멈추지 않는 가운데 해금 위반자와 '違禁下海律' 위반자의 판별은 곤란해져서, 화폐경제의 침식으로부터 국내경제를 방어할 필요성이나 교역의 이익을 미끼로 주변제국을 조공무역에 참가시키는 목표도 있어, 명조는 1374년에 세 시박사를 폐지하고 민간무역을 전면적으로 금지했다. 이에 의해 해금은 '違禁下海律'과 일체화되어 무역통제 기능도 겸비하고, 해금은 밀무역의 단속을 통해 조공무역을 보완하는 정책이 되어 '해금-조공체제' 또는 '해금=조공시스템'이라 불리어지게 된다.[9]

'해금=조공시스템'이 가장 유효하게 기능한 것은 영락제 시대였다. 대외적 적극책을 취한 영락제는 1403년 세 시박사를 부활시켜 조공국의 입조에 대비하였고, 1405년부터 정화 함대를 남해에 파견하는 등 여러 외국에 활발하게 사절을 파견하여 入朝를 재촉하고, 또한 동남아시아의 중국인 해적을 토벌하기도 하였다. 이에 의해 홍무연간 17개국이었던 조공국은 영락연간에는 60개국으로 급증하고, 동남아의 화교들에게도 영향을 뻗쳐 그들의 귀국이나 恭遜, 또는 동남아 국가에 의한 강제송환을 촉발시켰다.[10] 이러한 정세는 중국 연해안 주민에게 出海를 주저하게 하는

---

6) '違禁下海律'이란 『明律』에 수록된 법령의 하나로, 元代의 '市舶則法'을 답습하여 설정된 무역통제 법령이다. 이것은 關稅 수입 등의 適正한 수속을 밟지 않은 무역이나 禁制品의 반출을 금지하는 것이었지만, 동시에 적정한 무역은 허용하는 것이었다(檀上寬, 「明代海禁槪念の成立とその背景」, 『東洋史硏究』 63-3, 일본 東洋史硏究會, 2004, 10쪽).

7) 檀上寬, 앞의 2004년 논문, 9쪽.

8) 佐久間重男, 앞의 책, 52~53쪽; 檀上寬, 앞의 2004년 논문, 10쪽.

9) 佐久間重男, 앞의 책, 224쪽; 檀上寬, 앞의 2005년 논문, 149~150쪽.

10) 佐久間重男, 앞의 책, 121~122쪽; 檀上寬, 앞의 2005년 논문, 159~163쪽; 上田信, 앞의 책, 152쪽.

〈표 1〉 시박사의 변천[11]

왕조	배경과 설치목적	담당 직무	담당관리의 지위
宋·元	해외무역에 적극적 → 국가재정수입의 확대	민간무역 화물에 대한 관세부과와 탈세방지	轉運使가 겸임, 또는 전문 관원
明	해외무역에 폐쇄적 → 해금 강화, 조공무역 운영	조공사절의 진위와 합법성 점검, 민간무역 통제	提擧(종5품)

것이 되어, 한동안 '해금=조공시스템'은 안정화되고, 해금령이 발포되는 일은 없었다.[12]

〈표 1〉에서처럼 明代 이전과 이후의 시박사는 그 모습이 판이하게 다름을 알 수 있다. 이전의 시박사는 국가재정의 확충이나 해외무역을 장려하기 위해 설치되었고, 그런 만큼 민간무역에 대한 관세의 부과와 탈세의 방지가 주된 업무였다. 그러나 명대의 시박사는 해금을 시행하고 조공무역을 운영하기 위한 것이었다. 그런 만큼 조공사절 여부와 조공품의 검색에 초점이 맞추어져 있었고, 담당관리 또한 낮은 지위에 머물게 되었다.

그런데 명대 초기부터 실시되어 왔던 해금정책이지만 '下海通蕃의 禁'·'海禁'이란 용어와 개념의 형성은 16세기의 일이다. 16세기의 해금 존폐논쟁 속에서 논쟁자들은 연해안의 상황을 '下海通蕃', 그것을 금하는 弘治問刑條例에 보이는 정책을 '下海通蕃의 禁'이라 불러 나타내고, 그 약칭으로 '海禁'이라고 하는 용어와 개념을 형성해 간 것이다.[13] 그 때문에 해금이라는 용어는 해금정책을 도입한 홍무기 또는 '해금=조공체제'가 유효하게 기능하고 있던 영락기라고 하기보다는 후기왜구가 창궐해 있던 16세기의 정책을 반영한 용어이다.

---

11) 이 표는 홍성구, 앞의 논문, 162쪽의 내용을 표로 재구성해 본 것이다.
12) 檀上寬, 앞의 2005년 논문, 163쪽.
13) 檀上寬, 앞의 2004년 논문, 21~24쪽. 여기서 '下海通蕃'의 '蕃'은 '番'으로도 쓰이며, 그 뜻은 오랑캐(夷)를 의미한다.

해금 존폐논쟁은 1567년의 月港의 開港으로 결정되지만, 그에 의해 명조는 해금을 폐지한 것은 아니었다. 오히려 논쟁자들이 私的으로 부르고 있던 '해금'이란 용어가 국가 공인의 정책용어로 되는 것은 月港 개항의 20년 후인 1587년에 간행된『萬曆會典』에서였다.『만력회전』에는 弘治問刑條例를 기본으로 '해금'이라고 하는 항목 하나가 설정되어 月港 개항에 대응한 號票(文引) 휴대자를 해금의 대상에서 제외하는 例外 규정이 부가되어 있었다. 이러한 해금정책은 명대 말기까지 이어져 청조의 해금으로 계승되어 갔다.

2) 조공제도의 성립

홍무 연간의 해금의 조항은 대부분의 조항에서 거의 '私通海外' '交通外番' '交通外國'이라는 표현을 사용하고 있다는 점이 특징이다. 이는 변방에 대한 통제를 포함한 '私通外夷'와 다르지 않다.[14] 즉 '私通外夷'를 금지하고 있는 것이다.

해금이 '外夷'와의 '私通'을 통제하는 것으로 구체화되는 것은 호유용 사건과 무관하지 않다. 이는 일본과 손을 잡고 모반을 획책했다 하여 1380년 승상 호유용을 숙청한 사건으로, 그 이후 홍무제는 승상에게 분산된 권력을 황제에게 집중시킴으로써 외국과의 사사로운 접촉을 막고 외교적 루트를 황제 중심으로 일원화하여 해외교통과 무역에 대한 독점을 꾀하고자 했다.[15]

영락 3년(1405) 영파·천주·광주에 시박사를 설치하고 그것을 영파의 것은 安遠, 천주는 來遠, 광주는 懷遠이라 이름하였다. 광주의 懷遠驛에는 房屋 120칸을 지어 외국 貢使들이 거주하게 하였다. 영락 5년엔 북경

---

14) 한지선,『明代 해금정책 연구』, 전남대학교 박사학위논문, 2009, 36쪽.
15) 한지선, 앞의 책, 37쪽.

에 四夷館을 설치하여 번역과 통역의 인재를 양성했다. 그리고 외국의 조공사절이 중국에 입항하는 항구를 지정하니 영파엔 일본, 천주엔 琉球, 광주엔 동남아나 서양의 나라들이 왕래하도록 하였다.16)

홍무·영락 연간을 거쳐 완성된 조공 규정은 명과의 무역이 조공의 범위 내에서만 진행되는 것을 허락하였다. 그리고 사신이 중국에 도착하는 시기뿐만 아니라 항구·선박·물품·인원 등 모든 면에 걸쳐 일정한 제한을 두었다. 홍무·영락 연간의 조공무역은 또한 조공은 적게 요구하고 回禮는 후하게 내린다는 '厚往薄來'를 원칙으로 한 것으로 이익 추구가 아니었다.17)

당초 해금이 치안과 海防을 위한 정치적 목적에서 관철된 邊境과 해상통제의 일환이었다면, 조공은 외교적 관계를 관철시키는 방법으로 각각 그 성립된 동기가 서로 달랐다. 그러나 홍무연간 이 둘은 상호 보완하면서 결합하여 '해금-조공체제'를 성립시켰다. 이들이 상호 결합한 것은 연해지역의 '치안'을 유지하고 외교적으로 우위를 점하기 위해서였다. 영락연간 조공과 해금 역시 치안과 國體를 유지하기 위해 기능하고 있었다. '해금-조공체제'는 동아시아 방면에 있어서는 변경의 안정과 여진 등 변경 공간의 소수민족을 明의 통치질서 안으로 흡수할 수 있었고, 남해방면에는 대규모 원정군을 파견하여 경과하는 곳의 해적들을 소탕하여 海盜를 숙정하였다. 또한 해외 각국을 조공체제 안으로 흡수시키고 이들 사이의 내분이나 무력충돌에 대해 황제의 권위로서 조정해주고 각자의 분수에 안주하게 함으로써 정치적 군사적 목적의 해금정책은 해외까지 확장되었다고 할 수 있다.18) 바야흐로 政經일치의 시대가 도래한 것이다.

---

16) 한지선, 앞의 책, 49~50쪽; 鄭樑生, 『明·日關係史の硏究』, 雄山閣, 1984, 89쪽.
17) 한지선, 앞의 책, 50~52쪽.
18) 한지선, 앞의 책, 61쪽.

3. 조선의 해금정책과 明의 영향

어느 시대에도 일반 민간인들이 국가의 허가를 받지 아니하고 자유스럽게 해외로 진출할 수 있었던 시대는 없었을 것이다. 고려시대에도 역대의 여러 왕조와 마찬가지로 국경이 개방된 적이 없었다. 해당시기의 여러 국가들이 취한 국경폐쇄와 일반 인민의 해외진출 금지정책을 본받아 고려에서도 국경에 대한 수비가 중요시되었으며, 내·외국인에 대한 越境이 매우 엄격하게 다스려지고 있었다. 또한 이 시대에 민간인이 국가의 허락을 받지 않고 국제무역에 종사하였던 사례를 거의 찾아볼 수 없다.[19]

그런데 이러한 '해금'에 준하는 정책이 조선왕조에 와서는 매우 구체화되었는데, 그 배경엔 明朝로부터의 영향이 결코 적지 않았을 것임에 틀림없다. 그것은 조선이 명조를 선진국으로 인식하고 있었으며 명조와 조공책봉관계를 맺게 되었기 때문일 것이다.[20]

조선은 이미 태종 13년(1413)에 이미 '사사로이 바다로 나가 이익을 도모하는 자(私自下海興利者)를 금지하라'는 명을 내린 바 있었다.[21] 이는 명조의 해금정책과 무관하지 않을 듯하다.

> 형조에서 아뢰기를, "장사치의 무리들이 왜관에 드나들면서 규정에 넘치게 무역을 하고 있으므로 防禁의 법을 마련하여, 그들의 가지고 있는

---

19) 장동익, 「고려시대의 대외교섭과 해방」, 『한·중·일의 해양인식과 해금』, 동북아 역사재단, 2007, 95·97쪽.
20) 임영정은 "明의 해금정책으로 인해 조선왕조는 明과 조공을 통한 국영무역만이 가능하여져서 자연히 조선왕조도 이를 追隨할 수밖에 없었던 것이다.(중략) 조선 시대의 해금정책은 또 다른 면에서는 明을 의식하여 취하여진 조치이기도 하였다."라고 평가하고 있다(임영정, 「朝鮮前期 海禁정책 시행의 배경」, 『동국사학』 31, 1997, 46쪽).
21) 『태종실록』 13년 7월 28일(을사).

물건을 빼앗고 刑律에 의하여 죄를 다스리게 하려 하나, 그 죄가 笞刑
50도에 이를 뿐이고 또 원하면 贖錢으로도 해결할 수 있게 되니, 그들이
이익을 중히 여기고 법을 소홀히 하여, 外人과 내통하여 공모하기에까지
이르렀다. 앞으로는 밀무역을 하는 자는『大明律』에 의하여 명주·비단·
면포를 사사로이 국경 밖으로 꺼내어 팔 때는 곤장 1백 대를 치고, 물건
과 배와 수레는 모두 官에 몰수하고, 그 내통 공모한 情跡이 드러난 자는
姦細를 추궁 訊問하는 조목에 의하여 엄중히 징계하게 하소서."하니, 그
대로 따랐다.22)

이 기사는 1421년 밀무역에 대한 처벌을 형조가 요청하여 세종이 윤허
한 내용으로, 밀무역 처벌 규정이 당시의 조선 법률로는 너무 가벼워 이후
부터는『大明律』에 의거하여 엄형으로 다스리기로 하고 있다. 여기서『대
명률』은 조선이 刑律과 관련하여 따로 법률을 마련하지 않고 이용한 명조
의 형법이다. 그 결과『經國大典』刑律의 '用律' 조항엔 '用大明律'이라고
명시되었다. 이 조항은 조선시대 내내 유효하였으므로『대명률』은 조선시
대 내내 형률로 이용되었다고 할 수 있다. 다만『대명률』의 형률과 관계없
이 조선에서 자체 제정하여『경국대전』이나『속대전』에 규정된 조항이 있
을 경우에는『대명률』의 규정이 아니라『경국대전』이나『속대전』의 규정
이 적용되었다. 조선은『대명률』을 이용하기 위해『大明律直解』등을 편
찬하였다.『대명률직해』는 당시 법률현장의 실무를 담당하던 中人들이 이
해하기 편하도록『대명률』을 이두로 번역한 것이었다.23)

---

22)『세종실록』3년 6월 9일(경자).
23) 한임선·신명호,「조선후기 海洋境界와 海禁」,『동북아문화연구』21, 2009. 14
     쪽 주 28). 그런데『大明律直解』에 대하여 정긍식·조지만,「朝鮮 前期『大明
     律』의 受容과 변용」(『진단학보』96, 2003)의 217쪽에선, "법적 효력을 가진
     규범은『大明律』그 자체였으며『大明律直解』가 조선시대 전체에 일반적 효력
     을 가진 유일한 규범으로 받아들여졌다는 주장은 재검토되어야 한다."고 제한적
     인 평가를 하고 있다.

다음 해인 1422년 조선은 해양으로 나가는 배를 7~8척이 되어야 함께 나갈 수 있도록 하였다. 그리고 1426년부터는 아예 바다로 나가지 못하는 것으로 강력하게 규제하였다. 그리하여 『대명률』과 이후 受教에 근거하여 "私出外境貨賣及下海者, 杖一百"이라 하여 사사로이 국경 근처에서 무역하거나 바다로 나간 자는 곤장 1백에 처하게 하였다. 『대명률』을 수용하여 운영하는 과정에서 해금에 대한 조항과 그 처벌에 대해서도 규제가 강화되었다. 또한 1433년 병조에선 야인과 불법적으로 물건을 매매하는 자들에 대하여 명조의 '違禁下海律'에 근거하여 처벌할 것을 청하고 있다.[24] 이로 보아 이 법이 여진에의 대응책으로 응용되어 확대하여 간 모습을 확인할 수 있다.[25]

明에서는 연해지역의 객상들이 해상 이동에 신고해야 할 증서로 우선 路引이 있었다.[26] 그런데 조선은 이 路引을 내국인만이 아니라 조선에 도항하는 왜인에게까지 지참하게 해 對日통제 수단으로 활용하고 있으니 1411년에 이미 그 사례가 보이고 있다.[27]

---

24) 우인수, 「조선후기 해금정책의 내용과 성격」, 『한·중·일의 해양인식과 해금』, 동북아역사재단, 2007, 125쪽.
25) 한편 對日관계로 보면, 세종 초기인 1423년부터 對日 사절파견에 私的인 무역 행위를 금지하고 있었다. 그리고 1429년 통신사 박서생의 파견을 전후하여 무역 행위의 금지가 다시 논의되었다. 즉 '講信修好'를 목적으로 파견된 對日사절이 교역의 이윤을 탐내는 것은 君命을 모욕하는 것과 같다는 인식에 근거하여, 예의의 나라로서의 조선의 이미지를 손상하지 않도록 사절의 휴대품목을 제한하고 위반자는 법에 의해 처벌할 것을 논하고 있다. 그리고 對明 사절파견에게는 이미 私貿易 행위 금지가 입법화되어 있었으므로 그것이 참조되었다. 그 결과 사절의 私的인 휴대품목이 일정량의 布物에 한정되고 金銀·銅錢·花紋席·虎豹皮 등의 휴대는 금지되었다. 1439년 통신사 고득종의 파견에 즈음해서는 사절의 私的 교역금지 細目이 입법화되었다(민덕기, 『前近代 동아시아 세계의 韓·日關係』, 경인문화사, 2007, 92쪽).
26) 한지선, 『明代 해금정책 연구』, 전남대학교 박사학위논문, 2009년, 29쪽.
27) 한문종, 『朝鮮前期 對日 외교정책 연구-대마도의 관계를 중심으로-』, 전북대학교 박사학위논문, 1996, 67~68쪽.

明의 해금정책 시행을 위한 제도로서 文引이 있다. 이에 대한 규정은 『大明律』권15 「兵律」의 '私越冒度關津'條에 대한 『釋義』해석에서 아래처럼 보인다.

> 모든 文引이 없이 건너는 자를 私度라고 하고, 문인이 없이 關에서 문을 경유하지 않고 또는 津에서 나루터를 경유하지 않고 몰래 다른 곳을 따라 건너는 자는 越度라고 하고, 다른 사람의 문인에서 이름을 도용하여 지니는 자는 冒度라고 한다. (중략) 越度한 자는 杖刑 100에 徒刑 3년에 처하며 이로 인하여 外境을 나간 자는 絞刑에 처한다.[28]

여기서 보듯 關門이나 나루터(津)를 이동하는데 문인의 휴대가 엄격하게 적용되고 있음을 알 수 있다. 이른바 문인 없이 이동하면 私度라 하고, 문인 없이 관문·나루터를 몰래 옮겨가면 越度라 하였으며, 문인을 도용하면 冒度라 칭하였다는 것이다. 그리고 越度하는 경우 杖刑 100에 徒刑 3년에 처하는데, 국경을 넘는 越度면 교수형에 처한다고 하니 그 엄격함의 정도를 알 수 있다.

그런데 이러한 『대명률』에 보이는 문인제도는 조선에도 그대로 적용되어 1428년에 "문인이 없이 關津을 건너는 자는 杖 80을 쳤으니 지금부터 죄를 짓고 달아나는 자 이외에는 모두 명령을 어긴 것으로 논죄하라." 고 한 것을 보아 알 수 있다. 그리고 1436년엔 使送왜인이 대마도주의 서계와 문인을 위조해서 내항하는 폐단을 막기 위하여 文引에 사송선의 크기와 각 船의 正官·格倭의 이름, 그리고 승선인원 등을 기재하도록 하였다. 이로써 문인에 기재될 세부항목이 정형화되었다. 나아가 이러한 문인제도는 여진족에도 확대 적용되었다. 즉 1443년 함경도의 여러 鎭에 살고 있는 야인들이 친족을 만나러 오는 경우 소재지 관사에서 그 사람

---

28) 한지선, 앞의 책, 30쪽에서 재인용.

및 동반한 牛馬를 기록하고 기일을 한정하여 문인을 발급해 주고, 돌아
갈 때에 회수하도록 요청하고 있는 것이다.29)

　이처럼 조선은 건국초기부터 『大明律』을 준용하여 私的인 出海와 무
역을 통제하였다. 그리고 路引이나 문인 제도를 수용하여 對內的으로,
나아가서는 일본과 여진과의 관계에까지 이를 적용하기에 이른다. 이러
한 明의 해금정책에 대한 조선의 적극적인 수용은 조선이 對明 事大정책
을 버리지 않는 한 필연적인 것이었다고 여겨진다.

4. 일본의 해금정책과 '쇄국'

　일본의 해금정책은 쇄국정책으로 설명되어 왔다. '鎖國'이란 도쿠가
와 막부가 일본인의 해외왕래를 금지하고 외교·무역을 제한한 대외정책
으로 거기서 생겨난 '고립상태'를 가리킨다고 말해왔다. 그러나 실제로는
고립되어 있었던 것이 아니고 외교 이외에 무역의 권한을 도쿠가와 막부
가 제한·관리한 체제로서 조선·유구·중국·네덜란드와는 교류가 있었다.
　'쇄국'이란 말은 도쿠가와시대 蘭學者인 시즈키 타다오(志筑忠雄 ;
1760~1806)가 1801년 번역한 '쇄국론'에서 처음으로 사용되었다. 그 이
전인 1690년부터 2년에 걸쳐 일본에 머물렀던 독일인 의사 컨페르가 귀
국 후에 일본에 관한 체계적인 저작의 집필에 몰두하여, 사망 후『日本

---

29) 한문종, 앞의 책, 68~69·72쪽. 한문종은 또 문인에 대해 다음처럼 설명하고 있
　　다. 즉 조선이 건국 초부터 明의 『大律』을 준용하여 상인에 대한 징세와 통제,
　　군사적인 목적 및 조선에 들어오는 여진인과 왜인에 대한 통제수단으로 文引을
　　이용하였다. 그리고 戶曹와 兵曹·禮曹 등의 중앙관서와 都體察使·巡問使·守
　　令·萬戶 등의 지방관에게 주었던 문인발행권을 對馬島主에게 준 것은 대마도를
　　조선의 지방으로 인식하는 對馬屬州意識 내지 對馬藩屛意識의 구체적인 표현
　　이며, 대마도와 羈縻關係의 외교체제를 유지시켜주는 중요한 요소였다(한문종,
　　앞의 책 70~73쪽).

誌』(1727年刊)가 英譯 출판되었다. 그런데 그 네덜란드어 제2판(1733년 간) 중의 권말 부록의 마지막 章에 해당하는 "일본에서는 자국민의 출국과 외국인의 입국을 금지하고, 또한 이 나라의 세계 제국과의 교통을 금지하는 대단히 당연한 이치"라고 하는 논문을 나가사키 데지마에서 네덜란드 어학 통역관을 지낸 적이 있는 타다오가 번역했다. 그 때에 그는 너무 논문의 제목이 길어 번역 본문 중의 적당한 말을 찾아서 '쇄국론'이라 이름하였다.

이 '쇄국'이란 말은 그러므로 신조어이며 실제로는 '쇄국'이란 말이 막부에서 불리어지기 시작하는 것은 페리 제독이 내항하는 1853년, 본격적으로 정착해가는 것은 日·美수호통상조약이 체결되는 1858년 이후라 일컬어진다. 나아가 일반에 보급되는 시기는 메이지시대로서, 그 이후는 도쿠가와시대 이전과 이후의 고립외교도 '쇄국'으로 불리어지게 되었다. 그 때문에 근년의 역사학자들 사이에서는 '쇄국'이 아니라, 다른 동북아시아 나라들에서 보이는 '해금'으로 바꿔야 한다는 움직임도 있다. 또한 최근의 교과서에서도 '이른바 쇄국'이나 따옴표를 넣어 '쇄국'이라 표기하는 경우가 많다.[30]

그렇다면 일본사에서 '해금'은 누가 제일 먼저 사용했을까? 일본인으로서 해금이란 어휘를 최초로 사용한 사람은 18세기 초기의 유학자 아라이 하쿠세키(新井白石)로, 그는 그의 저서 『折りたく柴の記』(1716년 간)에서 나가사키무역의 개혁을 언급하면서,

"게이쵸 6년(1601) 이후 외국 선박이 일본에 와서 무역하는 일은 아직 정해진 바가 없었다. 그때는 明代 萬曆期(1573~1619)로 海禁이 엄하던 때였으므로, 지금처럼 唐船(중국선박)이 내항하지도 않았다. 나가

---

30) '쇄국'에 문제를 제기하여 '해금'으로 대치해야 한다는 주장은 荒野泰典, 『近世日本と東アジア』(東京大學出版會, 1988)으로부터 시작되어, 아직도 兩者에 대한 찬반이 계속되고 있다.

사키에는 다만 서양의 番船(夷船)만이 와서 머물렀다. (중략) 겐로쿠 3
년(1690)에 唐船의 액수는 70척으로 정해졌었지만, 요즘에 와 淸朝 康
熙帝는 海禁을 열었으므로 唐船의 내항이 200척에 이르게 되었다."[31]

에도시대 초기엔 해금이 엄하게 시행되던 萬曆期라서 중국선박이 나
가사키에 내항하지도 않았었다. 1690년엔 청조가 타이완의 反淸세력(정
성공)을 진압한지 얼마 안 된 시기라서 70척의 중국선박이 내항했지만,
요즘은 강희제가 해금조치를 더욱 이완시켜 200척이나 내항하기에 이르
렀다고 설명하고 있다.

이처럼 18세기 초 하쿠세키가 '해금'을 언급했음에도 불구하고, '해금'
개념이 완전 일본에 정착하는 것은 조선·유구를 '通信國', 중국·네덜란
드를 '通商國'이라고 하는 定式과 連動하고 있었다. 막부가 이 정식을 명
확히 하는 것은 러시아 사절 레자노부(Rezanov)의 통상요구에 대응하는
19세기 초의 일이다.[32] 그렇다면 에도시대 대외체제를 이해하는 개념으
로 '해금'이 '쇄국'보다 먼저 정착한 것이 된다. 그러다가 19세기 중반 이
후 '쇄국'으로 대치되어 갔다고 볼 수 있다.

5. 한·중·일 삼국 해금의 특징

해금정책으로 볼 때 한·중·일 삼국의 그것은 어떤 특징을 가지고 있

---

31) "慶長六年より此かた, 外國の船の來り商せし事, いまだ定まれる所もあ
 らず. 其比は大明の代も, 萬曆の比ほひにて, 海禁の嚴なる時なれば, 今の
 ごとくに唐船の來れるにもあらず. 長崎には, ただ西洋の番船のみ來り泊
 りぬ. (중략) 元祿三年戊辰に, 唐船の額數七十隻に定めらる. 此比は大淸の
 康熙の天子, 海禁を開かれしかば, 唐船の來る事二百隻に及びしが故也."
32) 荒野泰典,「海禁と鎖國」,『アジアのなかの日本史 II 外交と戰爭』, 東京大
 學出版部, 1992, 208~209쪽.

을까? 우선 明朝의 경우는 어떠했을까 파악하여 보자.

홍무제는 對外관계의 기본방침으로서 정벌하지 않는 나라 15개국을 들고 있다. 이른바 '不征之國十五'이다. 이것은 홍무제가 祖宗之法으로서 후대 황제에게 엄격히 그 준수를 명령한 「皇明祖訓」의 일부로서, 1395년경 성립되었다고 한다. 15개국 속에는 조선·일본과 南海 여러 나라도 포함되어 있으나, 중국의 '西戎'·'北狄'에 해당하는 지역은 당연하게도 제외되어 있다. 이 西戎'·'北狄' 지역은 몽골지역에 해당하기 때문이다. '不征之國十五'란 祖訓은 원칙적으로 明代 全시기를 통해 준수되었다고 한다.[33]

이처럼 홍무제는 北元과의 전쟁이 지속되는 상황에서 주변 나라들과 발생할 수 있는 문제에 적극적인 무력행사가 어려웠다. 이에 홍무제는 전술한 호유용의 반란 이후, 일본을 비롯한 주변 나라에 대해서 불편한 외교문제가 발생한 경우에 조공을 거부하는 '却貢'을 통한 경제적 제재를 가하였다.[34]

明朝가 조공을 장려하되 '不征之國十五'란 祖訓에 충실했다면 이는 주변세계에 대한 정치·군사적 패권주의를 止揚하는 것이 된다. 그렇다면 명대의 제한적 조공정책은 동아시아의 평화에 일정한 긍정적 영향을 가져왔을 것이다. 이와는 반대로 16세기 중반에 있었던 후기왜구의 창궐이 해금정책에 불만인 중국 연해지역 세력과 '却貢'당한 상황에서의 일본의 특정세력과의 연대에 의한 것이라는 시각이 가능할 수 있다면, 명조의 해금·조공정책은 동아시아 세계의 경제적 共存·共生과는 거리가 먼 정책이었다고 평가될 수 있을 것이다.

그렇다면 조선의 경우는 어떠한가? 다음의 『조선왕조실록』의 기사를 살펴보자.

---

33) 민덕기, 『前近代 동아시아 세계의 韓·日관계』, 경인문화사, 2007, 125쪽.
34) 한지선, 앞의 책, 20책.

a) 세종 1년 9월 21일(계해), 왜인에 대한 접대식량이 1년에 10,000여
石이 되다.

b) 세종 20년 6월 13일(을축), 금년 春夏期 대마도인 3,000명이 내항
하다.

c) 세종 21년 4월 17일(갑오), 금년 1~4월에 왜인 1,300명이 내항하다.

d) 세종 21년 10월 21일(병신), 1년간의 왜인에 대한 접대식량이
100,000석이다.

e) 세종 22년 2월 7일(경진), 작년 商倭가 6,000여 명 내항하였다.

f) 세조 1년 12월 8일(기유), "是歲, 日本國諸處 使送倭人"이 6,116
명이다.

g) 예종 즉위년 10월 8일(갑오), 동래·울산·웅천의 田稅 3년분을 왜
인 접대식량(倭料)에 충당하다.

　여기서 보이듯 일본인의 내항이 세종 20년대 거의 6천 명을 넘고 있
다(b, e). 세조 1년에도 그러하다(f). 그런 일본인에 대한 접대로 세종 1
년에 1만여 석이(a), 세종 21년엔 열배로 커진 10만석이 소요되고 있다
(d). 예종 즉위년엔 경상도 주요 도시 조세 3년치가 그 비용으로 충당되
고 있다(g). 이러한 폭발적인 내항 일본인의 증가와 그에 따른 경제적
부담 때문에 세종대 이후 조선은 對日통제정책을 구체화하기 시작했다.
그 결과 입국하는 일본인은 4등급으로 차등화되었다. 제1등급은 막부의
쇼군이 파견한 日本國王使, 제2는 호족세력이 파견한 巨酋使, 제3은 對
馬島主의 사자, 마지막으로 제4등급이 受職人·受圖書人이었다.
　조선의 대일관계는 이처럼 多元的이어서, 明朝의 '일본국왕'의 조공
만으로 對日관계를 단순 一元化한 것에 비교된다. 조선의 다원적인 대일
정책이 왜구 또는 準왜구 세력을 회유하여 조선 연해민을 보호하기 위함
이지만, 그러한 회유정책에 의해 한·일 간의 해역은 共存·共生을 어느
정도 도모하지 않았을까 여겨진다.

그렇다면 일본은 어떠한 특징을 가졌을까?

에도시대 나가사키에서는 중국·네덜란드 상인과의 무역이 행해졌다. 그런데 무역의 형태는 사무역이었다. 나가사키의 네덜란드 상인이 거주하는 데지마(出島)나 중국 상인의 거주지 도진야시키(唐人屋敷)는 그 운영이나 비용부담의 측면에서 조선의 부산 왜관이나 중국 福建의 琉球館(柔遠驛)과는 전혀 달랐다. 데지마의 운영은 有力상인이, 도진야시키는 지방자치체(町)에 의해 이뤄지고 있었다. 네덜란드인이나 중국인은 방값을 내어 거주하였고, 체류 중의 모든 비용도 자기부담이었다.[35] 이는 조선이나 중국의 국가비용으로 운영된 부산 왜관이나 복건의 유구관과 다르다. 왜관이나 유구관에 머물던 대마도나 유구의 사절은 朝貢使로 간주되어 체류 중의 모든 비용은 조선이나 중국의 국가 비용으로 조달되었다. 데지마의 네덜란드 商館長은 매년 에도로 가 쇼군을 뵙는 것이 의무시되어 있었다. 그런데 에도 왕복에 소요되는 비용은 상관장의 자기부담이었다.[36] 이에 비해 上京하는 倭使나 유구사절의 비용은 모두 조선이나 중국의 국가가 부담하고 있었다.

조선 前期 일본의 對明·對조선 무역은 기본적으로 조공적 무역이었다. 조공적 무역은 주재자를 華로 하고 그 대상을 夷로 자리매김하는 華夷관념에 기초한 것이었다. 그렇기 때문에 조공해 온 사절에 대한 모든 비용은 맞이한 나라가 부담하게 되는 것이다. 政經일치의 원칙이 반영된

---

35) 荒野泰典,『近世日本と東アジア』, 東京大學出版部, 1988, 42·223~224쪽.
36) 장순순,「近世 東아시아 外國人 居住地의 특징－부산의 초량왜관과 長崎의 出島를 중심으로－」,『全北史學』27, 2004, 62쪽. 데지마는 본래 에도막부 초기 무역기간 동안만 나가사키에 체류하고, 상행위가 완료되면 북쪽의 계절풍을 이용하여 마카오로 돌아가는 포르투갈인을 수용하여 감시하기 위한 목적으로 1636년에 축조한 인공 섬이었다(장순순, 앞의 논문, 52쪽). 조선의 왜관과는 다르게, 일본의 데지마나 도진야시키에서는 승려나 遊女(妓生) 등의 출입이 허용되었다. 또한 해당 지역에서 중국인이나 네덜란드인이 범죄행위를 한 경우 일본 국내법에 의거하여 처리되었다. 이는 왜관의 犯法한 일본인(대마도인)이 일본측에 그 처벌을 위임한 것과 다른 점이다(장순순, 앞의 논문, 59·61쪽).

것이다. 그런데 데지마와 도진야시키에서 행해진 무역은 사무역이며 政
經분리의 양상을 띠고 있어 華夷관념이 배제된 것이라 할 수 있다. 일본
의 해금과 무역이 화이관념에 기초하지 않는다는 것은, 일본의 해금정책
이 에스파냐·포르투갈과 같은 舊敎국가와 일본의 기독교도가 연대하여
일본에 위협을 줄 것을 예방하기 위해 설정되었다는 것에서도 조선·명
조와 궤를 달리하고 있다. 조선·명은 政經일치의 화이관념에 기초한 해
금－조공무역을 지향하고 있었다.

6. 해금정책으로 보는 경계인식

홍무제는 해금정책의 일환으로 '通番', 즉 夷狄과 私通할 가능성이 큰
연해지역을 대상으로 대규모 遷徙를 실시하였다. 예를 들어 1386년 절강
성 연해 일대의 海島 주민이 밖으로 海盜와 연결하고 안으로 서로 살상
을 일삼는다는 이유로, 연해의 46개 섬의 13,000여 戶와 34만여 명을 절
강의 각 주현 및 안휘의 봉양현으로 이주시켰다. 그 다음해에도 절강의
연해지역과 舟山群島 일대와 복건의 남쪽 해안지대 등지에서 遷徙令이
이행되었다. 이들 지역은 방국진·장사성의 잔당들의 활동 근거지였으며
왜구와의 접촉이 용이했기 때문이었다. 명조는 연해 일대의 '下海通番'
하는 자들과 왜구들의 활동을 통제하고자 연해의 생산기반을 근본적으
로 파괴하고 주요 해안을 '空洞化'시킨 것이다.[37]

조선의 경우도 해상 방어력과 행정력이 미치지 못함으로써 발생하는
위험과 폐단을 방지하기 위해서 섬의 주민들을 육지로 이주시키는 조처
가 조선초기부터 시행되었다. 울릉도의 경우에서 그 사실을 잘 확인할
수 있다. 울릉도에는 태종대에 왜적이 노략질해 오는 것을 우려해 按撫

---

37) 한지선, 앞의 책, 23~24쪽.

使를 보내어 유민을 찾아내 오게 하고는 섬을 텅 비워두게 하였던 것이다.[38]

그런데 왜구나 해적으로부터 섬사람을 보호하기 위해 내륙으로 이전시키거나, 무거운 身役과 세금을 피하는 등의 이유로 섬을 피역처로 택해 도망한 流民들을 색출하여 쇄환하는 정책을 가리키는 용어로 空島정책이라는 표현이 일반적으로 통용되어 왔다. 그런데 '공도'라는 표현은 島民에 대한 쇄환의 결과로 '섬이 비게 되었다'는 의미가 강조된 것으로서, 일부 일본학자들은 이를 더욱 확대 해석하여 영유권의 포기를 전제로 한 것으로 사용하기도 하였다. 공도라는 표현은 쇄환의 결과로서 나타난 섬의 현상을 지적하는 용어로서는 한정적으로 사용할 수도 있겠지만, 당시의 정책을 표현하는 역사적인 용어로는 한계가 있다고 할 수 있다. 더욱이 이를 영유권 포기의 의미를 담고 있는 것으로 확대하는 것은 심각한 역사 왜곡으로 볼 수 있는 무리한 해석이라고 하겠다.[39]

그러면 해금시대 境界 인식에 대해 알아보자. 세종대 이후 조선 수군의 해양방위는 外洋을 넘어 內洋으로 들어오는 적을 방어하는데 집중되었고, 海外 즉 외양으로는 넘어가지 않게 되었다. '해외'는 '바다의 바깥'으로서, 사람들에게 인식된 바다야말로 곧 '해내'였다. 즉 '海外'는 '海內' 너머의 보이지도 않고 인식할 수도 없는 바다로서 조선후기의 외양과 같은 뜻이었다. 조선시대의 자료를 살펴볼 때, 외양과 내양을 구분하는 특정한 경계선은 섬 또는 水宗이었다.[40]

여기서 水宗은 水旨라고도 하는데, 그 의미는 '眼力이 미치는 곳' 또는 '바다 중에 물의 높은 곳이 마치 산에 능선이 있는 것'과 같은 것으로서, 지금의 개념으로 하면 수평선에 해당한다. 水宗, 즉 수평선은 고정된

38) 『태종실록』 17년 2월 8일(을축). 우인수, 앞의 논문, 132쪽.
39) 우인수, 앞의 논문, 129쪽.
40) 한임선·신명호, 「조선후기 海洋境界와 海禁」, 『동북아문화연구』 21, 2009, 7·10쪽.

것이 아니라 응시지점에 따라 달라진다. 조선시대 水宗은 일반인들이 바라보는 수평선이 아니라, 봉수군들이 감시하는 수평선이었다. 즉 봉수군들의 눈에 들어오는 水宗을 기준으로 수종 바깥은 外洋이었고, 안쪽은 內洋이었던 것이다.[41]

水宗 안쪽의 內洋은 해안으로부터 100리쯤 떨어진 곳까지로 이곳은 조선시대 領海로 인식되었다. 100리쯤을 넘는 바깥의 곳은 외부의 바다인 外洋으로 인식되었다. 이런 인식이 있었기에, 戰船이나 병선을 외양으로 보내는 사람은 '軍人을 백리 밖으로 보내 軍役을 헐하게 하는 죄에 준해 곤장 백 대에 처하고 충군하는(犯者 依縱放軍人出百里外空歇軍役律 杖一百 充軍)' 처벌이 시행되었다. 이렇듯 조선시대 내양과 외양을 구분하는 기준으로서의 水宗은 육지의 국경선과 마찬가지로 개인이 함부로 넘을 수 없는 금지선이었다.[42]

7. 맺음말

센가쿠 열도(尖閣列島 ; 중국명 釣魚島) 영유권을 둘러싸고 일본에 압력을 가하던 중국은, 2010년 9월 하순 희토류란 금속의 對日 수출을 전면 중단하겠다고 선언했다. 첨단제품 제조에 필수적인 희토류의 공급 중단 선언에 일본은 결국 굴복하여, 센가쿠 열도에서 일본 순시선을 들이받은 중국어선의 선장을 재판에 회부하지 않고 즉각 석방했다.

여기서 보인 중국의 대응은, '地大物博'한 중국과 교역하고 싶으면 私

---

41) 한임선·신명호, 앞의 논문, 9쪽.
42) 한임선·신명호, 앞의 논문, 13~14쪽. 그러나 이 水宗에 대하여『숙종실록』20년 8월 14일(기유)조에서는 "바다 가운데 물이 부딪치는 곳이니 육지의 고개가 있는데와 같은 것이다(海中水激處, 猶陸之有嶺也)."라고 정의하고 있어 구체적인 추후검토가 필요할 것으로 보인다.

무역이 아닌 조공무역의 형식과 자세를 갖추지 않으면 허용하지 않겠다는 중국의 전통적 華夷자세를 연상하게 한다.

그런데 명대의 해금정책은 대내적으로는 중국인의 출국 금지로 나타났지만, 대외적으로는 조공무역 至上主義로 표출되었다. 이로 인해 중국과 주변국가 간에는 조공이라는 정치적 행위를 전제로 한 제한적인 교역과 교류가 가능하게 되었다. 만약 전면적인 개방과 활발한 교류가 경제적·문화적 격차를 메울 수 있는 촉매가 된다는 가정이 성립될 수 있다면, 명·청대의 해금정책은 근세 동아시아 세계를 역행시킨 정책으로 부정적인 평가가 가능할지 모르겠다. 반대로 주변세계에 대한 패권주의적 武力행사 대신 조공을 장려했다는 점에서는 긍정적인 평가도 가능하겠다.

한편, 조선의 해금정책은 명조의 영향을 크게 받고 있었다. 그렇지만 자국민의 해외도항에 대해서는 명조처럼 금지하나, 일본인이나 야인에 대해서는 일정 조건이 구비되면 사절이 아닌 민간인이더라도 내항을 허락하고 있다는 점에서 명조와 다르다.

일본의 해금정책은 17세기 중반에 이르러서야 그 체제가 완성된다. 이는 시기적으로 중국에서 14세기 후반, 조선에선 15세기 초반에 시작되고 구체화하는 것과 비교된다. 또한 조선과 명조와는 그 내용이 다르게, 일본의 해금은 대외적으로 조공무역이 아닌 私무역을 동반하고 있으며 華夷인식이 배제되었다는 점이 주목된다. 그런 만큼 에도시대의 대외체제를 '쇄국'이 아닌 '해금'으로 오로지 설명하는 데엔 한계가 있을 것이다.

만약 山城을 농성적 교두보이며 平城을 확장적 교두보라고 한다면, 해금정책은 山城과 같은 이미지로 설명할 수 있을 것이다. 해금정책에서 보이는 '空島정책'의 경우, 결코 平城과 같은 측면에서의 설명이 곤란할 것이기 때문이다. 동남아시아의 華僑가 명·청대의 국가권력으로부터 배제된 것도, 17세기 중반 동남아시아의 저팬타운(니혼마치 ; 日本町)의 일본인이 에도시대 일본과 유리된 것도 해금정책에서 설명될 수 있다. 그런 점에서 해금정책은 확장적 이미지는 가질 수 없을 것이다. 이로 비추어 볼 때 근대적 서양열강의 침략 이전인 동북아시아 근세의 해금정책은 동북아시아를 靜態的으로 유지케 하지 않았는가 여겨진다.

본 논문은 머리말에서도 밝혔듯이, 16세기 이후의 중국이나 조선의 해금정책에 대해 검토하지 못하고 있다. 그런 만큼 해금정책이 근세 동아시아 세계에 어떤 영향을 주었는지, 국가 간의 경계인식에 어떤 의미를 끼쳤는지에 대한 보다 구체적인 검토는 다음 기회로 미루고자 한다.

참고문헌

1. 저서

민덕기, 「前近代 동아시아 세계의 韓·日關係』, 경인문화사, 2007.

이문기 외 공저, 『한·중·일의 해양인식과 해금』, 동북아역사재단, 2007.

한문종, 『朝鮮前期 對日 외교정책 연구-대마도의 관계를 중심으로-』, 전북대학교 박사학위논문, 1996.

한지선, 『明代 해금정책 연구』, 전남대학교 박사학위논문, 2009.

鄭樑生, 『明·日關係史の研究』, 雄山閣, 1984.

荒野泰典, 『近世日本と東アジア』, 東京大學出版會, 1988.

佐久間重男, 『日明關係史の研究』, 吉川弘文館, 1992,

上田信, 『海と帝國 明淸時代』 講談社, 『中國の歷史 09』, 2005.

2. 논문

우인수, 「조선 후기 해금정책의 내용과 성격」, 『한·중·일의 해양인식과 해금』, 동북아역사재단, 2007.

임영정, 「朝鮮前期 海禁정책 시행의 배경」, 『동국사학』 31, 1997.

장동익, 「고려시대의 대외교섭과 해방」, 『한·중·일의 해양인식과 해금』, 동북아역사재단, 2007.

장순순, 「近世 東아시아 外國人 居住地의 특징-부산의 초량왜관과 長崎의 出島를 중심으로-」, 『全北史學』 27, 2004.

정긍식·조지만, 「朝鮮 前期 『大明律』의 受容과 변용」, 『진단학보』 96, 2003.

한임선·신명호, 「조선후기 海洋境界와 海禁」, 『동북아문화연구』 21, 2009.

홍성구, 「청조 해금정책의 성격」, 『한·중·일의 해양인식과 해금』 동북아역사재단, 2007.

荒野泰典,「海禁と鎖國」,『アジアのなかの日本史 Ⅱ 外交と戰爭』, 東京大學
　　出版部, 1992.

熊遠報,「倭寇と明代の海禁」, 大隅和雄・村井章介編,『中世後期における東
　　アジアの國際關係』, 山川出版社, 1997.

檀上寬,「明代海禁槪念の成立とその背景」,『東洋史硏究』63-3, 일본 東洋史
　　硏究會, 2004.

檀上寬,「明代'海禁'の實像」, 歷史學硏究會編,『港町と海域世界』, 靑木書店,
　　2005.

고지도를 통해 본 한·중·일 경계인식의 변화

엄 찬 호*

1. 머리말

본 연구는 전근대 동아시아 삼국의 해류 경계인식을 지도를 통해 비교·분석하여 한·중·일 삼국의 해류 경계인식의 변화와 여기에 동반한 분쟁의 역사적 의미를 고찰하는 것이 목적이다.

지도의 역사는 문자의 역사보다 오래되었다고 하며, 지도는 세계관을 표현하는 〈世界圖〉에서 세계를 표현하는 〈世界地圖〉로 바뀌어 왔다. 곧 문명이나 문화의 핵심에는 각각의 세계관이 자리하고 있고, 문명이나 문화에 따른 차이는 그것에 기초해 세계를 이야기하고 그리는 세계도를 다양하게 만들어 왔다.

지도는 인간의 마음속에 그려진 세계의 표상으로 인간 내부의 정신적 세계와 외부의 물리적 세계의 매개체이며 다양한 규모에서 인간 정신의 보편성을 이해하는 중요하고 근본적인 수단으로 문화를 반영하는 거울이다. 따라서 지도를 역사해석에 활용하는 것은 매우 의미 있는 작업이라 할 수 있겠고, 특히 전근대 동아시아의 해류경계인식을 파악하는데 있어 지도를 이용하는 작업은 대단히 중요한 의미를 지니고 있다. 특히

* 강원대학교 인문과학연구소 HK연구교수.

한 국가의 영토는 일반적으로 일정한 면적의 토지와 인접 연안지역을 바탕으로 접경국과 경계를 구분하고 있다. 이 한계적 경계선이 인접국과의 영토관할에 있어서 국경선이 되는 것이다. 이 같은 한 국가의 판도를 실질면적과 대비 축소하여 지도를 제작함으로써 각국의 영토상으로 조감할 수 있다. 이 같은 형태의 지도는 시대적 차이는 있으나 세계 각국이 각기 자국의 영토 범위를 지도화하여 영토적 한계선을 긋고 이 경계 내에서 배타적 주권행사를 하고 있는 것이다.

이를 바탕으로 근대이전 시대에 막연하게 인식하던 국경지대의 개념은 근대에 와서 명확한 자국의 통치권이 미치는 영역으로 인식되었다. 국경선의 개념이 점차 분명하게 되자 국경선까지가 바로 국가의 주권이 미치는 영역으로 인정되어 힘을 동원한 제국주의적 영토의식이 출현하게 되었다.

이러한 영토인식의 변화를 구체적으로 살펴볼 수 있는 것이 전근대에 제작되어진 고지도이다. 고지도를 중심으로 각국의 경계문제나 경계인식에 대한 연구는 비록 단편적이나마 다양한 분야에서 전개되어 왔다. 고지도를 통한 경계 내지는 국경인식, 경계분쟁에 관련된 연구 중 가장 많은 성과를 내고 있는 곳은 간도를 비롯한 한·중경계문제 연구와 독도 및 동해에 관한 연구이다. 먼저 한·중경계문제 부분에서는 일찍이 양태진의 「지도상으로 본 북방삼각 국경선」, 1985를 필두로 배우성의 「古地圖를 통해 본 18세기 北方政策」, 1995와 「조선후기 확대된 영토의식과 북방지역 고지도에 나타난 영토 영해의식」, 1996, 강석화의 「육군박물관 소장 〈兩界地圖〉해설」, 1997 이찬의 「세종 시대의 지리학-북방개척·지도와 지리지-」, 2000, 박선영의 「근대 동아시아의 국경인식과 간도-지도에 나타난 한중 국경선 변화를 중심으로」, 2004, 이강원의 「〈대동여지도(大東輿地圖)〉백두산(白頭山), 두만강(豆滿江) 일대에 표시된 몇 가지 지명(地名)의 검토-국경인식(國境認識) 위치(位置), 어원(語源) 및 오기(誤記) 문제를 중심으로-」, 2010 등이 있다.

다음 독도·동해와 관련한 연구로는 이찬의 「韓國의 古地圖에서 본 東海」, 1993, 이종학의 「獨島關係 古文獻 및 地圖」, 1996, 양보경의 「朝鮮時代 古地圖에 표현된 東海 地名」, 2004, 오상학의 「조선시대 지도에 표현된 울릉도·독도 인식의 변화」, 2006 등이 있다.

그리고 대외인식에 관한 연구로 오상학의 「조선시대의 일본지도와 일본 인식」, 2003, 배우성의 「地圖와 記憶-17세기 전후 동아시아 삼국의 琉球 인식-」, 2007이 있고, 세계지도에 대한 연구로 이찬의 「韓國의 古 世界地圖-天下圖와 混一疆理歷代國都之圖에 대하여-」, 1976, 양보경의 「圭南 河百源의 〈萬國全圖〉와 〈東國地圖〉」, 2005가 있다. 그러나 이러한 연구성과는 대부분 한국의 지도를 토대로 한 고찰이며, 국지적인 테마에 한정되어 있다.

한편 한정된 지역이기는 하지만, 서양의 고지도를 이용한 연구도 일부 진행되었다. 즉, 노정식의 「外國地圖上에 나타난 韓半島의 表現上 變化에 關한 硏究」, 1977, 서정철의 「歷史的으로 본 西歐古地圖에 나타난 韓國」, 1981, 최서면의 「西洋地圖에 나타나는 濟州島」, 1988, 양태진의 「한국의 영토관리정책에 관한 연구-주변국과의 영토문제를 중심으로」, 1996, 이상태의 「서양 고지도에 표기된 우리나라 국호」, 2003, 오일환·김기수의 「18세기 서양 고지도에 나타난 우리나라와 제주도-형태와 명칭 표기 변화를 중심으로-」, 2004, 이상태의 「서양 고지도에 나타난 東海 표기에 관한 연구」, 2004, 한철호의 '한일 양국의 독도 연구 현황과 과제-明治時期 일본의 독도정책과 인식에 대한 연구 쟁점과 과제'(2007) 등이며, 일본 지역과 관련해서는 홍완석이 '쿠릴 4도 분쟁 영속화 요인 고찰'(2002)에서 북해도 동북방에 위치한 이른바 일본 측이 말하는 '북방 4개 영토'에 대한 문제를 취급하며 서양 고지도를 일부 이용하고 있다.

그외 호사가 유지(保坂祐二)는 「〈三國通覽輿地路程全圖〉(1785)와 〈伊能圖〉(1821) 속의 獨島」, 2008에서 일본 측의 고지도를 근거로 독도가 한국 측의 영토임을 규명하고 있는데, 일본 측의 고지도에 근거하고 있다는 점에서 학술적 가치는 크다고 평가할 수 있다. 하지만, 이 역시 독도에 한정되어 있고, 한·일 간 총체적인 해역상의 경계와 국경을 논증한 것은 아니다.

이렇듯 대부분의 연구가 특정 국가의 지도에 국한된 단편적인 사실의 규명에 그치고 있으나, 일본과 중국과의 사이에도 해양 경계를 둘러싼 분쟁(釣魚島[일본명 尖閣島] 사건)이 일어나고 있는 현시점에서 볼 때, 한·중 간의 해양경계에 대한 검토도 반드시 필요하다. 더욱이 한·중과 한·일 간의 해양 경계인식에서의 도서문제나 어업권 분쟁과 관련된 문제에서 지도를 통한 비교 연구는 전무하다. 따라서 본 연구에서는 이러한 문제점을 비판적으로 수용하여 한·중·일 삼국의 고지도 및 서양의 고지도를 비교 대조하여 전근대 동아시아 삼국의 해류경계인식이 어떻게 변화하는가를 살피고자 한다.

2. 한국지도에서의 한·중·일 경계 변화

우리나라의 지도제작은 고대시기부터 시작한 것으로 알려져 있으나 조선시대 이전까지의 고지도는 남아있지 않고, 현존하는 고지도의 대부분은 조선시대에 제작된 것이다. 『구당서(舊唐書)』에 보면 628년(영류왕 11)에 고구려는 당나라에 사신을 보내며 〈봉역도〉라는 지도를 보낸 것으로 기록되어 있다. 또 삼국사기에도 670년(문무왕 10)에 당나라에 사신으로 갔던 김흠순이 돌아와 보고하는 가운데 '장차 경계를 정하려 할 때 지도에 의하여 살펴보면 백제의 옛 땅을 모두 돌려달라는 것이었다'[1]라는 기사가 있어 고대국가의 영역과 주변국과의 경계를 표시한 지도가 있었음을 알 수 있다. 고려시대에는 목종 5년(1002)에 '거란에 고려지도를 보냈다'[2]는 기록이 있어 고려의 경계가 표시된 지도가 제작되었

---

1) 『三國史記』卷7, 文武王 11年 7月條.

음을 알 수 있고, 이후 여러 차례에 걸친 지도 제작이 있었으나 현재 남아 있지 않아 조선시대의 지도에서 그 흔적만을 찾아볼 수 있을 뿐이다.3)

조선시대 들어서는 처음으로 세계지도가 제작되었는데 1402년(태종 2)에 권근(權近)·김사형(金士衡)·이무(李茂)·이회(李薈) 등이 제작한 〈혼일강리역대국도지도(混一疆理歷代國都之圖)〉이다. 이 지도는 당시까지의 세계지리 지식을 바탕으로 우리나라에서 만들어진 이전시기의 지도와 중국 및 일본지도를 종합하여 제작한 상당한 수준의 뛰어난 세계지도였다.

〈지도 1〉에서 보는 바와 같이 이 지도에는 만리장성이 요동반도 위까지 이어져 있는 것으로 표시되어 있고, 우리나라와 중국사이의 경계가 명확히 표시되어 있지는 않지만, 압록강과 두만강 북쪽으로 중국쪽 요새처가 표시되어 있어 조선과의 경계를 이루고 있는 것을 알 수 있다. 그러나 아직 경계가 분명하지 않아 요동반도 동쪽 곧 압록강 건너 북쪽지역과 두만강 건너 간도지역의 영역이 어느 나라에 귀속되어 있는지 알 수는 없다.

해양 쪽으로는 중국과의 사이에 서해바다를 두고 양쪽 해안의 인접한 섬들을 표시하고 있지만 경계표시는 없다. 또한 일본에 대해서는 남쪽 멀리 일본을 그리고 대마도는 우리나라 근해에 표시하고 있어 대마도에 대한 조선초기의 인식을 살필 수 있다. 일본과 중국과 해양경계 역시 표시되어 있지 않아 해양경계의 구분을 알 수 없다.

다음 조선전기의 대표적 지도로는 〈동람도(東覽圖)〉를 말할 수 있다. 1481년(성종 9)에 조선전기 지리지의 종합편인 〈동국여지승람(東國輿地勝覽)〉이 편찬되면서 첫머리에 〈팔도총도(八道總圖)〉가 실려있는데, 이

---

2) 『遼史』 卷11, 列傳45, 外紀 高麗傳.
3) 이상태, 「한국고지도 발달사」, 『한국지도학회지』 제7권 제1호, 2007, 31~33쪽.

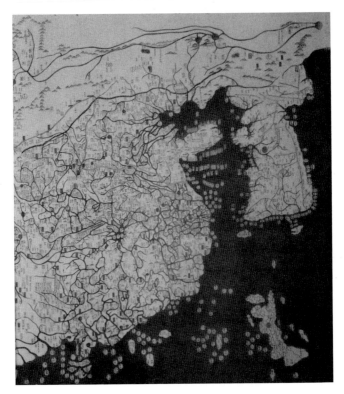

〈지도 1〉 混一疆理歷代國都之圖 일부분

것을 동람도라고 한다. 〈지도 2〉에서 보는 바와 같이 〈팔도총도〉는 우리
나라전도로서 주변국과의 경계인식을 살필 수 있다. 우선 중국과의 경계
부분에 대해서는 백두산을 중심으로 압록강과 두만강을 한반도의 최상
단에 표시하여 경계를 나타내었는데, 특히 평안도 지도에는 압록강 건너
편 북쪽에 '北抵野人界'라고 표시하여 야인과의 경계를 나타내었다. 해
양 쪽으로는 바다의 명칭을 표시하지는 않았고, 동쪽에 우산도(于山島)
와 울릉도(鬱陵島)를 표시하였으며, 남쪽으로 대마도(對馬島)4)를 표시

4) 우리나라 고지도에는 대마도를 반드시 표기하였다. 이는 조선초기까지 대마도가
   우리나라의 영토라는 영토의식의 표현이었으며 또 다른 의미는 상지관들의 영향
   이다. 상지관들은 우리나라의 지형을 북쪽은 높고 남쪽은 낮으며 백두산이 머리

〈지도 2〉 八道總圖(신증동국여지승람)

하여 일본과의 경계를 대마도까지 인식한 것으로 보인다.

다음 16세기의 지도로는 1557년(명종 12)에서 1558년(명종 13) 사이에 제작된 〈조선방역지도(朝鮮方域之圖)〉5)를 우선 살펴볼 수 있다. 이지도에서는 조선8도의 주현(州縣)과 수영(水營) 및 병영(兵營)을 각 군과 현마다 색을 다르게 하여 표시하였는데, 북쪽으로는 만주지역과 남쪽으로는 제주도, 대마도까지 표시하였다. 동쪽의 울릉도의 모습은 보이지 않으나 만주와 대마도를 우리 영토로 표기한 것에서 조선 전기 영토의식을 엿볼 수 있다.

조선 전기에 왕성했던 세계지도의 편집 작업은 후기에도 계속되었다.

가 된다고 생각하였다. 그리고 대마도와 제주도는 사람의 발모양으로 파악하였다. 제주도가 오른 발이고 대마도는 왼발로 인식하여 우리나라 고지도에는 대마도를 반드시 표기하였다(이상태, 「한국고지도 발달사」, 『한국지도학회지』 제7권 제1호, 2007, 35쪽).

5) 조선 전기 국가에서 제작한 지도로는 유일하게 현존하는 원본 지도로 국보 제248호이다.

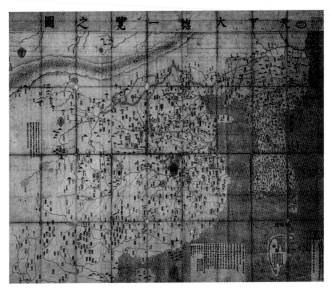

〈지도 3〉 天下大摠一覽之圖

〈혼일강리역대국도지도〉의 제작 과정과 같이 중국에서 도입한 중국지도
에 우리나라와 일본·유구국(琉球國)을 추가하여 완성한 현재의 동부아
시아 지도의 작성이 여러 형태로 이루어졌다. 숭실대학교 박물관 소장
〈천하여지도(天下輿地圖)〉와 국립중앙박물관 소장의 〈천하대총일람지
도(天下大摠一覽之圖)〉는 그 대표적인 것이다. 18세기 초에 제작된 〈천
하대총일람지도〉는 〈지도 3〉에서 보는 바와 같이 중국의 경계선을 요동
반도를 포함하여 압록강 하구의 북쪽까지로 표시하고 동북쪽으로는 명
확한 경계선을 표시하지는 않은 것을 알 수 있다. 해양의 경계는 알 수
없고, 일본이 표시되어있지 않은 반면에 유구국이 상대적으로 크고 자세
히 나타나 있다.

　한편 조선후기에 편찬된 우리나라 지도에는 백두산 및 압록, 두만강
지역의 개발추세와 영토의식의 변화상이 드러나 있는데 대체적으로
1712년 백두산정계비 이후로 북방 지역에 관한 지도들은 대부분 구 강역
에 대한 관심을 지도에 반영하고 있다. 북방지역에 대한 조선 전기의 관

심이 대외적 영토 확보와 대내적인 정치적 정체성 측면이 강했다면, 조
선후기에는 변방지역민의 사회적 경제적 측면의 관심으로 변화되었다.6)
이와 함께 조선의 발상지라 여기는 백두산에 대한 관심과 자국 영역 설
정 문제는 이 일대의 지도제작을 활발하게 하였다. 또 18세기 이전에 제
작된 지도에서 조선이 중국지도에 비하여 과장되게 표현되었거나 일본
이 왜곡되어 표현된 것들은 문화적 중화관이 투영된 현상이었지만, 점차
객관적인 지지정보가 새롭게 확인됨으로써 좀 더 정확한 지도들이 나오
게 되었다.7)

특히 18세기 들어서 중국과의 경계 부분이 보다 구체적으로 드러나게
되는데, 이는 1712년의 백두산정계비의 영향도 있을 것이다. 곧 조선후
기 북방지역의 지도 제작에서 중요한 의미를 지니는 〈요계관방지도(遼
薊關防地圖)〉(1706)를 비롯한 관방지도류의 지도들을 보면 16세기의 지
도들과 비교해 볼 때 압록강, 두만강 일대 북부지방의 경계 인식을 분명
히 하고 있음을 알 수 있다. 요계관방지도는 숙종의 국토방위정책에 따
라 군사적 목적으로 당시 병조판서였던 이이명이 제작하였는데, 백두산
을 중심으로 동쪽으로는 두만강, 서쪽으로는 압록강을 경계로 하여 조선
의 군현과 중국의 역참을 표시하여 경계를 나타내었다. 그러나 여전히
압록강과 두만강 건너편의 중국 지명들 사이에는 일정한 거리가 있어 경
계선이 형성되지는 않았던 것으로 보인다. 특히 두만강 북쪽에는 고려시
대 윤관이 9성을 개척하고 가장 북쪽 선춘령(先春嶺)에 세웠다는 국경
비석 고려경(高麗境)이 표시되어 있다.

이어 관방지도는 18세기 중엽에 이르러 대표적으로 〈서북피아양계만
리일람지도(西北彼我兩界萬里一覽之圖)〉로 계승되었고, 〈서북계도(西
北界圖)〉, 〈영고탑총람도(寧古塔摠覽圖)〉, 〈북관장성지도(北關長城地

---

6) 양보경, 「조선기재의 고지도와 북방인식」, 『지리학연구』 29, 1997, 116쪽.
7) 배우성, 「정조시대 동아시아 인식의 새로운 경향」, 『한국학보』 94, 1999,
   117~123쪽.

〈지도 4〉 관동지도 함경도

圖)〉, 〈북계지도(北界地圖)〉 등으로 세분화하거나, 군현지도집 속에 많이 포함된 〈조선여진분계도(朝鮮女眞分界圖)〉와 같은 지도로 대중화되기도 하였다.

18세기 초에 제작된 〈관동지도(關東地圖)〉8)의 함경도지도에는 〈지도 4〉에서 보는 바와 같이 백두산 천지 아래쪽으로 이름이 표시되어 있지 않은 강 원류 부분에 '정계비'가 표시되어 있고, 두만강은 백두산 남쪽의 소백산에서 발원하는 것으로 표시하고, 두 강 사이에 목책을 둔 것으로 그려져 있다. 따라서 정계비 옆의 강은 정계비에 나와 있는 토문강이라고 생각되며 두만강과는 분명히 구분되어져 있으나 하류부분은 표시되어 있지 않아 백두산 인근의 상류부분은 토문강이 한·중 간의 경계로 인식하고 하류 부분은 두만강을 양국의 경계로 인식했던 것으로 보인다. 또 〈관동지도〉의 조선전도에도 백두산을 중심으로 서쪽으로는 압록

---

8) 奎章閣古地圖, 〈關東地圖〉, 古47098-35.

〈지도 5〉 조선여진분계도 부분

강과 동쪽으로는 두만강을 경계로 조선쪽에 군진 표시를 하고 있어 대체적으로는 압록강과 두만강을 경계로 인식했던 것이다. 해양경계는 구체적으로 알 수 없으나 대마도가 지도에서 빠져있어 일본과의 경계를 대한해협으로 인식하는 변화를 보이고 있다.

다음 18세기 중엽에 제작된 것으로 보이는 〈비변사인방안지도(備邊司印方眼地圖)〉의 함경도전도9) 경흥부지도에는 두만강 건너편에 '胡地'라고 하여 분명히 경계를 구분짓고 있다. 한편 무산부지도에는 정계비가 두만강원류 부분에 표시되어 있고, 정계비에서 두만강원류부분까지 목책이 있는 것으로 표시하였다. 같은 시기인 1750년대 초에 제작된 해동지도10)의 대동총도에는 정계비를 분수령에 아래에 표시하고 북쪽의 분계강 원류와 남쪽의 토문강 원류 사이에 목책을 표시하였고, 분계강은 온성부에서 두만강에 합류하는 것으로 그려져 있다. 또 〈지도 5〉에서 보는 바와 같이 조선여진분계도에는 두만강하류 부분의 '後春'을 조선의 지명

---

9) 奎章閣古地圖, 〈備邊司印方眼地圖〉, 함경도전도, 奎12156.
10) 奎章閣古地圖, 〈해동지도〉, 古4709-41.

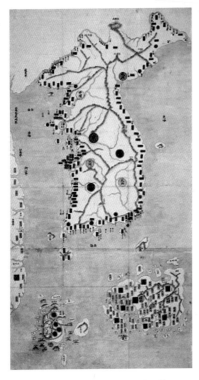

〈지도 6〉 朝鮮日本琉球國圖

색과는 다른 여진계 지명색으로 칠하고 옆에 '동남쪽 끝으로 조선의 함경도와 경계를 이룬다'고 주기하였다.

18세기 후반에 제작된 〈여지도(輿地圖)〉11)의 경상도지도에는 동남쪽으로 대마도를 그리고 뱃길을 좌수영과 연결시켜 놓았으며, 대마도 안에 일본 쪽으로 '日本界'라고 표시12)하여 일본과의 경계를 나타내고 있다. 한편 기타부분의 성경성(盛京省) 지도에는 백두산을 중심으로 서쪽으로는 압록강의 조선쪽 부분에 '朝鮮界'라고 표시하였고, 동쪽으로는 토문강(土門江)을 경계로 하여 '朝鮮界'라고 표시하여 청나라와의 경계를 압록강과 토문강으로 표시하였다. 그리고 〈조선일본유구국도(朝鮮日本琉球國圖)〉에는 〈지도 6〉에서 보는 바와 같이 압록강과 두만강을 중국과의 경계로 표시하고 요동반도에 '요동계(遼東界)'라 하였고, 삼면의 바다는 동해·서

---

11) 奎章閣古地圖, 〈輿地圖〉, 古4709-78. 강원도지도에는 동해안쪽으로 울릉도(鬱陵島)와 간산도(杆山島)가 그려져 있는데, 그려진 위치는 강릉 옆쪽에 위치하지만 거리표기를 울진에서 순풍이면 2일만에 도착한다고 주기를 표시한 것으로 보아 실지 거리에 해당하는 위치를 지도에 표시할 수가 없어 옮겨 표시하였고, 독도에 해당하는 간산도 역시 그러한 이유에서 울릉도 동북쪽 위로 그려놓았다.

12) 이 표시는 1830년경에 제작된 것으로 보이는 〈左海地圖〉(奎12229)의 경상도지도에도 동일하게 표시되어 있다.

해·남해로 표시한 가운데 서해 쪽으로는 '산동등래주계(山東登萊州界)', '강남계(江南界)', '절강계(浙江界)'를 표시하여 서해에서의 중국과의 경계를 표시하고 있다. 또 남해에는 동남쪽으로 대마도를 표시하였는데, 일본의 지명색과 동일한 색상으로 그려 일본영토임을 표시하였다. 1790년에 필사된 〈팔도지도〉13)에는 대마도 옆에 '日本地'라고 표시하여 일본 땅임을 분명히 하고 있다.

19세기 들어서는 김정호의 〈청구도(靑邱圖)〉와 〈대동여지도(大東輿地圖)〉 등 지리에 대한 정확한 인식을 바탕으로 정밀한 지도가 제작되면서 경계에 대한 표시도 구체적으로 나타나기 시작하였다. 19세기 초에 제작된 〈여지도(輿地圖)〉14)를 살펴보면 강원도부분 동해에 울릉도와 우산도를 그려 넣어 동해 쪽의 해양 경계인식을 알 수 있고, 경상도부분에는 여전히 대마도가 그려져 있지만 대마도 내에 조선쪽으로 '일본계'를 표시하여 일본과의 경계가 표시되어 있다. 일본국도에는 대마도를 일기주와 해로로 연결시켜 표시하고 일본의 지방지명 표시와 같은 표시를 하여 이시기에 이르러 대마도가 완전히 일본영토라는 인식으로 굳어진 것으로 생각된다. 한편 평안도부분에는 창성부의 서북쪽으로 압록강 건너편에 '胡人部落'을 표시하여 경계구분을 하고 있고, 함경도부분에는 두만강 상류부분에 정계비가 있음을 표시하고 있으며 두만강 하류의 녹둔도는 여타의 조선에 속하는 섬들과 같이 노란색으로 표시하여 놓아 두만강과 하류의 섬들까지 경계영역을 보다 분명하게 표시하였다.

19세기 중엽의 지도로 주목할 지도는 김대건 신부가 만든 〈조선전도(朝鮮全圖)〉(1846)이다. 최초의 한국인 신부였던 김대건은 기독교 신앙만이 아니고 서양문화에도 박학했는데, 그가 편집한 〈조선전도〉는 서양에 조선을 소개하는데 크게 기여하였다. 1855년 〈파리지리학회지〉에서

---

13) 奎章閣古地圖, 〈八道地圖〉, 古軸 4709-48.
14) 奎章閣古地圖, 〈輿地圖〉, 古4709-37.

〈지도 7〉 朝鮮全圖

도 1846년 김대건이 편집한 〈조선 지도〉의 원도면을 축소하여 소개하고 있는데 이 지도는 경도나 위도의 표시는 없지만 해안선 모양이 비교적 실제에 가까워지고 특별히 팔도의 경계선이 뚜렷이 발전되어 있는 것을 살펴 볼 수 있다.[15] 여기에서 눈여겨보아야 할 것은 〈지도 7〉에서 보는 바와 같이 지도 상단 평안도와 함경도 윗부분에 아주 넓게 무인지대(봉금지대)를 표시하고 있다는 점이다. 더불어 조선의 행정구역을 표시한 것과 같은 표시로 압록강·두만강 대안지역의 봉금지대를 표시했다는 것은 조선의 행정력이 미치는 곳으로 인정했다는 점에서 경계인식에 있어 중요한 점을 시사해 준다.

그러나 1900년대를 넘어서면서부터는 점차 간도문제가 소위 북간도 문제로 축소되면서 주로 두만강과 토문강의 해석여부에 집중하게 된다. 1907년 6월 장지연이 애국심을 고양하기 위해 저술한 〈대한신지지(大韓新地志)〉에 수록된 〈지도 8〉의 〈대한전도〉는 을사조약을 거치면서 대한제국이 위기적 상황으로 치달을 무렵 제작되어 계몽적 성격을 지닌 것이다. 이 지도에서는 두만강 이북 토문강 이남의 북간도를 조선영토로 표시하였다. 김대건신부의 지도와 장지연의 지도를 비교해 보면, 1846년 당시 김대건 신부의 지도만 보아도 조선이 무인지대를 광범하게

15) 한상복,「개화와 김대건의 〈조선지도〉」,「해양학에서 본 한국학」, 289~292쪽.

표시하였지만, 1907년 장지연의 지도에서는 두만강 지역의 일부로 한정되어 가는 것을 볼 수 있다.

이상에서 살펴 본 바와 같이, 조선후기의 지도에서 보이는 청과 조선과의 경계는 대체로 백두산을 중심으로 압록강과 두만강을 경계로 피아간의 경계인식이 형성되었던 것으로 보인다. 곧 대부분의 지도에서 외적의 침입을 막기 위한 방어시설인 파수와 봉수대가 압록강과 두만강 연안의 조선쪽에 분포하고 있는 것으로 보아 실지적으로 조선인들이 압록강과 두만강 건너편의 만주지역에 거주하였다 할지라도 경계는 두 강으로 이루어지고 있었다.

〈지도 8〉 大韓全圖

한편 해양경계 구분에 대하여는 명확하게 드러나 있지 않다. 통상 우리나라 주변의 바다를 일컫는 동해, 남해, 서해의 바다 명칭조차도 표기되어 있는 지도는 거의 없고, 도서를 통한 경계 구분은 압록강 하구의 섬들과 두만강 하구의 녹둔도, 동해의 독도, 남해의 대마도 등을 통해 부분적이나마 경계인식을 살펴 볼 수 있는 정도이다.

3. 중국지도에서의 한·중·일 경계 변화

중국에서는 일찍이 근린제국을 포함한 지도류를 제작하였지만 대개 중국본토가 위주이고 주변지역에 대해서는 요동 이동 지역이 없거나 그 일부가 불분명하게 그려져 있는 정도였다. 당대(唐代)의 가탐(賈耽)이 제작한 〈해내화이도(海內華夷圖)〉(801)나 이 지도에서 파생된 〈화이도(華夷圖)〉(1137),[16) 〈우적도(禹跡圖)〉(1137) 그리고 주사본(朱思本)의 〈여지도(輿地圖)〉와 이를 모방한 〈광여도(廣興圖)〉 등은 모두 동일범주의 것이며 요동 이동이 불분명하거나 생략되어 있다.[17) 1185년에 제작된 〈고금화이구역총요도(古今華夷區域總要圖)〉를 보면 〈지도 9〉에서 보는 바와 같이 우선 만리장성이 한반도지역에 이르기까지 연결시켜 표시하

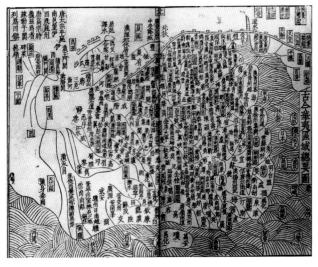

〈지도 9〉 古今華夷區域總要圖

---

16) 한상복, 『華夷圖속의 우리나라』, 「해양학에서 본 한국학」, 해조사, 1988, 150~152쪽.
17) 노정식, 『외국지도상에 나타난 한반도의 표현상 변화에 관한 연구』, 대구교대논문집 12, 1976, 173~183쪽.

였고, 한반도 지역의 국가명도 지도가 제작될 당시 이미 없어진 발해, 백제, 신라 등의 국가명이 표시되어 있다. 따라서 당시 당나라와 고려와의 경계가 제대로 표시되어 있지 않다. 해양에서도 중국의 동쪽 바다를 동해라고 표기하고 일본, 왜노, 유구 등의 국가를 표시하였지만, 실지의 위치나 크기에 맞지 않게 단지 인식정도를 표시하는데 그치고 있다.

그 이후 14세기 들어 청준(淸濬)의 〈혼일강리도(混一疆理圖)〉(1328)나 이택민(李澤民)의 〈성교광피도(聲敎廣被圖)〉(1330년경) 등에도 중국 주변지역은 불분명하게 묘사되어 있어 동아시아의 해류경계를 찾아볼 수 없다.

16세기 이후 중국에서 제작된 대표적인 세계지도는 1531년의 〈황명여지지도(皇明輿地之圖)〉, 1536년의 〈황명일통지리지도(皇明一統地理之圖)〉, 1555년의 〈고금형승지도(古今形勝之圖)〉 등이 있으나, 이들 지도는 한반도를 도서로 표시하고 있으며 일본 유구 등이 중국의 동쪽으로 그려져 있지만 대략적인 위치를 표시하는 정도에 그치고 있어 경계인식을 파악하기는 어렵다. 조선이 하나의 도면으로 외국에서 출판된 최초의 지도라고 여겨지는 것은 비록 윤곽이 왜곡되어 있어 한반도의 모양과는 상당히 다르지만 내용상 지명이 비교적 상세한 1555년 명대 라홍선(羅洪先)의 〈광여도(廣輿圖)〉속의 〈조선도(朝鮮圖)〉이다. 〈지도 10〉에서 보는 바와 같이 전체적인 형태는 한반도와 매우 다르나 북쪽으로 압록강을 경계로 중국과 조선과의 경계를 표시하였고, 두만강 부분은 구체적으로 표시하지 않은 것으로 보아 경계에 대한 인식이 분명하게 자리잡지 않았던 것으로 판단된다.

17세기 후반부터 청조는 좀 더 명확한 지리정보를 얻기 위해 조선 북방지역의 지형에 대해 직접적인 조사를 하려고 시도하였으나 1656년 벨기에 선교사 베비스트(Ferdinand Verbiest)의하여 제작되어진 〈곤여전도(坤輿全圖)〉18)에는 여전히 한반도 모양이 지금과 다른 삼각형태의 반도로 표시되고 조선이라고 하였으며, 동남쪽 바다에는 유구와 경계되는 부

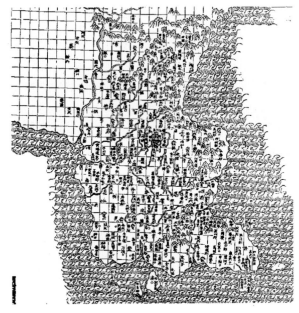

〈지도 10〉 朝鮮圖

분에 '大淸海'라고 바다의 경계를 표시하였다. 이후 1691년에는 청에서 사신을 보내 압록강 상류와 백두산 일대를 살피겠다고 통고하기도 하였는데,19) 이러한 노력이 좀 더 구체화 된 것이 강희제의 선교사를 활용한 지도 제작사업이다.

강희제는 러시아와의 국경문제로 네르친스크조약을 맺을 때 청나라를 위해 크게 공헌한 제르비용(J. F. Gerbillon) 선교사의 건의를 받아들여 중국 전토에 대한 측량을 결심하였다. 1709년 5월부터 1710년 7월까지 레지스(J. B. Regis)를 책임자로 하여 자르토(P. Jeartoux), 프리델리(Fridelli) 등이 청조의 성역인 동북지역을 측량하였다. 이때 이들은 조선의 두만강 부근 접경지대까지 접근한 바 있고, 북으로는 흑룡강까지 답

---

18) 『中國古代地圖集』 淸代, 文物出版社, 1997, 4.坤輿全圖.
19) 양보경, 「조선시대의 고지도와 북방인식」, 『지리학연구』 29, 1997, 110~111쪽.

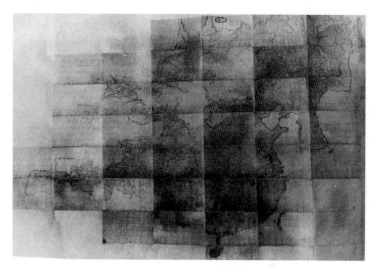

〈지도 11〉 皇輿全覽圖

사하여 〈지도 11〉의 지도를 작성했는데 이를 강희제가 〈황여전람도(皇輿全覽圖)〉라 명명하였다. 레지스의 지도는 1735년 뒤알드(Du Halde)의 〈중국지(中國誌)〉와 1737년 당빌(Jean-Baptiste Bourguignon D'Anville)의 〈신중국지도첩(新中國地圖帖)〉을 통해 서양에도 소개 되었다. 이 지도의 특색은 조선의 영토범위로 압록강과 두만강의 지류들을 대부분 포함하였고, 조선과 청 사이의 완충지대를 표시하고 있다. 지도 좌상 부분에 완충지대(무인지대)를 걸쳐 쓴 Ping-Ngan(平安)이라는 문자 표시로 보아 점선 부분이 조선주권하의 영역과 관계있는 것으로 보인다.[20] 이와 같은 지도는 영국이나 프랑스, 네덜란드, 미국 등 다양한 국가에서 제작된 지도에서 동일하게 발견되고 있다.[21] 레지스의 지도는 조선자체의 윤곽변화가 점차 명확하게 표시되었지만 아직까지는 선으로서 명확한 경

---

20) 한상복, 「康熙帝의 皇輿全覽圖와 당빌의 朝鮮國圖」, 『해양학에서 본 한국학』, 242~247쪽; 김경춘, 「한청국경분쟁사」, 삼광출판사, 1979, 22쪽.
21) 朴宣泠, 「近代 東아시아의 國境認識과 間島」, 『中國史硏究』 32, 2004, 215~218쪽.

계라기보다는 조선과 청조 사이에 면으로서의 경계지역이 있음을 보여
주었다는데 의미가 있다.

19세기 말인 1899년에 만들어진 〈황여전도(皇興全圖)〉 역시 중국지
역은 자세히 지명표기가 되어 있지만 조선은 국호만 표시한 채로 그려놓
고 일본이나 유구는 전혀 표시하지 않았다. 조선과의 경계부분에 대해서
는 성경성의 성책과 흑룡강에 이르는 성책부분까지만 명확히 표기하고
압록강과 두만강에 이르는 부분은 자세히 표기하지 않았다. 1712년에 조
선과의 국경협약으로 백두산정계비를 세웠지만, 그 이후에도 청나라는
요동반도 동쪽지역에 대한 직접적인 지배는 없었던 것이다.

이는 물론 백두산북쪽지역의 청나라 발상지에 대한 숭배의식으로 봉
금정책을 취함으로써 민간인들이 거주하지 못하게 한 이유도 있겠지만,
그 이전시기부터 조선과의 관계에서 성경성의 책문으로부터 압록강에 이
르는 지역을 정치적 완충지대로 인식하고 있었음을 보여주는 것이다.

이와 같이 중국의 지도는 중국 본토중심으로만 자세히 그렸고, 주변
지역인 조선이나 일본 유구 등은 대략적으로 그려 화이의식에 기반한 지
도가 제작되었음을 알 수 있다. 특히 임진왜란 이전에는 표시되어 있던
일본 등의 국명이 17세기 이후 중국의 지도에서 표기되지 않는 것은 대
륙을 침략한 일본에 대하여 지도에서 조차 삭제하여 버림으로써 중화질
서를 보다 확고히 하고자 하였던 중국의 지리의식에서 비롯된 것으로 보
인다.

4. 일본지도에서의 한·중·일 경계 변화

일본은 사방이 바다인 섬나라이어서 일본의 국경은 해안선에 의하여
정하여지므로 경우에 따라 국경의 역사적 형성은 무의미하다고 생각할
수도 있다. 실제로 일본열도는 자연에 의하여 정치적 단위를 형성하고

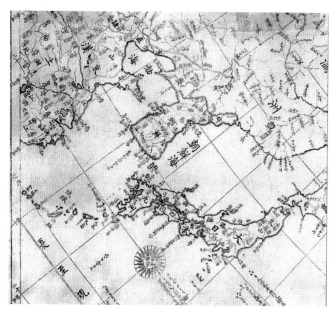

〈지도 12〉 日本邊界略圖

자연에 의하여 민족적 단위를 형성하였다. 그러나 자세히 살펴보면 일본의 국경은 자연 발생적인 것이 아니라 근대에 들어 국민 국가로서 세계질서에 참가한 결과이고 그 결과 중요한 정치과제 중의 하나가 일본의 경계확정이라는 것도 자연스러운 일이다. 일본의 국경은 이른 시기부터 비교적 고정적이었던 쓰시마 지역을 제외하고는 독도지역이 첨예한 국경분쟁의 지역이고 북쪽의 국경은 애매하고 유동적이었으며 남서제도 오키나와 등도 메이지 초기까지 영토에 포함되지 않았다. 홋카이도나 오키나와도 실제로는 일본의 '식민지'였으며 하물며 조선, 타이완, 오키나와, 아이누에 대하여도 현재의 상식과 다른 '일본'의 경계가 존재하는 것이다.

일본 지도의 역사를 보면 고대에서 중세에 이르기까지 자료나 도법(圖法)으로나 매우 빈약한 상태였지만, 17세기에 들어와 양과 질적인 면에서 비약적으로 발전하였다. 특히 마테오리치의 세계지도의 등장과 지도의 다양화, 인쇄술 보급, 도형(圖形)의 정밀화 등 지도사에 획을 긋는 시대라고 할 수 있으며 난학의 흥기로 지도에 과학적 정밀도를 더해주게 되었다.[22] 일본에서 제작된 세계지도는 〈만국총도(萬國總圖)〉(1645)가 처음이지만 그 후 1688년의 〈만국총계도(萬國總界圖)〉, 1785년의 〈개정지구만국전도(改正地球萬國全圖)〉, 일본 지도사에서 중요한 〈지구도(地球圖)〉(1792), 〈괘란신역지구전도(喎蘭新譯地球全圖)〉(1796), 1809년의 〈일본변계약도(日本邊界略圖)〉, 일본 세계지도의 정점이라고 할 수 있는 〈신정만국전도(新訂萬國全圖)〉(1810), 1837년의 〈북극중심세계지도(北極中心世界地圖)〉, 〈세계만국도설(世界萬國圖說)〉 등이 있다. 이러한 지도에 비록 조선부분이 조금 왜곡된 형상이지만 다 같이 경위선이 그려져 있고, 배치가 비교적 바르며 크기가 균형 있게 된 것은 세계 속의 조선을 올바르게 파악했다는 점에서 의미가 있다.[23] 특히 〈일본변계약도〉와 〈신정만국정도〉에서는 한반도의 동해안을 '조선해'라고 표시하고 있고, 조선과 중국과의 경계는 대체적으로 압록강과 두만강으로 인식하였던 것으로 보인다.

일본지도에서 조선과의 경계부분을 파악할 수 있는 지도는 대략 〈일본도〉(1305)를 시초로 추정하는데, 이 지도는 일본은 물론이고 주변의 조선, 몽고, 당 등이 기록되어 있지만 정확하지 않다.[24] 다음 동아시아 삼국의 경계를 살필 수 있는 지도는 임자평(林子平)의 「삼국통람도설(三國通覽圖說)」에 첨부된 〈삼국접양지도(三國接壤之圖)〉(1785)이다. 〈지도 13〉에서 보는 바와 같이 이 지도는 한반도의 해안선을 단순화시켜 실제의 모습과 상당히 다르지만 청과 조선, 일본, 유구 등 각국별로 색을 다르게 칠하여 경계를 보다 분명하게 드러내고 있다. 조선과 중국과의

---

22) 室賀信夫, 「古地圖抄: 日本の地圖の步み」, 東海大學出版會, 東京, 1983, 7~10쪽.
23) 室賀信夫, 위의 책, 24쪽.
24) 노정식, 앞의 논문, 174~184쪽.

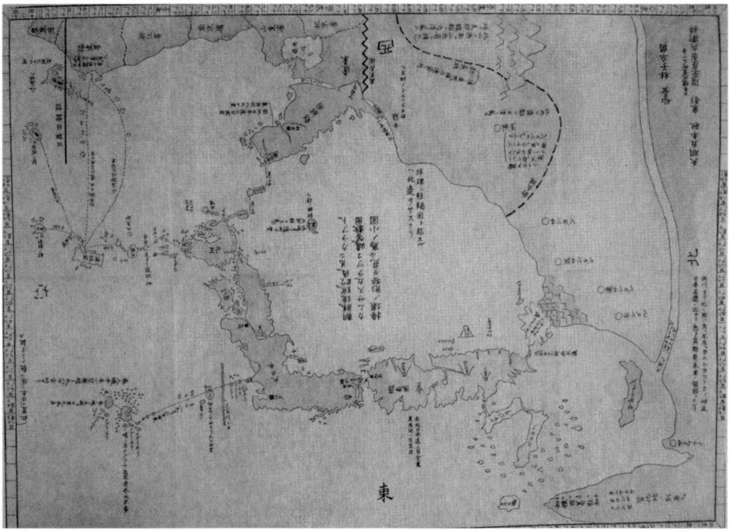

〈지도 13〉 三國接壤之圖

사이에는 백두산을 중심으로 압록강과 두만강을 경계로 하여 색을 다르
게 칠하였고, 동해안의 울릉도와 독도까지 조선과 같은 색으로 표시하여
해양경계 인식을 알 수 있다.

　명치유신 이후 일본에서 정한론이 대두하자 조선지도에 대한 수요가
폭발하였다. 막부시대에는 조선과 일본 양국의 문화적 교류 필요 때문에
지도가 지식인 사이에서 요구되었지만, 명치유신 직후는 정한론에 부합
하는 보다 현실적인 정보로서 조선 지도를 요구하였다.[25] 1870년대 전반
기에는 이러한 사정을 반영한 수많은 판본의 조선지도가 다량 보급되면
서 많은 지도에서 압록강, 두만강 대안지역을 조선의 영역으로 표시하고
있다. 19세기 말에 들어와서 조선에 대한 관심이 높아진 일본은 서양 각
국이 만든 지도와 〈대청일통도(大淸一統圖)〉, 〈조선국도(朝鮮國圖)〉 등
을 참고하여 지도가 구체화 되는데, 1882년에 제작된 〈동판조선국전도

---

25) 박현수, 「일본의 조선지도와 식민주의」, 『영남대박물관소장 한국의 옛 지도 :
　　자료편』, 영남대학교 박물관, 1998, 153쪽.

〈지도 14〉 銅版朝鮮國全圖

(銅版朝鮮國全圖)〉를 보면 〈지도 14〉에서 보는 바와 같이 조선과 일본 사이에 대마도까지 일본과 같은 색으로 표시하고 있고, 조선과 중국 사이에는 압록강과 두만강 건너편의 간도지역을 포함해서 조선의 영역으로 표시하고 있다.

이 시기 전후로 제작된 지도 중 많은 경우에 동아시아를 하나의 지도에서 표현하고자 하는 노력에서도 그 의도를 꿰뚫어 볼 수 있겠다. 또한 러시아의 간도문제 개입으로 새롭게 간도의 중요성을 인식한 일본은 러일전쟁 전후로 제작된 지도에 두만강 북쪽을 간도라 명시하지만 19세기 말에 제작된 지도와의 차이점은 압록강 대안지역은 특별하게 표시하지 않고 두만강 대안지역에 대해서는 조선의 영역으로 표시하고 있다. 이는 일본이 러시아의 세력 확대로부터 간도문제에 관심을 갖게 되면서 일본의 주요 관심지역을 구체화했다고도 할 수 있겠다.

5. 서양지도에서의 한·중·일 경계 변화

동아시아세계가 서양고지도에 표현되기 시작한 것은 프톨레마이오스의 세계지도로부터였다. 프톨레마이오스는 천문학이나 지리학, 지도제작에 있어서 가장 뛰어난 업적을 남긴 인물로 그가 150년경에 제작한 세계지도에 아시아세계가 그려져 있는데, 부정확하지만 중국을 표현하고 있다.[26] 이 지도는 이후 15세기 들어 서양인들의 여행과 탐험이 증가하면서 새로운 항해용 해도가 제작되는 시기까지 서양인들의 인식을 지배하였다.

그 후 원나라의 서구세계 진출과 이슬람문화의 확산으로 서양에 동양에 관한 자세한 지리정보가 소개되었고, 1245년에는 로마 교황 이노센트 4세가 프란체스코회의 수도사 카르피니를 원나라에 파견하여 동양의 정보를 수집하였다. 동양의 정보가 서양에 보다 자세하게 알려지게 된 것은 13세기 후반의 마르코 폴로가 『동방견문록』을 써서 서양세계에 전하면서부터라고 알려져 있다. 1385년 아브라함 크레스크가 프랑스 국왕의 명으로 카탈로니아에서 제작한 〈카탈란해도〉에는 중국으로 향하는 마르코 폴로의 모습이 그려져 있고, 그에 의해 알려진 동아시아와 동남아시아, 실론, 인도반도 등 다양한 여행기의 내용을 지도에 표현하고 있다.[27]

16세기에 이르러 수학적으로나 과학적으로 우수한 메르카토르도법에 의한 지도가 제작되면서 동아시아의 세계도 보다 자세하게 서양지도에 나타나기 시작하였지만, 여전히 지형적으로는 동아시아 세계가 부정확하게 표현되어 있고, 심지어 우리나라의 형태는 표현되지도 않고 있다. 메르카토르의 새로운 지도제작기술과 도법을 받아 들여 1570년 오르텔리우스가 제작한 아시아지도에는 〈지도 15〉에서 보는 바와 같이 중국과 일

---

26) 서정철, 『서양고지도와 한국』, 대원사, 1991, 21쪽.
27) 국제한국학연구소, 『外國古地圖에 表現된 우리나라 地圖 變遷過程 硏究』, 건설교통부 국토지리정보원, 2007, 20쪽.

〈지도 15〉 아시아지도(1570)

본은 표현되어 있지만 우리나라는 형태조차도 표현되지 않았다.[28]

물론 한국이 서양지도에 표현된 것은 1154년의 〈알이드리시의 지도〉
에서 중국남쪽의 섬에 '신라(Sila)'라고 표현한 것으로부터이다. 그리고
13세기에 중앙아시아를 여행한 카르피니(Carpini)의 견문기에 삽입된 일
명 〈빈랜드지도〉에 나타난다. 이 지도는 지질과 잉크 등 역사적 고증을
거친 중세풍의 유일한 지도로 13세기의 세계역사를 기록하고 있는 희귀
한 지도로 흥미로운 것은 이 지도에 우리나라와 동해가 처음으로 명시되
어 있다는 사실이다.[29] 다음 1568년의 두라도가 제작한 지도에서 일본
서북쪽 대륙 해변에 '콘라이해안(costa de Conrai)'이라고 표기되어 있고,
1571년의 해도에는 '콤라이해안(costa de Comrai)'이라고 고려에 해당하
는 발음이 표기되어 있다.[30]

---

28) 위의 책, 48~49쪽.
29) 김신, 『동해와 국제수로기구』, 두남, 2002, 141~142쪽.
30) 서정철, 앞의 책, 38~39쪽.

〈지도 16〉 곤여만국전도 부분

　서양지도에서 우리나라는 처음에는 섬의 형태로 표시되다가 그 후 차츰 오늘날의 반도국가로 표기되기 시작하였고, 17세기부터는 정밀한 지도가 제작되기 시작하면서 한국만의 전도도 제작되기 시작한다. 17세기에 들면서 획기적인 전기를 맞게 되는데, 1602년의 〈곤여만국전도〉나 1630년의 〈세계도〉에서 동아시아지역도 현재의 지형과 일치하지는 않으나 비교적 자세하게 그려져 있다. 〈지도 16〉에서 보는 바와 같이 아시아 동북쪽 상단에 한반도가 그려져 있고, 중국지도에서도 요동반도와 산둥반도가 그려져 있는 것을 볼 수 있고, 동쪽 바다에 일본이 그려져 있다.

　18세기에 들어서는 아시아에 대한 관심이 확대되면서, 1700년의 〈아시아〉, 1705년의 〈인도와 중국〉, 1714년의 〈중국〉, 1737년의 〈한국〉, 1744년의 〈아시아〉, 1748년의 〈중국〉, 1794년의 〈일본제국〉 등 각국의 상세한 내용이 그려져 있다. 그 중 1714년 헤르만 몰이 제작한 〈중국〉지도는 형태가 정확하지는 않지만 중국의 북쪽으로 만리장성이 표시되어 있고, 한반도 북쪽으로는 압록강을 경계로 만주족과 경계를 이루고 있는 것으로 나타나며, 동해는 한국해로 표기하고 있다. 바다 쪽으로는 일본과

〈지도 17〉 당빌의 한국지도

유구도 그려져 있고, 해안선을 따라 색을 달리 칠하여 경계를 구분하고 있다. 그리고 1737년 당빌이 제작한 〈한국〉에는 〈지도 17〉에서 보는 바와 같이 중국과의 경계를 표시하면서 압록강과 두만강을 넘어 훨씬 북쪽으로 평안도와 함경도지역을 표시하고 있어 당시 중국과 조선과의 경계에서 간도지역이 한국에 포함되어 있었음을 나타내는 지도로 한·중경계에 중요한 시사점을 주고 있다. 또 동남쪽 바다에는 대마도를 그려넣어 한국과 일본과의 해양경계는 대략 대마도가 되고 있음을 보여주고 있다. 1744년 하시브의 〈아시아〉에서도 한반도 북부의 경계를 압록강과 두만강 건너편의 중국 쪽에 표기하고 있고, 1784년 사무엘이 제작한 〈일본제국〉에서도 한반도 북부경계선이 압록강 북쪽 중국 쪽으로 표기되어 있으며, 동해는 한국해로 표기되어 있다.

19세기에는 제국주의 세력이 동아시아지역으로 세력을 확장하면서 다양한 정보수집과 정밀한 해양측량을 통하여 동아시아 지역에 대한 자세하고 세부적인 지도들이 나타났다. 반면에 한·중·일의 경계에 대한 부분은 오히려 불명확하게 표기하여 제국주의 세력확장에 따른 영토의식이 반영된 것으로 보인다.

6. 맺음말

이상에서 한·중·일 삼국의 고지도 및 서양의 동아시아 지역에 대한 고지도를 통하여 한·중·일 삼국의 경계가 어떻게 변화하여 왔는지를 간략히 살펴보았다. 기본적으로 동아시아에 있어서 전근대 시기의 국가 간 경계인식은 제국주의 침략 이전까지는 명확히 구분지어지지 않았으나 제국주의 세력확장 이후 국가 간 경계가 분명하게 구분되어 짐을 알 수 있다. 이후 영토인식의 확장에 따라 각국 간에 영토분쟁 문제가 발생하고, 전근대에서 근대로 이행되어지는 시기에 일제의 제국주의 침탈과 식민지에서의 해방으로 이어지면서 육지에서의 국경성립에 따른 문제, 바다에서의 도서 확보와 어업권 확보에 따른 해양경계선 문제가 불분명하게 매듭지어진 결과 현재까지 영토분쟁이 끊이지 않고 있다.

우선 한국의 고지도를 살펴본 결과 대한제국시기 이전까지는 해양경계가 성립되어 있지 않았음을 알 수 있다. 지도에서의 바다는 막연히 크다는 의미의 '大海'로 표시하여 이웃나라와의 경계인식을 찾아볼 수 없고 일본과의 문제가 되고 있는 독도나 대마도와 관련해서도 경계인식이라기 보다는 지리적 인식에 그치고 있다. 대마도의 경우 지도에 따라 일본과의 경계임을 표시하면서 섬 위에 표시하는 경우도 있고, 섬 밖의 일본 쪽 바다에 '日本界'라고 표시함으로써, 경계를 명확히 하고 있지는 않으나 대체적으로 대마도를 일본과의 경계로 보고 있었음은 알 수 있다. 육지로는 1712년 정계비가 성립하기 이전까지는 청과의 경계가 불분명하나 대체로 백두산을 중심으로 압록강과 두만강을 파수지역으로 설정하고 있었음을 알 수 있고, 정계비가 성립한 이후에도 압록강을 경계로 함은 비교적 명확하나 동쪽 경계는 분계강, 토문강, 두만강 등 명확한 경계를 표시하고 있지 못하다. 여러 지도를 비교 고찰해보면 토문강 상류지역과 온성에서 합류되는 분계강을 잇는 선을 경계로 인식하고 있음을 나타내고 있다.

다음 중국의 고지도에서는 해양경계를 인식할 수 있는 표시는 찾아볼 수 없고, 동쪽으로 조선과의 경계부분에 대하여는 성경성(盛京城)의 목책을 경계로 하고 있음을 알 수 있고, 더 동북쪽으로 여진과의 경계를 영고탑(寧古塔)까지로 인식하고 있음을 알 수 있다. 따라서 청과 조선과의 경계부분에는 양국의 직접적인 영향력이 미치지 않는 양국의 주민들이 혼재하는 일정한 지역이 존재하였던 것으로 보인다.

일본의 고지도에서도 해양경계부분이 명확하게 표현되어 있지는 않으나 〈삼국접양지도(三國接壤之圖)〉에서는 독도 부분에 '조선의 소유'라는 주기를 넣어 경계를 짓고 있고, 조선과 청과의 경계 부분은 조선과 청에서 만든 지도의 영향을 받아 조선의 지도와 큰 차이가 없다.

서양의 지도는 결국 아시아에 대한 인식의 확대에 따른 변화를 보이고 있는데, 16세기까지는 동아시아의 형태가 매우 불명하게 표시되어 있으나, 17세기에 들면서 획기적인 전기를 맞게 되어 동아시아지역도 현재의 지형과 일치하지는 않으나 비교적 자세하게 그리고 있고, 한반도의 형태도 정확하지는 않지만 북쪽 경계를 만주족과 경계를 이루고 있는 것으로 표시하고, 동해는 한국해로 표기하는 지도가 보이고 있다. 특히 특징적인 것은 1737년 당빌이 제작한 〈한국〉이나 1744년 하시브의 〈아시아〉는 동북쪽의 경계표시가 압록강과 두만강을 넘어 훨씬 북쪽으로 표시되어 만주남부지역까지 조선의 영역으로 그리고 있는 점이다.

이와 같이 지도에 나타나는 동아시아의 해륙 경계인식은 근대 국민국가가 형성되기 이전까지는 명확한 경계구분이 없다가 영토의식이 형성되면서 각국의 이해관계에 따라 경계가 분명하여 지고 이후 국경으로 확정되어 가는 것을 볼 수 있다.

참고문헌

1. 사료

奎章閣古地圖

2. 저서

국제한국학연구소, 『外國古地圖에 表現된 우리나라 地圖 變遷過程 硏究』, 건설
    교통부 국토지리정보원, 2007.

김경춘, 『한청국경분쟁사』, 삼광출판사, 1979.

김신, 『동해와 국제수로기구』, 두남, 2002.

서정철, 『서양고지도와 한국』, 대원사, 1991.

室賀信夫, 『古地圖抄: 日本の地圖の步み』, 東海大學出版會, 東京, 1983.

한상복, 『해양학에서 본 한국학』, 해조사, 1988.

『中國古代地圖集』淸代, 文物出版社, 1997.

3. 논문

노정식, 「외국지도상에 나타난 한반도의 표현상 변화에 관한 연구」, 『대구교대논
    문집』 12, 1976.

朴宣泠, 「近代 東아시아의 國境認識과 間島」, 『中國史硏究』 32, 2004.

박현수, 「일본의 조선지도와 식민주의」, 『영남대박물관소장 한국의 옛 지도: 자
    료편』, 영남대학교 박물관, 1998.

배우성, 「정조시대 동아시아 인식의 새로운 경향」, 『한국학보』 94, 1999.

양보경, 「조선기재의 고지도와 북방인식」, 『지리학연구』 29, 1997.

이상태, 「한국고지도 발달사」, 『한국지도학회지』 제7권 제1호, 2007.

제1부 주제연구

제2장 한국지역

중·근세 조선인의 島嶼 경영과 경계인식 고찰

손 승 철*

1. 머리말

어느 때부터인지 정확히 알 수 없지만, 학계에는 섬을 비워두는 의미
의 '공도정책'이라는 용어가 조선시대 전 기간에 걸쳐 실시된 해양정책
을 뜻하는 용어로 인식되어 왔다. 이 용어 그대로라면 조선왕조가 울릉
도 독도에 대해 '공도정책'을 실시했다는 것은 곧 섬을 포기했다는 뜻이
고, 그래서 울릉도와 독도는 조선의 영토가 아니라는 결론을 유도해 간
다. 정말 위험한 용어이다. 그럼에도 불구하고 학계에는 이 용어에 대한
심도 있는 연구가 되어 있지 않다. 최근 이에 대한 연구가 일부 이루어지
고 있기는 하지만 아직 시작단계이다.[1]

이글에서는 중 근세 조선인의 도서경영과 경계인식을 고찰하기 위해,
특히 울릉도해역을 중심으로 고려시대와 조선시대, 조선인의 도서인식과
경영에 대해 살펴보고자 한다. 이를 위해 『高麗史』에 기술된 울릉도에
대한 부분을 검토하고, 이어 고려말 조선초기의 왜구의 동해안 침구와

---

  * 강원대학교 사학과 교수.
 1) 김호동, 「조선초기 울릉도·독도에 대한 '공도정책' 재검토」, 『민족문화논총』 제
    32집, 영남대학교, 2005; 신명호, 「조선 초기 중앙정부의 경상도 海島政策을 통
    한 空島政策 재검토」, 『역사와 경계』 66, 부산경남사학회, 2008.

대응형태, 그리고 조선초기의 울릉도민의 '居民刷出' 정책과 '武陵等處按撫使'와 '武陵島巡審敬差官'의 파견, 그리고 조선후기 안용복의 도일사건이후 정착된 '搜討制'의 실체를 재조명한 후, 각종 지리지에 기술된 울릉도와 독도에 대한 내용을 통하여 동해 및 울릉도·독도에 대한 중근세 도서경영과 경계인식에 대해 고찰하고자 한다. 아울러 이 과정을 통해 종래의 '공도정책'의 허구성도 드러낼 것이다.

2. 고려의 울릉도 인식과 경영

『고려사』, 「지리지」 東界 울진현 鬱陵島에 다음과 같은 기사가 있다.

> 현의 정동쪽 바다가운데에 있다. 신라 때 于山國이라 칭했다. 武陵 또는 羽陵이라고도 한다. 지방이 백리이다. 지증왕 12년(512)에 와서 항복했다. 태조 13년(930)에 그 섬사람들이 白吉·土豆를 시켜 방물을 바쳤다. 의종 11년(1157)에 왕이 울릉도는 땅이 넓고 토지가 비옥하여 옛적에 군현을 두었으며 사람이 살 수 있다는 말을 듣고 명주도 감창 金柔立을 보내어 가보게 했다. 유립이 돌아와 말하기를, "섬 가운데 큰 산이 있는데, 산꼭대기로부터 동으로 향해 가면 바다까지 1만 여보가 되고, 서로 향해 가면 1만 3천여보가 되고, 남으로 향해 가면 1만 5천여보가 되며, 북으로 향해 가면 8천여보가 된다. 촌락의 터가 7곳 있고, 석불·철종·석탑이 있으며 柴胡·蒿本·石南草가 많이 자라고 있으나 암석이 많아 사람이 살 수 없다."하여 드디어 의논을 중지했다. 혹자는 말하기를, "于山島와 武陵島는 본래 두 섬으로 서로 거리가 멀지 않아 날씨가 맑으면 바라볼 수 있다."고 한다.

울릉도의 지세와 사적을 소개하고 있으며, 특산물을 기록했다. 그리고 울릉도와 독도를 무릉과 우산으로 부르고 있음을 알 수 있다. 이 내용을 통해서 볼 때, 울릉도와 독도는 512년 신라에 편입되었고, 그것이 고려시대에 자연스럽게 계승되고 있음을 있다. 즉 고려 건국 후, 930년에 울릉도에서는 두 사람의 사신을 고려에 보내어 토산물을 바쳤으며, 태조 왕건은 이들에게 정위와 정조의 벼슬을 내렸다고 기술되어 있다.2)

그 후 1018년 여진족이 우산국에 침입했다.

> 우산국이 동북여진의 침입을 받아 농업을 폐하므로 李元龜를 보내어 농기구를 하사했다.3)

이 기록은 여진족이 울릉도에 침입했기 때문에 농업을 못하게 된 울릉도 사람을 위해서 이원구를 파견하여 농기구를 하사했다는 것이고, 이는 고려가 울릉도를 계속적으로 관리했다는 것을 의미한다.

이어 이듬해인 1019년에는 우산국의 민호로써 이전에 여진에게 잡혔다가 도망쳐 온 자들을 모두 고향(우산국)으로 돌아가게 하려고 했으나,4) 이들은 결국 돌아가지를 못하고, 禮州(함경남도 정평군)에 편호로 편입시키게 되었다.5)

그 후 1032년에는 '羽陵城主가 그 아들 夫於仍多郎을 보내 토산물을 바쳤다.'6)는 기록이 있다. 이는 고려가 우산국의 우두머리를 우릉성주에 임명하여 울릉도를 관장하고 있었음을 알 수 있다. 또한 주목할 만한 점은 이전의 사료에서는 '于山國' 또는 '于山國民戶'라는 용어를 썼는데,

---

2) 『고려사』 권1, 세가 1, 「武陵島 遣白吉土豆 貢方物 拜白吉爲正位 土豆爲正朝」.
3) 『고려사』 권4, 세가 4, 현종 9년 11월조.
4) 『고려사』 권4, 세가 4, 현종 10년 7월 기묘.
5) 『고려사』 권4, 세가 4, 현종 13년 7월 병자. 「도병마사가 주하기를 '우산국 백성으로 여진의 노략질을 피하여 도망하여 온 자는 禮州에 두고 관에서 양식을 나누어 주도록 하여 아주 編戶하소서'하니 받아 들였다.」
6) 『고려사』 권5, 세가 5, 덕종 1년 11월 병자.

이때에는 '羽陵城' 또는 '羽陵城主'라는 표현을 썼다는 점에서, 고려가 동북여진의 침입을 계기로 울릉도에 城과 城主를 두어 군사요새지로 강화했고, 중앙정부에서 직접 관리했다는 것이다.[7]

이어 1141년에는 '溟州道 監倉使 李陽實이 사람을 보내어 울릉도에 들어가 菓核와 木葉이 이상한 것을 취해 오게 하였다'고 했다. 이 기록에서 울릉도가 溟州道(강원도)의 관리하에 있었다는 것을 알 수 있다. 그래서 명주도 감창사가 조사관을 울릉도에 파견하여 특산물을 조사하고, 과일의 씨와 나뭇잎 등이 육지의 것과 다른 것을 가져오게 한 것이며, 이때부터는 울릉도를 고려의 행정구역인 명주도에서 관리하였음을 말해준다.

1157년에는 "왕이 동해가운데 羽陵島란 섬이 있어 땅이 넓고 토지가 기름져서 예전에 주현이 있던 곳으로 사람이 살 수 있다는 말을 듣고 溟州道 監倉 殿中 內給事 金柔立을 보내어 가서 보게 하였다. 김유립이 돌아와 아뢰기를, '땅에 암석이 많아 백성이 살 수 없겠다'하니 곧 논의를 그만두었다."[8]고 했다. 이 기록은 『고려사』, 「지리지」에 있는 기록으로 「지리지」의 기록과 연관지어 보면, 울릉도가 동계 울진현의 행정구역에 소속되어 있고, 의종이 울릉도에 본격적으로 徙民政策을 실시하여 백성을 이주시키려했던 시도가 있었음을 알 수 있다.

1260년에는 "울진현령 박순이 처와 노비와 가재를 배에 싣고 장차 울릉도로 가려고 할 때, 성중 사람이 그것을 알았다. 박순이 성으로 들어갔다가 구류되므로 뱃사람들이 그 소재를 가지고 도망가 버렸다."[9]는 기록이 있다. 이는 고려가 울릉도에 울진현령을 직접 파견했음을 의미한다. 울진현령이 입도한 이유는 알 수 없으나, 당시는 몽골의 침입이 있던 시기로 육지로부터의 도망민을 색출하거나 아니면 민란이 많았던 시기였

---

7) 신용하, 『독도영유권 자료의 탐구』 제1권, 독도연구보전협회, 1998, 25쪽.
8) 『고려사』 권18, 세가 18, 의종 11년 5월 병자.
9) 『고려사』 권25, 세가 25, 원종 즉위년 7월 경오.

으므로 이를 대비하기 위한 조치로 울릉도에 들어갔던 것이 아닐까 추측
이 된다.

그 후 고려가 원에게 복속된 이후, 1273년에는, "첨서추밀원사 허공을
울릉도 작목사로 삼아서 이추와 함께 가게 하였다. 왕이 울릉의 작목을
파하고 홍다구 휘하 5백인의 의복을 감하고 삼별초를 평정한 뒤에 제주
의 인물을 육지로 나오지 못하게 하고 전처럼 편안히 살도록 청하니, 황
제가 이를 모두 받아들였다."[10]는 기록이 있다. 이 기록은 원나라가 울릉
도의 목재에 주목하였음을 나타내는 기록이다. 1274년 여원연합군이 일
본 원정에 나서는데, 이를 위해 울릉도의 목재를 이용하여 선박을 제조
하려 했던 것으로 파악된다. 그러나 고려 원종은 울릉도의 벌목을 중지
하였다.

그 후 1346년에는 "동계 우릉도인이 내조하였다."[11]는 기사가 보인다.
이 시기에도 울릉도를 동계에 편입시켜 계속적인 관리가 이루어지고 있
었음을 알 수 있다.

그러나 1350년대에 이르러 왜구의 침탈이 시작되면서 울릉도에 대한
인식과 관리가 크게 변화하게 된다. 1379년 "왜가 무릉도에 들어와 보름
이나 머물다 돌아갔다."는 왜구의 침구 기사가 등장하는데, 이후 1380년
대가 되면 왜구의 동해안지역에 대한 본격적인 침탈이 시작되며 정부에
서는 울릉도가 왜구의 동해안 침탈의 거점이 되어감을 우려하게 된다.
이 점에 관해서는 이른바 '空島政策'과 관련하여 뒤에 상세히 기술하도
록 한다.

---

10) 『고려사』 권27, 세가 27, 원종 14년 2월 계축.
11) 『고려사』 권37, 세가 37, 충목왕 2년 3월 무신.

3. 왜구의 동해안 침탈과 '居民刷出'

1) 왜구의 동해안 지역 침탈

동해안지역에 왜구 침탈의 기사가 처음 등장하는 것은 1352년 6월이
다.12) 『高麗史節要』권26에는,

왜가 江陵道에 침입하였다.13)

는 기사가 있다. 그런데 『고려사』에 의하면, 같은 6월 25일, 전라도
茅頭梁에 왜구가 침입한 기사가 있다.

왜적이 전라도 茅頭梁에 침입하였는데 지익주사 金輝가 수군을 거느
리고 가서 적을 공격하였으나 이기지 못하였다. 沃溝監務 鄭子龍이 앉아
머무적거리면서 나아가지 않았으므로 형장을 치고 突山의 烽率로 귀양
보내었다. 왜적이 강릉도에 침입하였다.14)

따라서 『고려사절요』의 6월 기사는 『고려사』의 6월 25일 기사로 볼
수 있으며, 이에 의하면 기록상 왜구가 고려말 동해안 지역에 처음 등장
하는 것은 1352년 6월 25일이다. 그런데 기존 연구들은 당시 강릉도에
침입한 왜구를 모두량에 침입한 왜구의 일단이 동해안으로 진로를 바꾸
었거나 또는 모두량에 침입한 왜구가 달아나 동해안에 침입한 것으로 기
술하였다. 같은 날자에 기록된 것을 감안하면 정확한 기술이라고 볼 수

---

12) 동해안지역의 왜구침탈에 관해서는 손승철, 「고려시대 강원지역에 대한 왜구의
    침탈과 대응」, 『강원사학』24·25 합집, 2011, 참조.
13) 『고려사절요』권 26, 공민왕 1년(1352년 6월).
14) 『고려사』권38, 공민왕 1년 6월 25일(병인).

는 없다.15) 모두량의 왜구와 전혀 관계가 없을 수도 있다.

그 후 동해안 지역에 대한 왜구침탈 기록은 1372년에 등장한다. 그사
이에는 주로 남해안과 서해안을 침탈한 왜구의 기사만 등장한다. 1372년
강원지역을 포함하여 동해안에 대한 왜구침탈 기사는 5건이다.

> 4월 15일 : 왜가 鎭溟倉을 약탈하였다.16)
>
> 6월 6일 : 왜가 江陵府와 盈德 및 德原의 두 현을 침범하였다. 17)
>
> 6월　　　 : 왜가 江陵府와 盈德·德原의 두 현에 쳐들어왔다.18)
>
> 6월 10일 : 왜가 安邊과 咸州를 침범하였다.19)
>
> 6월 26일 : 왜가 東界의 安邊 등지를 침범하여 부녀자를 잡아가고 창
>
> 　　　　　고의 미곡 1만여 석을 약탈하여 갔다.20)

진명창, 덕원, 안변, 함주 등은 함경남도 지역이므로 현재의 강원도로
볼 수는 없지만, 모두 동해에 인접한 지역으로 강원도와 무관하지 않다.
위의 3번째 사료는 『고려사절요』의 사료로 두 번째 사료와 일치한다.

당시 동해안 지역으로 왜구가 침입하게 된 정확한 이유는 알 수 없지
만, 해안지역의 漕倉을 내륙지방으로 옮기고, 해로를 이용했던 漕運을
폐지한 것이 하나의 원인이 되었을 것으로 짐작된다. 그 후 이제까지 주
로 남해나 서해지역을 약탈했던 왜구가 동해안 지역에 본격적으로 나타
나기 시작했다. 4월에 진명창을 약탈했던 왜구가 6월 6일에는 강릉과 영
덕, 덕원을 약탈했다.

---

15) 국방군사연구소, 『왜구토벌사』, 1993, 69쪽; 김정현, 「고려시대 영동지방의 해
　　방유적 연구」, 강원대석사학위논문, 2011, 14쪽.
16) 『고려사』 권43, 공민왕 21년 4월 15일(임진). 鎭溟倉은 현재의 원산지역에 있다.
17) 『고려사』 권43, 공민왕 21년 6월 6일(신사).
18) 『고려사절요』 권29, 공민왕 21년 6월.
19) 『고려사』 권43, 공민왕 21년 6월 10일(을유).
20) 『고려사』 권43, 공민왕 21년 6월 26일(신축).

『고려사절요』에는 이때의 상황을 자세히 기록했는데,

> 이때 李春富의 아들 沃이 東界의 관노가 되었는데, 왜적이 쳐들어오
> 니, 우리 군사는 풍문만 듣고 패하여 달아났다. 부사와 안렴사가 옥이 용
> 맹스럽다는 말을 듣고 군사를 주어 이를 치게 하니, 옥이 힘을 다하여 싸
> 워 적을 물리쳤다. 왕이 안장 갖춘 말을 내려 주고 역을 면제해 주었
> 다.21)

고 한다. 이어 6월 10일에는 안변과 함주를 약탈했다. 그러자 고려 조정
에서는 이성계를 화령부윤으로 임명하여 왜를 방어하게 했다. 6월 26일
에는 다시 안변 등지에 침범하여 부녀자와 미곡 1만여 석을 약탈해가자,
조정에서는 존무사 李子松을 파면하여 고향에 돌아가게 하였다. 이어 6
월 27일에 왜가 다시 咸州와 北青州를 침범하였는데, 만호 趙仁璧이 복
병을 하여 왜를 크게 격파하고 70여 명을 베어 죽였으므로 그에게 奉翊
大夫의 위계를 주었다.

　1372년 7월부터는 왜구가 양광도 일대를 침탈하기 시작했고, 9월에는
서해안의 龍城, 10월에는 한강을 거슬러 내륙으로 陽川을 침입하였다.
1373년에는 다시 남해안의 河東을 약탈했고, 6월이 되면 개경의 관문인
동강과 서강으로 몰려들어 개경으로 통하는 수로를 봉쇄했다. 그러자 왜
구는 강화도를 약탈하여 교동을 함락하기도 했다. 1374년에 접어들면서
왜구의 침탈은 더욱 거세어졌다. 4월 23일에 왜구는 전선 350척의 대선
단으로 합포에 쳐들어 왔다.

> 왜적의 배 350척이 경상도 合浦에 침입하여 군영과 병선을 불살랐으
> 며 군인 피살자가 5천여 명이었다. 趙琳을 파견하여 도순문사 김횡을 베

---

21) 『고려사절요』 권 29, 공민왕 21년 6월.

게 하고 그 팔다리를 뜯어 여러 도에 조리 돌렸다. 서해도 만호 李成과
그의 부사 韓方道와 崔思正이 왜적과 木尾道에서 싸워서 패하여 죽었
다.[22]

이어 5월 20일에 강릉에 침범했다. 1374년에는 강원도 침입기사가 4
건이 있다.

> 5월 20일 : 왜가 江陵을 침범하였다.[23]
>
> 5월 28일 : 왜가 三陟을 침범하였다.[24]
>
> 6월 10일 : 왜가 襄州에 침범하였다. 아군이 싸워서 머리 100급을 베
> 었다.[25]
>
> 8월 4일 : 왜가 淮陽에 침범하였다.[26]

1372년에 침구한 왜구가 강릉부였던 것에 비해, 1374년에는 삼척, 양
양지역으로 확대되었으며, 내륙인 회양에까지 침입하였다. 1374년의 왜
구는 한반도의 거의 모든 해안지역에 출몰하여 피해가 심했을 뿐만 아니
라, 서해와 동해에 동시 다발적으로 약탈을 감행하고 있다. 그들은 종전
까지는 주로 남해안과 서해안에 침구하여 조운선을 탈취하거나 연해지
역의 주민을 약탈하면서 수도 개경으로 접근하는 것이 통례였으나, 이번
의 왜구는 그 전과 달리 서해안과 동해안의 양 방향으로 분산하여 침구
하였다.
　왜구의 약탈행위는 우왕 때에 이르러 더욱 기세를 부렸다. 1374년 9

---

22) 『고려사』 권44, 23년 4월 17일(임자).
23) 『고려사』 권44, 23년 5월 20일(을유).
24) 『고려사』 권44, 23년 5월 28일(계사).
25) 『고려사』 권44, 23년 6월 10일(갑진).
26) 『고려사』 권44, 23년 8월 4일(정유).

월 왜구는 도성의 지근거리에까지 약탈을 자행했고, 고려 조정은 개경일
원에 계엄을 선포하였다. 이듬해에도 왜구는 계속하여 남해와 서해 연해
지역을 약탈했고, 1376년에 이르면 경상도의 낙동강 하구, 전라도의 영
산강 하류, 금강연안 지역에 침투하여 강을 타고 내륙으로 들어 왔다. 그
해 7월 금강하구인 홍산에 침입한 왜구를 최영이 섬멸하는 대전과를 올
렸다.[27] 최영은 이 홍산대첩에서 승리함으로써, 금강 연안의 내륙으로
진출하려는 왜구의 기도를 저지했을 뿐만 아니라 양광도 일대에 침구한
왜구의 세력을 위축시키는 결과를 가져왔다. 이어 1377년 2월에는 왜구
에 의해 강화가 점령당하는 화를 입었고, 3월에는 경상도의 울주, 양산,
밀양에 침구했고, 5월에는 지리산과 황산강 침구가 있었다. 1378년, 1379
년, 1380년에도 경상, 전라, 양광도의 내륙지역으로 왜구의 침구가 계속
되었다.

그런데 1379년 7월, 왜가 武陵島(울릉도)에 와서 반달 간이나 머물다
가 물러갔다는 기록이 있다.

> 왜가 낙안군에 침입하여 노략질하였다. … 이자용이 일본에서 돌아왔
> 는데, 구주절도사 源了俊이 피로인 230여명을 돌려보내고, 창검과 말을
> 바쳤다. 왜가 武陵島에 들어와 보름이나 머물다가 돌아갔다.[28]

1379년 7월에 왜구가 무릉도에 침입하여 보름이나 있다가 물러간 사
실을 전하고 있다. 당시는 왜구가 가장 극성을 부리던 시기로 해안지역
뿐만 아니라 조창을 털기 위해 내륙 깊숙이 침입하여 노략질을 자행했던
시기이다. 특히 강릉·삼척 등 동해안을 여러 곳 약탈했는데, 왜구가 동해
안을 약탈할 때, 울릉도를 중간 거점으로 이용했던 것이다.

---

27) 『고려사절요』 권30, 신우 2년 7월.
28) 『고려사』 권134, 열전 47, 신우 5년 7월조.

한편, 1380년 5월부터 7월까지 금강 상류지역으로 약탈지역을 확대한 왜구는 금강하구의 鎭浦를 내륙진출의 교두보로 삼기위해 무려 500척에 달하는 대규모 선단을 집결시켰다. 8월에 해도원수 羅世와 崔茂宣 등이 이끄는 1백 척의 고려 선단은 화포를 사용하여 왜구 선단을 불살랐고, 배를 잃은 왜구들은 금강을 따라서 내륙 깊숙이 숨어들었다. 9월에 이르러 왜구는 남원산성을 공격했으나 많은 사상자를 낸 채 운봉현으로 퇴각하여 引月驛을 거점으로 삼아 저항을 했지만, 이성계가 이끄는 고려군의 공격을 받아 왜장 阿其拔都가 죽자 괴멸되면서 겨우 70여명이 살아남아 지리산으로 달아났다고 한다.29)

진포전투와 황산전투에서 고려군의 타격을 입은 왜구는 남 서해안의 침투에 한계를 느꼈는지, 1381년이 되면 다시 동해안에 침투하기 시작했다. 1381년, 82년, 83년에 걸쳐 연속적으로 강원지역에 대한 침탈기사가 이어서 나타난다.

1381년

3월 : 왜가 강릉도에 침범하다.30)

3월 : 왜가 송생, 울진, 삼척, 평해, 영해, 영덕 등지에 침범하여 삼척현을 불살랐다.31)

6월 : 왜가 울진현에 침범하다.32)

1382년

3월 : 왜가 삼척, 울진, 우계현에 침입하다. …왜적이 영월, 예안, 영주, 순흥, 보주, 안동 등 고을에 침입하다.33)

---

29) 『고려사절요』 권 31, 신우 6년 9월.
30) 『고려사절요』 권31, 신우 7년 3월.
31) 『고려사』 열전 47, 신우 7년 3월,
32) 『고려사절요』 권31, 신우 7년 6월.
33) 『고려사』 열전 47, 신우 8년 3월.

5월 : 왜가 회양부를 침범하다.[34)](#)

5월 : 왜가 영춘현에 침입하다. … 왜가 회양부에 침입하다.[35)](#)

1383년

7월 : 교주강릉도 도체찰사 최공철이 芳林驛에서 왜적을 쳐서 8급을
베었다.[36)](#)

8월 : 왜적 1천여명이 春陽, 寧越, 旌善등의 군현을 침범하다.[37)](#)

9월 : 왜적이 강릉부, 회양부, 금화현, 평강현, 홍천현에 침구하다.[38)](#)

10월 : 왜적과 양구, 춘주, 가평현에서 싸웠다. 왜적이 청평산에 들어
가 웅거했다.[39)](#)

즉 1381년에는 강릉, 삼척, 울진, 평해, 영덕 등 동해안 지역을 집중적
으로 약탈했는데, 당시의 상황을 『고려사』에는 다음과 같이 기록하였다.

왜적이 강릉도에 침입하였으므로 첨서 밀직 南佐時와 밀직부사 權玄
龍을 보내 적을 공격하게 하였다. 그러나 이 지방의 대기근으로 인하여
방어가 대단히 불충분하였으므로 동지밀직 李崇을 교주도에 보내 군사를
영솔하고 가서 협조하라 하였다. … 왜적이 송생, 울진, 삼척, 평해, 영해,
영덕 등지에 침입하여 삼척현을 불살랐다. 강릉도 부원수 남좌시가 보고
하기를 "왜적이 삼척, 울진에 침입해서 우리나라의 오근, 답곡 두 창고의
곡식을 탈취하려다가 목적을 이루지 못하고 퇴각하였습니다. 그리하여

---

34) 『고려사절요』 권31, 신우 7년 5월.
35) 『고려사』 열전 47, 신우 8년 5월, 永春縣은 충북 단양군 일대에 있던 조선 후기
의 행정구역. 고구려 때 乙阿丹縣, 통일신라 때 子春縣이라고 하다가 고려시대
에 영춘현으로 고쳐 原州에 속하게 하였다.
36) 『고려사절요』 권32, 신우 9년 7월. 방림역은 지금의 평창이다.
37) 『고려사절요』 권32, 신우 9년 8월.
38) 『고려사』 열전 48, 신우 9년 9월,
39) 『고려사절요』 권32, 신우 9년 10월.

지금 지방의 굶주린 주민들을 징집하여 창고를 경비하고 있으니 얼마간 창고의 양곡을 내어서 기아에 빠진 그들에게 대여했다가 가을에 회수하기를 바랍니다."라고 하였다. 강릉도 助戰元帥의 보고에 이르기를 "교주도에서 뽑은 군인이 모두 허약하여 쓸 수 없기 때문에 지금 뽑은 보병은 이미 다 보내었습니다. 烟戶軍을 제외하고 먼저 閑散官을 뽑으며 삭방도의 기병 2백 명으로 하여금 와서 협조케 하기를 바랍니다."라고 하니 신우가 이를 승낙하였다.[40]

이어 1382년에는 영월, 예안 영주, 순흥, 보주, 안동 등지에 그리고 83년에는 평창, 영월, 정선, 홍천 등 내륙 깊숙한 곳에서 약탈을 자행했다.

이 시기에 왜구의 활동은 아주 극심하여 강원도 지역의 내륙 깊숙이 춘천이나 홍천에까지 왜구의 약탈이 자행되고 있다. 즉 1383년 8월에는 왜적 1천여 명이 춘양, 영월, 정선에 출몰했으며, 강릉부와 김화현을 침략하고, 회양부와 평강현을 함락하니, 경성에 계엄을 실시하고 평양과 서해도의 정병을 불러들여와 호위하게 하며, 전 정당상의 南佐時, 지밀직 安紹, 밀직상의 王承貴, 王承寶, 鄭熙啓 등을 보내어 그들을 치도록 하였으나 김화에서 싸워 패전하였다.

그리고 10월에는

도체찰사 崔公哲이 狼川에 이르렀는데, 왜적이 갑자기 나와 습격하여 그 아들을 사로잡았다. 체복사 정승가가 왜적과 양구에서 싸우다가 패전하여 물러가 춘주에 주둔하니, 적이 춘주까지 추격하여 함락시키고, 드디어 加平縣에 침입하였다. 원수 朴忠幹이 싸워서 쫓아 버리고 머리 6급을 베었는데, 적은 淸平山에 들어가 웅거하였다. 찬성사 상의 禹仁烈을 도체찰사로 삼고, 전 밀직 林大匡을 조전원수로 삼아, 가서 적을 치게 하였다.[41]

40) 『고려사』 열전 47, 신우 7년 3월.
41) 『고려사절요』 권32, 신우 9년 10월.

라는 기록을 통해서 보면, 양구에 침입한 왜구가 고려군을 추격하여, 춘천, 가평, 청평 등 내륙 깊숙이 약탈을 감행하는 등, 왜구의 약탈이 가장 극심했던 시기였다. 같은 내용을 『고려사』에는 보다 소상히 기록하였다.42)

기록에 의하면, 고려말 왜구의 강원지역에 대한 침구는 조선시대에 들어가 다시 계속되지만 1385년 2차례가 마지막이다.

1385년
4월 : 왜적이 襄州에 침입하였다.43)
7월 : 왜적이 평해부에 침입하다.44)

즉 4월에 양양, 7월에 평해를 침입하였는데, 평해에 침입하였을 때는 강릉도 도체찰사 睦子安이 적을 격퇴하였다. 이어 9월에는 전 知門下事 이을진을 강릉도 원수로 임명하여 왜적을 잡게 하였다. 이에 대해 고려 조정에서는 이성계를 비롯하여 조인벽, 박수경, 남좌시, 권현룡, 김입견, 안소, 왕승귀, 왕승보, 정희계, 인해, 왕복명, 곽선, 이을진, 우인열, 곽충보, 최공청, 목자안, 조준 등의 장수를 파견하여 왜구를 진압하도록 했다.

또한 동해안지역의 방어를 위해 兵船을 배치하거나 해안지역에 축성을 하면서 왜구를 대비하였다. 최근 조사된 바에 의하면 동해안지역에는 총 45개의 성곽이 존재하는데, 이 중 고려시대 여진과 왜구의 대비를 위해 19개의 산성을 새로 쌓거나 보수한 것으로 파악했다.

---

42) 『고려사』 열전 48, 신우 9년 10월.
43) 『고려사』 열전 48, 신우 11년 4월.
44) 『고려사절요』 권32, 신우 11년 7월.

〈표 1〉「동해안지역 침구현황표」

연 도	월	지 역	출 전
1352년(공민왕 원)	6월	강릉도(강릉)	『고려사』, 『고려사절요』
1372년(공민왕 21)	6월	강릉부(강릉)	『고려사』, 『고려사절요』
1374년(공민왕 23)	5월	강릉	『고려사』
	5월	삼척	『고려사』
	6월	襄州(양양)	『고려사』
1381년(신우 7)	3월	강릉도(강릉)	『고려사절요』
		삼척	『고려사절요』
1382년(신우 8)	3월	삼척	『고려사절요』
		영월	『고려사절요』
1383년(신우 9)	7월	방림(평창)	『고려사절요』
	8월	영월	『고려사절요』
		정선	『고려사절요』
	9월	홍천	『고려사절요』
	10월	강릉	『고려사절요』
		양구, 春州(춘천)	『고려사』, 『고려사절요』
1385년(신우 11)	4월	襄州(양양)	『고려사』

19개의 성곽은 고성의 고성산성, 고성산석성, 양양의 오봉산고성, 대포영성, 석성산성, 광성진성, 후포매리산성, 강릉의 석교리토성, 명주성, 칠봉산성, 제왕산성, 삼한성, 고려성, 패방산토성, 금강산성, 우계산성, 삼척의 갈야산성, 오화리산성, 죽령산성 등이다.[45]

이후 『고려사』나 『고려사절요』에 동해안지역에 왜구 침탈기사는 보이지 않는다. 그러나 조선시대에 들어와서도 동해안 및 강원지역에 대한 왜구의 침구는 계속된다.

---

45) 김정현, 앞의 논문, 14쪽.

2) '居民刷出'과 울릉도 관리

조선시대에 들어와서고 강원도를 비롯한 동해안 지역에 대한 왜구의 왜구침탈은 계속 된다. 왜구의 침탈기사는 1395년 윤 9월에 나타난다.

> 왜구가 三陟府에 침입한 것을 부사 朴蔓이 2인을 쳐서 죽였다. 임금이 장군 李自芬을 보내어 內醞을 하사하게 하였다.[46]

그리고 이듬해에 왜구를 방비하기 위해, 곽충보와 이천우를 강릉도에 보내었다.

> 상의중추 郭忠輔와 전 상의중추 李天祐를 江陵道에 보내어 왜를 방비하게 하였다.[47]

그리고 1396년에는 경상도 영해에 침입했던 왜구가 다시 강원도를 침입했다.

> 경상도 도절제사 崔雲海가 왜를 寧海에서 쳐 죽이니, 왜구가 도로 배를 타고 강원도로 향하였다.[48]

이어 조정에서는 다시 권화 등을 강원도에 보내어 왜를 방비케 하다.

> 삼사우복야 權和와 상의중추원부사 張思靖과 한성윤 曺益修를 강원도로 보내어 왜구를 방비하게 하였다.[49]

---

46) 『태조실록』 태조 4년. 윤9월 갑자.
47) 『태조실록』 태조 5년. 11월 계해.
48) 『태조실록』 태조 5년. 11월 정묘.

그러던 중 1403년 7월, 왜선 8척이 강릉의 우계현에 침입하자,[50] 조정에서는 좌군 첨총제 신유정을 강원도 조전병마사로 삼았다.

　　좌군 좌군첨총제 辛有定으로 강원도 조전 병마사를 삼고 명하기를,
　　"경이 禁中에서 시위하는 것을 내가 매우 중하게 여기나, 그러나 강원도
　　는 본래 큰 진이 없기 때문에, 주군을 맡고 있는 자가 거의 모두 우활한
　　서생들이어서, 武備가 폐하고 해이해졌다. 강릉 부사는 비록 서생은 아니
　　라 하더라도 정사는 잘 하나 武事가 소루하다. 지금 왜구가 침략하여 백
　　성의 우환이 되니, 내가 몹시 근심하여 경을 강릉 등처의 조전 병마사로
　　삼는 것이다. 경은 행장을 재촉하여 騎士 10인을 데리고 내일 역마를 타
　　고 가라."하였다.[51]

그리고는 8월에 들어 조정에서는 울릉도의 주민을 육지로 모두 나오게 했다.

　　강릉도의 무릉도 거민을 육지로 나오게 했다. 감사의 장계에 따른 것
　　이었다.[52]

　　결국 조선에서는 고려말부터 계속되고 있는 동해안지역의 왜구 침탈을 막기 위한 조처로 울릉도가 중간거점이 되는 것을 미연에 방지하기 위해 섬에 살고 있던 주민을 육지로 나오게 했던 것이다. 당시 이러한 조치는 울릉도뿐만 아니라 남해안의 거제도나 남해도에도 취했던 조치이다. 그런데 종래 이러한 '居民刷出' 조처를 소위 '空島政策'으로 규정

---

49)『태조실록』태조 5년. 11월 정축.
50)『태종실록』태종 3년. 7월 신축.
51)『태종실록』태종 3년. 7월 을사.
52) 命出江陵道武陵島居民于陸地. 從監司之啓也.

해왔던 것이다.

조선초기의 이러한 조처를 조선왕조의 도서정책 또는 해양정책으로 규정하여 '공도정책'이라는 용어를 처음 쓴 것은 일본인 津田左右吉이었다. 일제강점기의 대표적인 식민사학자인 그는 1913년에 「倭寇地圖에 대하여」라는 논문을 발표했는데,[53] 이 논문에서 "고려와 조선정부는 왜구 때문에 도서지역과 연해지역의 거주민들을 내륙으로 소개시키는 정책, 즉 '無人化政策' 또는 '空島政策'을 시행했다."고 주장했다. 이후 일본 학자들은 '공도정책'이라는 용어를 조선정부 해양정책의 특징으로 단정하게 되었다.

한 예를 들면, 저명한 한일관계사의 연구자인 長節子도 "고려말부터 조선시대의 해도정책을 살펴볼 필요가 있다. 고려말기에 왜구의 노략질을 피해, 도서 및 연해지방의 주민을 내륙부로 疏開한 사실은 잘 알려져 있으므로 여기에서 상술하지 않는다. 하지만 조선시대에 들어와서의 도서·연해대책에서도 無人化政策이 보인다. … 예전부터 고려시대까지 사람들이 거주하고 있었던 섬들이 李朝 정부의 공도정책에 의해서 무인도가 된 것은 지극히 당연한 것이었다."고 했다.[54] 그리고 이러한 인식은 무비판적으로 우리학자들에게도 받아들여져 이제는 하나의 역사용어로 정착되어 별다른 의심없이 통용되고 있다.

물론 행위 자체로만 보면, 섬을 비워 논 것은 사실이다. 그러나 그 원인이 왜구의 약탈 때문이었고, 그 이후에 섬 자체를 포기한 것이 아니며, 지속적인 관리를 했다는 점을 상기하면, 그것이 섬을 포기하는 정책이 아니었음이 명백해진다.

한편 조선정부에서 울릉도의 주민을 육지로 나오게 하자, 1407년 3월,

---

53) 津田左右吉, 「倭寇地圖に就いて」, 『朝鮮歷史地理』2, 南滿洲鐵道株式會社, 1913.
54) 신명호, 「조선초기 해양정책과 어장개장」, 『조선전기 해양개척과 대마도』, 국학자료원, 2007, 11~13쪽.

대마도주 宗貞茂가 대마도 사람의 울릉도 이주를 조선에 청한 일이 발생
했다.

> 대마도 수호 宗貞茂가 平道全을 보내와 土物을 바치고, 잡혀 갔던 사
> 람들을 돌려보냈다. 貞茂가 武陵島를 청하여 여러 부락을 거느리고 가서
> 옮겨 살고자 하므로, 임금이 말하기를, "만일 이를 허락한다면, 日本國王
> 이 나더러 叛人을 불러들였다 하여 틈이 생기지 않을까?"하니, 南在가 대
> 답하기를, "왜인의 풍속은 叛하면 반드시 다른 사람이 따릅니다. 이것이
> 습관이 되어 常事로 여기므로 禁하기가 어렵습니다. 누가 감히 그런 계책
> 을 내겠습니까?"하였다. 임금이 말하였다. "그 境內에서는 常事로 여기겠
> 지만, 만일 越境해 오게 되면 저쪽에서 반드시 말이 있을 것이다."[55]

즉 대마도주 종정무가 왜구에게 붙잡혀 간 조선인을 되돌려 보내면
서, 대마도의 일본인을 울릉도에 이주해서 살게 해달라는 내용이다. 자연
환경이 척박하여 왜구의 소굴이 될 수밖에 없었던 대마도에서는 울릉도
가 비어있음을 알고 이주를 요청했던 것이다. 울릉도가 비어있는 것을
알았지만, 조선의 영토였기 때문에 조선국왕에게 사신을 보내어 허가를
얻고자 했다. 南在가 이를 허락하자고 했지만, 태종은 越境, 즉 국경을
넘어오면 문제가 될 것이라고 하면서 허가하지 않았다. 대마도주가 사신
을 보내 이주를 청한 것이나 태종이 월경은 안 된다고 답한 것을 보면,
모두 울릉도가 조선의 영토임을 분명히 한 대목이다.

그러다가 1412년 4월, 강원도 관찰사가 울릉도 사람 12명이 고성 어라
진에 온 일이 있었는데, 이들의 처리를 의정부에 논의한 일이 있었다.

> 의정부에 명하여 流山國島 사람을 처치하는 방법을 의논하였다. 강원

---

55)『태종실록』태종 7년 3월 경오.

도 관찰사가 보고하였다. "流山國島 사람 百加勿 등 12명이 고성 於羅津
에 와서 정박하여 말하기를, '우리들은 武陵島에서 생장하였는데, 그 섬
안의 人戶가 11호이고, 남녀가 모두 60여 명인데, 지금은 本島로 옮겨
와 살고 있습니다. 이 섬이 동에서 서까지 남에서 북까지가 모두 2息거리
이고, 둘레가 8息 거리입니다. 牛馬와 논이 없으나, 오직 콩 한 말만 심으
면 20석 혹은 30석이 나고, 보리 1석을 심으면 50여 석이 납니다. 대나무
가 큰 서까래 같고, 海錯(각종해산물) 과 果木이 모두 있습니다."고 하였
습니다. 이 사람들이 도망하여 갈까 염려하여, 아직 通州·高城·杆城에
나누어 두었습니다."

고 하였다. 1412년 당시의 울릉도의 상태를 잘 알려주는 사료이다. 여기
서 말하는 유산국이란 우산국을 말하고 이들은 고성으로 표류한 것으로
보인다. 이들은 아마도 울릉도로 다시 가고 싶어 했을 것이나, 강원도 관
찰사가 육지에 억류했던 것으로 보인다. 이러한 상황에서 드디어 조선정
부에서는 보다 적극적으로 울릉도 관리를 위해 삼척사람 前萬戶 金麟雨
를 武陵等處安撫使로 파견하게 된다.

　　金麟雨를 武陵等處安撫使로 삼았다. 호조 참판 朴習이 아뢰기를, "신
이 일찍이 강원도 도관찰사로 있을 때에 들었는데, 무릉도의 둘레가 7식
이고, 곁에 小島가 있고, 田이 50여 결이 되는데, 들어가는 길이 겨우 한
사람이 통행하고 나란히 가지는 못한다고 합니다. 옛날에 方之用이란 자
가 있어 15家를 거느리고 入居하여 혹은 때로는 假倭로서 도둑질을 하였
다고 합니다. 그 섬을 아는 자가 삼척에 있는데, 청컨대, 그 사람을 시켜
서 가서 보게 하소서."하니, 임금이 옳다고 여기어 삼척 사람 前萬戶 金
麟雨를 불러 무릉도의 일을 물었다. 김인우가 말하기를, "삼척 사람 李萬
이 일찍이 武陵에 갔다가 돌아와서 그 섬의 일을 자세히 압니다."하니,
곧 이만을 불렀다. 김인우가 또 아뢰기를, "무릉도가 멀리 바다 가운데에

있어 사람이 서로 통하지 못하기 때문에 軍役을 피하는 자가 혹 도망하
여 들어갑니다. 만일 이 섬에 住接하는 사람이 많으면 왜적이 끝내는 반
드시 들어와 도둑질하여, 이로 인하여 강원도를 침노할 것입니다."하였다.
임금이 옳게 여기어 김인우를 武陵等處按撫使로 삼고 이만을 伴人으로
삼아, 兵船 2척, 抄工 2명, 引海 2명, 火通·火藥과 양식을 주어 그 섬에
가서 그 두목에게 일러서 오게 하고, 김인우와 이만에게 衣·笠·靴를 주
었다.[56]

즉 1416년 9월, 조선정부는 삼척사람 김인우를 武陵等處按撫使로 삼
아, 울릉도에 파견하여 울릉도의 거주민과 그 주민을 설득하여 데리고
돌아오도록 조치했다. 안무사란 조선시대 지방에 특사로 파견하던 관직
인데, 일반적으로 北監司라 불렸으며, 당하관일 경우에는 安撫御使로도
불렸다. 전쟁이나 반란 직후 민심수습을 위하여 파견되었던 관직으로 울
릉도거주민을 육지로 불러들이기 위해 특별히 파견했다고 본다.

무릉등처안무사의 파견은 2가지 의미를 가진다. 하나는 왜구방지를
위한 울릉도 거주민의 보호차원과 또 하나는 무릉등처의 의미이다. 즉
울릉도만을 대상으로 했다면 等處라는 용어를 붙이지 않았을 것이다. 따
라서 이미 울릉도 주변의 섬과 독도 등을 염두에 두고 붙인 호칭이라고
볼 수밖에 없다.

무릉등처안무사 김인우는 이듬해 2월, 울릉도에서 돌아와 복명했다.

안무사 김인우가 于山島에서 돌아와 토산물인 大竹·水牛·生苧·綿
子·檢樸木 등을 바쳤다. 또 그곳의 거주민 3명을 거느리고 왔는데, 그 섬
의 戶는 15口요, 남녀를 합치면 86명이었다. 김인우가 갔다가 돌아올 때
에, 두 번이나 태풍을 만나서 겨우 살아날 수 있었다고 했다.[57]

---

56) 『태종실록』 태종 16년, 9월 경인.
57) 『태종실록』 태종 17년 2월 임술.

김인우의 보고에 의하면, 당시 울릉도에는 가구 수가 15호에 86명이 거주하고 있었다. 이 중 3명만 데리고 온 것을 보면, 나머지 사람들은 육지로 이주하는 것을 원치 않았던 모양이다. 김인우의 보고를 접한 태종은 곧이어 육조의 대신들과 대간을 소집하여 울릉도 거주민의 쇄출에 대한 논의를 하게 했다.

> 우의정 한상경, 육조·대간에 명하여, 于山·武陵島의 居民을 刷出하는 것의 편의 여부를 의논케 하니, 모두가 말하기를, "무릉의 주민은 쇄출하지 말고, 五穀과 農器를 주어 그 생업을 안정케 하소서. 인하여 主帥를 보내어 그들을 慰撫하고 또 土貢을 정함이 좋을 것입니다."하였으나, 공조 판서 황희만이 유독 불가하다 하며, "안치시키지 말고 빨리 쇄출하게 하소서."하니, 임금이, "쇄출하는 계책이 옳다. 저 사람들은 일찍이 요역을 피하여 편안히 살아왔다. 만약 土貢을 정하고 主帥를 둔다면 저들은 반드시 싫어할 것이니, 그들을 오래 머물러 있게 할 수 없다. 김인우를 그대로 안무사로 삼아 도로 于山·武陵 둥지에 들어가 그곳 주민을 거느리고 육지로 나오게 함이 마땅하다."하고, 인하여 衣·笠과 木靴를 내려 주고, 또 于山人 3명에게도 각기 옷 1습씩 내려 주었다. 강원도 도관찰사에게 명하여 병선 2척을 주게 하고, 도내의 水軍萬戶와 千戶 중 유능한 자를 뽑아서 김인우와 같이 가도록 하였다.[58]

이리하여 김인우는 두 번째로 울릉도에 파견되었고, 몇 명을 인솔하고 돌아왔는지의 기록은 없다. 그러나 2년 후인 1419년 4월 기록에 무릉도에서 나온 남녀 17명이 경기도 평구역리에 당도하여 양식이 떨어져 굶주린다는 소식이 있자, 세종이 규휼하도록 명하고 있는 것을 보면 상당수의 거주민이 쇄출되었던 것 같다.

---

58) 『태종실록』 태종 17년 2월 을축.

그런데 1417년 8월, 다시 왜가 우산도와 무릉도를 침구한 일이 발생했다.

왜가 우산 무릉을 침구하다.59)

어떠한 과정을 통해, 왜가 우산과 무릉에 침구한 사실을 알았는지는 알 수 없지만, 그로부터 8년 뒤에 세 번째로 김인우의 쇄출기사가 나온다.

前 判長鬐縣事 金麟雨를 于山武陵等處 按撫使로 삼았다. 당초에 강원도 평해 고을 사람 金乙之·李萬·金亐乙金 등이 무릉도에 도망가 살던 것을, 병신년(1416)에 국가에서 인우를 보내어 다 데리고 나왔는데, 계묘년(1423)에 을지 등 남녀 28명이 다시 본디 섬에 도망가서 살면서, 금년 5월에 을지 등 7인이 아내와 자식은 섬에 두고 작은 배를 타고 몰래 평해군 仇彌浦에 왔다가 발각되었다. 감사가 잡아 가두고 本郡에서 급보하여 곧 도로 데려 내오기로 하고서, 인우가 군인 50명을 거느리고 군기와 3개월 양식을 갖춘 다음 배를 타고 나섰다. 섬은 동해 가운데 있고, 인우는 삼척 사람이었다.60)

이 사료를 보면, 앞서 1416년에 김인우에 의해 울릉도의 거주민이 모두 쇄출되었던 것 같고, 이들 중 28명이 다시 몰래 도망하여 울릉도에 들어가 거주하다가, 1425년에 김을지 등 7인이 처자를 울릉도에 남겨두고 작은 배로 평해군 구미포에 왔다가 발각되었고, 강원 감사가 이를 급보했고, 조정에서는 김인우를 다시 우산무릉등처안무사로 임명하여 울릉도에 가서 주민을 다시 쇄출하도록 했다.

우산무릉등처안무사 김인우가 本島에 避役한 남녀 20인을 수색해 잡아와 복명하였다. 처음 인우가 병선 두 척을 거느리고 무릉도에 들어갔다가 船軍 46명이 탄 배 한 척이 바람을 만나 간 곳을 몰랐다. 임금이 여러 대신들에게 이르기를, "인우가 20여 인을 잡아왔으나 40여 인을 잃었으니 무엇이 유익하냐. 이 섬에는 별로 다른 산물도 없으니, 도망해 들어간 이유는 단순히 부역을 모면하려 한 것이로구나."하였다. 예조 참판 金自知가 계하기를, "지금 잡아온 도망한 백성을 법대로 논죄하기를 청합니다." 하니, 임금이 말하기를, "이 사람들은 몰래 타국에 간 것이 아니요, 또 사면령 이전에 범한 것이니 새로 죄주는 것은 불가하다."하고, 곧 병조에 명하여 충청도의 깊고 먼 산중 고을로 보내어 다시 도망하지 못하게 하고, 3년 동안 復戶하게 하였다.[61]

이 사료는 독도 영유권과 관련하여 중요한 의미를 가진다. 즉 국왕 세종이 말하기를 김인우가 20여인을 쇄출하여 돌아왔지만 40여 인을 잃었으니 무슨 의미가 있느냐라는 말과 함께, 무릉도에 숨어 사는 사람들이 타국에 간 것이 아니니 새로 벌을 주는 것은 불가하다고 했다. 즉 세종은 '于山武陵等處'가 他國이 아니라 조선의 영토라는 점을 분명히 했다는 점이다.

이 사료에 나오는 선군 46명이 탄 배는 표류하면서 36명이 익사하고, 10명이 일본 石見州 長濱에 표류하여 30일간 머물다가 대마도를 통해 귀국하였는데, 사건 전말이 『세종실록』에 상세히 수록되어 있다.[62]

그런데 위의 사료들에서 나오는 우산과 무릉이 울릉도와 독도 중 어느 것을 가리키는지 혼란스럽다. 무릉도를 다녀온 김인우가 무릉도를 다녀왔다고 보고하지 않고, 우산도를 다녀왔다고 보고하고 있다. 무릉도가

---

61) 『세종실록』 세종 7년 10월 을유.
62) 『세종실록』 세종 7년 12월 계사.

울릉도인지, 우산도가 울릉도인지 혼돈이 온다. 이로 볼 때, 조정에서는 울릉도를 무릉도라 불렀지만, 정작 울릉도 주민들은 우산도라고 불렀던 것 같다. 원래 武陵의 어원은 陶淵明의 桃花源記에 나오는 武陵桃源에서 유래한 것으로, 인간이 찾을 수 없는 먼 이상향을 의미한다. 그래서 조정에서는 강원도에서 멀리 어슴푸레하게 보이는 울릉도를 무릉도라 했고, 울릉도에서는 어슴푸레하게 보이는 독도를 무릉도라는 이름을 붙였을 것이다. 이러한 연유로 우산과 무릉이 혼돈되어 사용되었던 것으로 생각된다.[63]

이상의 내용에서 확인되듯이 사료상에 '공도정책'이라는 용어는 존재하지 않는다. 사료에는 '쇄환' 또는 '쇄출'이라는 용어만 보일 뿐이다. 그리고 '쇄환' '쇄출'도 왜구의 침탈을 방지하고 거민을 보호하기 위한 조치였지, 섬을 포기한다는 의미가 아니었다. 그럼에도 불구하고 울릉도 거민에 대한 쇄환·쇄출을 공도정책이라고 부름으로써 울릉도가 빈섬, 버려진 섬, 포기해버린 섬이란 인식을 만들어 내게 되어 우리 영토가 아닌 듯한 빌미를 제공했다. 오히려 울릉도·독도는 '우산무릉등처안무사'에 의해 철저하게 보호·관리 되었던 것이다. 또한 거민의 쇄출에도 불구하고, 지속적으로 우산무릉등처에는 거민이 존재했으며, 그들은 조선의 백성이었고, '우산무릉등처'는 조선의 영토였다.

그 후에도 조선의 우산 무릉등처에 대한 관리는 계속된다.

1436년(세종 18) 윤 6월, 강원도 감사 유계문은 울릉도에 토지가 비옥하고, 방어하기가 쉬우니 만호와 수령을 두고 개발할 것을 청하였으나, 허락지 않은 일이 있었다.

강원도 감사 柳季聞이 아뢰기를, "武陵島와 牛山은 토지가 비옥하고 산물도 많사오며, 동·서·남·북으로 각각 50여 리 연해의 사면에 石壁이

---

63) 바른역사정립기획단, 『독도자료집』 1, 2005, 104쪽.

둘러 있고, 또 선척이 정박할 만한 곳도 있사오니, 청컨대, 인민을 모집하
여 이를 채우고, 인하여 萬戶와 守令을 두게 되면 실로 장구지책이 될
것입니다."하였으나, 윤허하지 아니하였다.[64]

이 사료에 이어서, 강원감사 유계문이 다시 울릉도에 현을 설치하여
영동의 울타리로 삼을 것을 주청하였다.

> 강원도 감사 유계문에게 전지하기를, "지난 병진년 가을에 경이 아뢰
> 기를, '茂陵島는 토지가 기름져서 곡식의 소출이 육지보다 10배나 되고,
> 또 산물이 많으니 마땅히 縣을 설치하여 수령을 두어서 영동의 울타리를
> 삼아야 한다.'고 하였으므로, 곧 대신으로 하여금 여러 사람과 의논하게
> 하였더니, 모두 말하기를, '이 섬은 육지에서 멀고 바람과 파도가 매우 심
> 하여 헤아릴 수 없는 환난을 겪을 것이니, 군현을 설치하지 않는 것이 마
> 땅하다.' 하였다. 그러므로 아직 그 일을 정지하였더니 경이 이제 또 아뢰
> 기를, '古老들에게 들으니 옛날에 왜노들이 와서 거주하면서 여러 해를
> 두고 침략하여, 嶺東이 빈 것 같았다.'고 하였다. 내가 또한 생각하건대,
> 옛날에 왜노들이 날뛰어 대마도에 살면서도 오히려 영동을 침략하여 함
> 길도에까지 이르렀었는데, 무릉도에 사람이 없는 지가 오래니, 이제 만일
> 왜노들이 먼저 점거한다면 장래의 근심이 또한 알 수 없다. 현을 신설하
> 고 수령을 두어 백성을 옮겨 채우는 것은 사세로 보아 어려우니, 매년 사
> 람을 보내어 섬 안을 탐색하거나, 혹은 토산물을 채취하고, 혹은 말의 목
> 장을 만들면, 왜노들도 대국의 땅이라고 생각하여 반드시 몰래 점거할 생

---

64) 『세종실록』 세종 18년 윤6월 갑신. 기존의 번역문에서는 울릉도의 우산이라고
   했다. 종래에는 于山만을 생각하여 牛山은 울릉도에 포함된 산으로 본 것 같으나,
   필자는 울릉도와 우산도의 두 개의 섬을 가리킨다고 본다. 그 이유는 『세조실록』
   세조 3년 4월 기유를 보면, 柳守剛의 상서에 牛山과 茂陵 양도에 현읍을 설치하
   자는 건의가 있는데, 이를 보면 두 개의 섬이라는 해석이 가능하다고 본다.

각을 내지 않을 것이다. 옛날에 왜노들이 와서 산 때는 어느 시대이며, 소위 고로라고 하는 사람은 몇 사람이나 되며, 만일 사람을 보내려고 하면 바람과 파도가 순조로운 때가 어느 달이며, 들어갈 때에 장비할 물건과 배의 수효를 자세히 조사하여 아뢰라."하였다.[65]

즉 강원감사 유계문은 옛날에 왜노들이 와서 거주하면서 여러 해를 두고 침입하여 영동이 빈 것 같다고 하면서 현을 설치할 것을 주장하니, 세종은 이에 대해 현을 신설하고 수령을 두어 백성을 옮겨 채우는 것은 현실적으로 어려우니, 매년 사람을 보내어 섬 안을 탐색하거나, 혹은 토산물을 채취하고, 혹은 말의 목장을 만들면, 왜노들도 대국의 땅이라고 생각하여 반드시 몰래 점거할 생각을 내지 않을 것이라고 했다. 그리고는 그 이듬해 4월에 '茂陵島巡審敬差官'을 파견하였다.

> 前 護軍 南薈와 前 副司直 曹敏을 茂陵島巡審敬差官으로 삼았다. 두 사람은 강원도 해변에 거주하는 자이다. 이때 국가에서는 무릉도가 海中에 있는데, 이상한 물건이 많이 나고 토지도 비옥하여 살기에 좋다고 하므로, 사람을 보내 찾아보려 해도 사람을 얻기가 어려웠던 것이다. 이에 해변에서 이를 모집하니, 이 두 사람이 응모하므로 멀리서 경차관의 임명을 주어 보내고, 이에 도망해 숨은 인구도 탐문하여 조사하도록 한 것이었다.[66]

巡審은 순찰하는 것을 말하며, 敬差官이란 조선시대 중앙 정부의 필요에 따라 특수 임무를 띠고 지방에 파견된 관직으로, 1396년(태조 5)을 전후해서 충청도·전라도·경상도·강원도 지방에 왜구 소탕을 위해 중앙

---

65) 『세종실록』 세종 19년 2월 무진.
66) 『세종실록』 세종 20년 4월 갑술.

관원을 파견한 것이 처음이다. 초기에는 주로 군사적인 임무를 띠고 파견되었다가 태종대 이후 그 임무와 역할이 크게 확대되었고, 국방·외교상의 업무, 재정·산업상의 업무, 賑濟·구황의 업무, 옥사·추쇄(불법으로 도망한 노비를 찾아내 원주인 또는 본고장으로 돌려보냄.)의 업무까지 확대되었다.

이들은 세종의 명을 받아 울릉도를 순심하고 돌아와 7월에 다음과 같이 복명하였다.

> 護軍 南薈와 司直 曹敏이 茂陵島로부터 돌아와 복명하고, 잡아온 남녀 모두 66명과 거기서 산출되는 沙鐵·石鍾乳·生鮑·大竹 등의 산물을 바치고, 인하여 아뢰기를, "發船한 지 하루 낮과 하루 밤 만에 비로소 도착하여 날이 밝기 전에 인가를 엄습하온즉, 항거하는 자가 없었고, 모두가 본국 사람이었으며, 스스로 말하기를, '이곳 토지가 비옥 풍요하다는 말을 듣고 몇 년 전 봄에 몰래 도망해 왔다.'고 합니다. 그리고 그 섬은 사면이 모두 돌로 되어 있고, 잡목과 대나무가 숲을 이루고 있었으며, 서쪽 한 곳에 선박이 정박할 만하였고, 동서는 하루의 노정이고 남북은 하루 반의 노정이었습니다."하였다.[67]

즉 茂陵島巡審敬差官 남회와 조민은 세종의 명을 받아 울릉도를 순심하고, 거민 66명을 잡아 왔는데, 모두가 本國, 즉 조선사람이었다. 그리고 이들은 토지가 비옥하여 울릉도에 이주해 왔으며, 항거하지 않은 채 그대로 쇄출에 순순히 응했던 것이다.

그런데 1438년(세종 20)부터 울릉도 거민에 대한 처벌이 행해지면서, 울릉도문제는 전혀 새로운 양상을 띠게 된다. 즉 그해 11월, 울릉도에 숨어들어간 거민의 두목을 처형하고, 그 무리들을 함경도 鏡城에 분치한

---

67) 『세종실록』 세종 20년 7월 무술.

사건이 발생했다.

> 형조에서 아뢰기를, "金安이 首謀가 되어서 茂陵島로 도망해 들어갔
> 사오니, 율이 마땅히 교형에 처하는 데에 해당하옵고, 그 밖의 從犯은 모
> 두 鏡城으로 옮길 것을 청하옵니다."하니, 그대로 따랐다.[68]

즉 이제까지는 울릉도거민을 쇄출하여 육지에 분치하는 정도였지만, 이제부터는 처벌을 하기 시작했던 것이다. 그 이듬해 2월에도 다시 絞刑에 처해졌다.

> 형조에서 아뢰기를, "金凡·貴生 등이 함부로 茂陵島에 들어가 살았사
> 오니, 율에 의하여 교형에 처하옵소서."하니, 그대로 따랐다.[69]

이 사건은 울릉도 연구사에 매우 중요한 의미를 갖는다. 왜냐하면 이 사건이후『조선왕조실록』에는 숙종대 1693년에 이르기까지 우산과 무릉에 관해서는 단 3개의 기사만 나올 뿐,[70] 거의가 蓼島와 三峯島를 찾는 48개의 기사만 나온다. 그렇다면 그 이유는 무엇일까. 그것은 아마도 1438년 울릉도 거민 중 쇄출하여 주범은 교형을 당하고, 종범들은 경성으로 분치했는데, 이들에 의해 울릉도와 독도에 대한 소문이 퍼져나간 것이 요도와 삼봉도에 대한 기사로 이어지는 것이 아닐까. 다시 말해 울릉도 거민에 대한 처형이 시작되자, 울릉도의 이주가 어려워졌고, 경성에 분치된 거민들에 의해 울릉도 독도에 대한 소문들이 확산이 되고, 이것

---

68) 『세종실록』세종 20년 11월 을사.
69) 『세종실록』세종 21년 2월 병진.
70) 『세조실록』세조 3년 4월 기유(柳守剛이 牛山 茂陵 兩島에 設邑을 건의함).
　　『성종실록』성종 2년 8월 정사(강원도 관찰사 成順祖에게 茂陵島 거민을 잡아
　　오도록 함).
　　『중종실록』중종 6년 5월 경오(강원도 관찰사에게 武陵島를 살피도록 함).

이 요도와 삼봉도의 수색작업으로 이루어진다고 보아도 큰 무리가 없다.[71] 물론 이 사건 이전에 요도에 관한 기사가 1430년부터 4개가 나오지만, 이미 요도에 관한 소문이 돌던 차에 울릉도로부터 刷還된 거민들에 의한 소문은 이를 더욱 확산시켜갔을 것이다. 요도와 삼봉도 탐색과 울릉도 독도관련에 관해서는 추후에 다루기로 한다.

이상의 내용을 통해서 볼 때, 조선초기의 울릉도에 대한 정책은 1436년 '巡審敬差官'의 파견을 기점으로 해서 그 이전의 '按撫使' 파견에 의한 단순한 거민 '쇄출'에서 '처벌'로 강화되었고, 그 결과 울릉도에서의 거주가 불가능해졌다. 그리고 조선정부의 관심은 '요도와 삼봉도' 탐색으로 전환되어갔다.

4. 조선후기의 수토제와 울릉도 경영

1) 수토제의 실시

搜討란 搜探으로 무엇을 알아내거나 찾기 위하여 조사하거나 엿본다는 의미를 가지고 있다. 즉 울릉도 수토제 실시란 울릉도에 들어가서 섬의 형편을 조사하고, 거민이 있는지 찾아내는 것이다.[72]

울릉도에 대한 수토제 기원은 1693년 안용복의 1차 도일사건 직후, 그해 겨울 대마도주가 조선어민의 竹島(울릉도)에의 출어금지를 요청한 서계에서 비롯된다. 이에 대해 조선에서는 1694년 2월, 처음에는 조선어

---

71) 1438년 11월 을사와 1439년 2월 병진 사료에 대한 의미에 대해서는 鮮于榮俊, 「삼봉도는 독도인가 아닌가」, 『한국행정학회 학술대회 논문집』, 2007, 615쪽.
72) 울릉도 수토제에 관해서는 신용하, 송병기, 김호동, 신동규 등의 연구와 손승철, 「조선시대 '空島政策'의 허구성과 '搜討制' 분석」, 『이사부와 동해』 창간호 (2010) 참조.

민의 竹島出漁는 금지시키되, 울릉도가 조선의 영토라는 애매한 서계를 보냈다. 8월에는 삼척첨사 장한상으로 하여금 울릉도에 가서 섬의 형편을 살펴보도록 하고, 앞서의 서계를 회수하는 대신 竹島, 즉 울릉도는 강원도 울진현의 屬島이니, 조선어민이 犯界한 것이라고 볼 수 없으며, 앞으로는 일본어민의 울릉도 왕래를 금한다는 서계를 유집일을 접위관으로 하여 동래의 왜사에게 보냈다.[73] 조선정부의 의지를 분명히 하면서 울릉도에 대한 구체적인 대책을 도모하기 위함이었다.

> 남구만이 아뢰기를, "일찍이 듣건대, 고려 毅宗 초기에 울릉도를 경영하려고 했는데, 동서가 단지 2만여 보뿐이고 남북도 또한 같았으며, 땅덩이가 좁고 또한 암석이 많아 경작할 수 없으므로 드디어 다시 묻지 않았습니다. 그러나 이 섬이 海外에 있고 오랫동안 사람을 시켜 살피게 하지 않았으며, 왜인들의 말이 또한 이러하니, 청컨대 三陟僉使를 가려서 보내되 섬 속에 보내어 형편을 살펴보도록 하여(遣于島中 察其形勢), 혹은 민중을 모집하여 거주하게 하고 혹은 鎭을 설치하여 지키게 한다면, 곁에서 노리는 근심거리를 방비할 수 있을 것입니다. 하니, 임금이 윤허하였다. 드디어 張漢相을 三陟僉使로 삼고, 접위관 俞集一이 명을 받고 남쪽으로 내려갔다.[74]

국왕의 명을 받은 장한상은 역관 安愼徽를 포함하여 총 150명에 騎船 2척, 給水船 4척을 동원하여 9월 19일에 삼척을 출발하여 9월 20일부터 10월 3일까지 13일간 체류하면서 울릉도를 조사하고 10월 6일에 삼척으로 돌아와 국왕에게 복명했다.

장한상이 9월 갑신에 배를 타고 갔다가 10월 경자에 삼척으로 돌아왔

---

73) 『숙종실록』 숙종 20년 2월 신묘조.
74) 『숙종실록』 숙종 20년 8월 기유조.

는데, 아뢰기를, "倭人들이 왔다 갔다 한 자취는 정말 있었지만 또한 일
찍이 거주하지는 않았습니다. 땅이 좁고 큰 나무가 많았으며 水宗(바다
가운데 물이 부딪치는 곳이니, 육지의 고개가 있는 데와 같은 것이다)이
또한 평탄하지 못하여 오고가기가 어려웠습니다. 土品을 알려고 麰麥을
심어놓고 돌아왔으니 내년에 다시 가 보면 징험할 수 있을 것입니다."하
였다. 남구만이 입시하여 아뢰기를, "백성이 들어가 살게 할 수도 없고,
한두 해 간격을 두고 搜討하게 하는 것이 합당합니다(間一二年搜討爲
宜)."하니, 임금이 그대로 따랐다.75)

즉 民을 입거시킬 수 없으니, 1~2년 간격으로 수토하는 것이 마땅하
다고 건의했고, 이것이 숙종에 의해 받아들여지면서 울릉도의 수토방침
이 일단 결정되었다. 그러나 1년에 한번 할 것인가, 또는 2년에 한번 할
것인가, 구체적으로 언제부터 할 것인가에 대한 구체적인 내용은 결정되
지 않았고, 울릉도의 수토가 제도화되어 시행되는 것은 안용복의 2차 도
일사건 후, 울릉도의 영유권문제가 매듭지어지는 1697년이다.

1697년 3월, 안용복의 2차 도일 사건이 매듭지어지고, 대마도를 통하
여 막부로부터 일본인의 '竹島渡海禁止令'이 전해지자, 4월에는 울릉도
수토문제를 다시 논의하게 되었다. 『숙종실록』에는 수토 제의결정에 대
해 다음과 같이 기록하고 있다.

　　대신과 비국의 여러 신하를 인견하였다. 영의정 유상운이 말하기를,
　…"울릉도에 대한 일은 이제 이미 명백하게 한 것으로 귀착되었으니, 틈
　틈이 사람을 들여보내어 순검해야 합니다."하니, 임금이 2년 간격으로 들
　여보내도록 명하였다(間二年入送).

---

75) 위와 같음.

고 하여, 2년 간격으로 정기적으로 울릉도 순검을 하도록 결정했다. 이 결정에 대해 『承政院日記』에는 자세한 전말을 다음과 같이 기록하였다.

> 상께서 희정당으로 거동하여 대신·비변사 당상들을 인견하여 입시했다. 영의정 유상운이 말하기를, "울릉도 일은 이미 명백하게 귀일되어, 왜인은 본국인의 魚採를 금한다고 말했고, 우리나라는 때때로 사람을 보내어 수토하겠다는 뜻을 서계 중에 대답해 보냈습니다. 해외 절도에 비록 매년 입송할 수는 없지만, 이미 지방에 매이고, 또한 이는 무인도이어서 불가불 간간히 사람을 보내어 순검하여 오도록 하는 까닭에 감히 이같이 앙달합니다." 상께서 말씀하시기를, "우리나라의 지방을 영구히 버릴 수 없으며, 입송하는 것 또한 많은 폐단이 있으므로 2년을 간격으로 입송함이 가하다." 상운이 말하기를, "3년에 1번 보내는 것을 정식으로 삼는다면 상상년에 이미 가보고 왔으므로 명년에 마땅히 입송해야 하는데, 듣건데 본도는 반드시 5월말 바람이 고를 때 왕래할 수 있다고 하니 명년 5월달에 입송하는 것이 마땅할 듯하며, 차송하는 사람은 늘 입송할 때를 당하여 품지하여 차송함이 어떠하겠습니까."하니, "그리하라."하였다.76)

이 사료를 통해 볼 때, 당시 일본은 울릉도에서 일본인의 어채를 금하고, 조선은 울릉도를 수토하는 것을 정식으로 합의를 한 것이며, 수토는 間二年 그러니까 3년에 1번씩 하기로 제도화 해감을 볼 수 있다. 그리고 장한상의 수토를 기준으로 했는데, 실제로 장한상의 수토가 1694년이었으므로 1697년이나 上上年, 즉 1695년으로 계산한 것은 착오가 있는 듯하다. 그러나 실제로 울릉도에 대하여 수토가 실시된 것은 1668년에는 영동지방에 흉년이 들어 1699년(숙종 25) 6월이었다.

---

76) 『승정원일기』 숙종 23년 4월 13일.

강원도 越松萬戶 田會一이 鬱陵島를 搜討하고 待風所로 돌아왔다.
本島의 지형을 그려 올리고, 겸하여 그곳 土産인 皇竹·香木·土石 등 數
種의 물품을 진상하였다.[77]

1699년 6월, 月松浦 萬戶 田會一의 제2차 수토에 이어, 제3차 수토는
그로부터 3년 후인 1702년 5월, 三陟營將 李俊明에 의해 이루어진다.

삼척 영장 이준명과 倭譯 崔再弘이 鬱陵島에서 돌아와 그곳의 圖形
과 紫檀香·青竹·石間朱·魚皮 등의 물건을 바쳤다. 울릉도는 2년을 걸려
邊將을 보내어 번갈아 가며 수토하는 것(輪回搜討)이 이미 정식으로 되
어 있었는데, 올해에는 삼척이 그 차례에 해당되기 때문에 이준명이 울진
竹邊津에서 배를 타고 이틀낮밤 만에 돌아왔는데, 제주보다 갑절이나 멀
다고 한다.[78]

앞서 인용한『승정원일기』에 의하면, 수토관이 파견될 때마다 품지하
여 임명하도록 했으나, 위의『숙종실록』사료를 보면, 삼척과 월성포에
서 번갈아 가며 윤회하여 수토관을 임명했고, 수토관은 일본인을 대비하
여 왜어역관을 대동하여 울릉도를 순검하면서, 울릉도의 지도와 토산물
을 바치며 복명을 했던 것이다.[79]

---

77)『숙종실록』숙종 25년 7월 임오조.『비변사등록』숙종 25년 7월 15일조에는
   수토사 전회일은 6월 4일 발선하여 임무를 마치고 6월 21일에 돌아왔다.
78)『숙종실록』숙종 28년 5월 기유조.
79) '3년설'에 불구하고,『연려실기술』에는『춘관지』를 인용하여, '이로부터 법을 정
   하여 월송만호와 삼척영장이 5년마다 돌아가며 한 번씩 가게 했다'고 되어 있어
   5년을 주장하고 있다. 그러나『강계고』나『문헌비고』에는 모두 3년으로 되어
   잇는 것을 보면, 역시 3년설이 맞는다. 5년설은 후대에 내려오면서 3년이 제대로
   지켜지지 않아, 와전된 것으로 보인다. 유미림, 「울릉도」와 「울릉도사적」 역주
   및 관련기록의 비교연구, 한국해양수산개발원, 2007, 82쪽.

울릉도 수토는 이후 극심한 흉년을 당하여 정지된 경우도 있었지만, 1702년 단계에서는 이미 정식으로 정례화 되어가고 있음을 알 수 있다. 그러나 1705년 6월, 울릉도를 수토하고 돌아오던 중 평해 고을의 군관 黃仁建 등 16명이 익사한 후, 1708년 2월에는 수토기록은 없고, 다만 부 사직 金萬埰가 울릉도에 設鎭하여 海防을 하자는 상소를 올렸다. 이어 1710년 10월에도 사직 李光迪이 왜선이 자주 울릉도에 들어가 어물을 채 취하니 설진할 것을 상소했다. 이어 1714년 7월에도 울릉도에 대한 海防 을 강조하는 상소가 이어지다가, 1717년 3월, 강원감사 이만건이 치계하 기를,

> 올해에 울릉도를 수토하는 일을 정지하기를 청했는데, 비국에서 다시 주청하기를, "근년에 수토하는 것은 빈 섬을 가서 보는 것에 지나지 않는 데, 이런 흉년에 민폐를 많이 끼칠 수는 없으니, 우선 정지하게 하소서"하 니 임금이 따랐다

고 했다. 이 사료를 통해 볼 때, 1717년은 1705년 이후 12년만이지만, 근 년에 수토를 했다는 기록을 3년에 한 번씩 수토를 했다는 의미로 받아 들여도 무리가 없다고 본다. 이어 그 이듬해에 영의정 김창집이 왕세자 에게 수토를 정지해 줄 것을 요청하는데, "지금 진휼하는 정사가 바야흐 로 확정되고 있으니, 잠시 울릉도를 연례로 수토하는 것을 정지시켜 주 소서(請姑停鬱陵島年例搜討)"라고 했다.

그 후, 1735년 1월에도 강원감사 趙最壽가 아뢰기를,

> "울릉도의 수토를 금년에 마땅히 해야 하지만 흉년에 폐단이 있으니, 청컨대 이를 정지하도록 하소서."하였는데, 金取魯 등이 말하기를, "지난 정축년(1697)에 왜인들이 이 섬을 달라고 청하자, 조정에서 엄하게 배척 하고 장한상을 보내어 그 섬의 모양을 그려서 왔으며, 3년에 한 번씩 가

보기로 정하였으니, 이를 정지할 수가 없습니다."하니, 임금이 이를 옳게
여겼다.

고 했다. 이 기사를 통해 볼 때, 3년 수토는 이미 제도적으로 완전히 정
착되었음을 알 수 있다. 그 후 수토기사는 1769년 1월과 1786년 6월,
1794년 6월, 1799년 3월에 나오는데, 1799년 3월 기사에 "금년에 울릉도
를 수토하는 것은 월송만호가 할 차례인데 …"라는 기록을 보면, 울릉도
에 대한 수토는 여전히 삼척영장과 월송만호가 교대로 시행하고 있음을
알 수 있다.

그러나 1800년대에 들어서면서는 실록에서 아쉽게도 수토기록을 찾
을 수 없다. 소위 세도정치기의 정치적 해이함 때문에 정례적인 수토시
행이 어려웠을 수도 있었을 것이다. 실록에는 1853년 7월에 가서야 울릉
도 기사가 나오는데, 경상감사 洪說謨의 밀계에 의하면, 영양현사람 鄭
禹龍 등이 울릉도의 도적들과 역모를 계획했다고 보고한 기사가 나온다.
아마도 어느 때부터인지는 알 수 없지만, 수토가 부실해지면서, 울릉도에
다시 입도하는 사람이 생겼던 모양이다. 그러나 1881년 5월, '통리기무아
문'의 제의에 의하면,

"방금 강원 감사 林翰洙의 장계를 보니, '鬱陵島搜討官의 보고를 하
나하나 들면서 아뢰기를, '看審할 때에 어떤 사람이 나무를 찍어 해안에
쌓고 있었는데, 머리를 깎고 검은 옷을 입은 사람 7명이 그 곁에 앉아있
기에 글을 써서 물어보니, 대답하기를, '일본 사람인데 나무를 찍어 원산
과 부산으로 보내려고 한다.'고 하였습니다."라고 하였습니다.

고 했다. 이 사료를 보면, 1881년 당시에도 울릉도 수토는 시행되고 있었
으며, 이 시기가 되면 이미 일본인들도 울릉도 입도하여 벌목을 했었음
을 알 수 있다. 그리하여 고종은 李奎遠을 檢察使로 임명하여 울릉도에

파견했다. 이때에

> 울릉도에는 근래에 와서 다른 나라 사람들이 아무 때나 왕래하면서 제
> 멋대로 편리를 도모하는 폐단이 있다고 한다. 그리고 松竹島와 芋山島는
> 울릉도의 곁에 있는데 서로 떨어져 있는 거리가 얼마나 되는지 또 무슨
> 물건이 나는지 자세히 알 수 없다. 이번에 그대가 가게 된 것은 특별히
> 가려 차임한 것이니 각별히 검찰하라. 그리고 앞으로 邑을 세울 생각이
> 니, 반드시 지도와 함께 별단에 자세히 적어 보고하라. … 울릉도는 본래
> 三陟營將과 越松萬戶가 돌아가면서 搜檢하던 곳인데 거의 다 소홀히 함
> 을 면하지 못하였다. 그저 외부만 살펴보고 돌아왔기 때문에 이런 폐단이
> 있었다.[80]

고 하교했는데, 이를 보면, 수토제는 계속 시행되고 있었으나, 기강이 문
란하여 소홀하게 형식적으로만 시행되고 있었음을 알 수 있다.

　울릉도 검찰사 이규원은 서계와 별단을 통해 보고하기를, 울릉도에
내륙인과 일본인이 있었고, 일본인이 송도라는 푯말을 세우고 벌목을 하
고 있으니, 일본정부에 항의를 해야 하며, 향후 개척할 것을 건의했다.
이어 영의정 洪淳穆은 울릉도 개척에 대해 다음과 같이 주청했다.

> "지난번에 검찰사가 복명할 때 울릉도의 지도와 서계를 삼가 이미 보
> 셨으리라 생각합니다. 이 섬은 바다 가운데 외딴 곳에 있는 하나의 미개
> 척지로서, 듣자니 땅이 비옥하다고 합니다. 우선 백성들을 모집하여 개간
> 하게 해서 5년 후에 조세를 물리면 절로 점차 취락을 이루게 될 것입니
> 다. 그리고 兩南의 漕船들이 여기에 가서 재목을 취해다가 배를 만들도
> 록 허락한다면 사람들이 번성하게 모여들 것이니, 이것은 지금 도모해 볼

---

80) 『고종실록』 고종 19년 4월 7일.

만한 일입니다."고 하니 윤허하였다.[81]

고 하여, 울릉도의 개척이 결정되고, 이어 全錫圭를 鬱陵島長에 임명했다.

1883년 3월, 참의교섭통상사무 金玉均이 東南諸島開拓使에 임명되고, 울릉도의 개척이 본격화되면서, 4월경에는 육지로부터 약 30명이 입도했는데, 7월 현재, 16호 54명이 울릉도에 거주하는 것으로 보고되었다. 그리고 9월에는 일본내무성에서 파송한 越後丸편으로 일본인 225명이 철수했다.

이어 1884년 3월에는 '統理軍國事務衙門'의 명으로 울릉도의 개척을 삼척영장이 직접 주관하도록 하고, 관직명은 '鬱陵島僉使 兼 三陟營將'으로 했다. 이어 6월에는 平海郡守도 울릉도 첨사를 겸하도록 했다. 월송포 만호가 수토관을 겸한 수토제의 전례를 따르도록 한 조치로 보인다.

이 단계에서는 조선인의 울릉도 입도가 계속적으로 이루어지고 있고, 또 개척과 개간이 상당히 진전되어 갔다. 또한 1892년경부터는 일본인의 울릉도 잠입이 다시 시작되었다. 따라서 수토관의 의미가 별로 없지만, 1893년까지도 평해군수 조종성을 울릉도 수토관으로 파견했다. 그러나 1894년 12월, 총리대신 등의 건의로,

"울릉도를 搜討하는 船格과 什物을 바치는 것을 영영 없애는 문제입니다. 그 섬은 지금 이미 개척되었는데 左水營에서 동쪽 바닷가 각읍에 배정하여 三陟·越松鎭에 이속하는 것은 심히 무의미한 일입니다. 수토하는 선격과 집물을 이제부터 영영 없애라고 경상도와 강원도에 분부하는 것이 좋겠습니다."라고 하니 승인하였다.[82]

---

81) 『고종실록』 고종 19년 8월 20일.
82) 『고종실록』 고종 19년 12월 27일.

는 것을 보면, 이미 울릉도가 개척이 되었는데 경상우수영에서 수토에
필요한 물자를 바치도록 하는 것은 무의미하니 앞으로는 영구히 폐지하
자는 것이다. 이로서 1694년부터 실시되어 온 울릉도수토제는 1894년 12
월에 폐지되었고, 이듬해인 1895년 1월부터 월송만호가 겸하던 島長을
없애고, 따로 주관하는 사람을 골라 임명하는 專任島長을 두게 되었다.

　　1694년부터 1894년까지의 울릉도 수토 실시현황을 도표화하면 다음
과 같다.

〈표 2〉 울릉도 수토 관련 사료일람[83]

순번	일자	수토관	내용	출처
1	1694. 9.	三陟僉使 張漢相	왜인흔적발견, 지형, 토질조사	숙종실록 20년 8월 기유조
2	1699. 6.	越松浦萬戶 田會一	지도, 皇竹 · 香木 · 土石 진상	숙종실록 25년 7월 임오조
3	1702. 5.	三陟營將 李俊明	지도, 紫檀香 · 靑竹 · 石間朱 · 魚皮 진상	숙종실록 28년 5월 기유조
4	1705. 6.	수토관 미상	평해등지 군관 16명 익사	숙종실록 31년 6월 을사
5	1717. 3.		강원감사 흉년으로 수토정지요청	숙종실록 43년 3월 임신
6	1711	삼척첨사 박석창		울릉도 수토관 비문
7	1718. 2.		강원감사가 흉년으로 정지요청	숙종실록 44년 2월 기유
8	1735. 1.		강원감사가 흉년으로 정지요청	영조실록 11년 1월 갑신
9	1745. 4.	월송포만호 박후기		승정원일기 영조 22년 4월 24일
10	1751.10.	삼척첨사 심의회		승정원일기 영조27년10월 15일
11	1765. 2.	삼척첨사 조한기		승정원일기 영조 41년 2월 18일
12	1769. 1.		수토를 전례에 의거하여 실행	영조실록 45년 1월 무자
13	1770. 5.			승정원일기 영조 46년 윤5월5일

14	1772. 5.	월송포만호 배찬봉		승정원일기 영조 48년 5월 6일
15	1776. 5.	월송포만호		승정원일기 정조즉위년 5월22일
16	1779. 12.			승정원일기 정조 2년 12월 20일
17	1783. 1.			승정원일기 정조 9년 1월 10일
18	1786. 6.	월송만호 金昌胤	왜학 李裕文 등 80명, 11일간수토	정조실록 10년 6월 병자
19	1794. 4.	월송만호 韓昌國	왜학 李福祥 등 80명, 18일간수토	정조실록 18년 6월 무오
20	1795. 6.	삼척첨사 이동헌		승정원일기 정조 20년 6월 24일
21	1797. 3.	삼척첨사 이홍덕		승정원일기 정조 23년 3월 18일
22	1799. 3.	월송포만호 노인소	채삼군의 입도를 보류하고, 순번 대로 월송만호로 하여금 수토함	정조실록 23년 3월 병자
23	1801. 1.	삼척첨사 김최환		울릉도 태하리 각석
24	1803. 5.	월송포만호 박수빈		비변사등록 순조 3년 5월 22일
25	1882. 8.	울릉도장 全錫奎	울릉도 조선인 입도, 일본인 철수	고종실록 19년 8월 20일

2) 수토군의 편성과 역할

수토군의 조직이나 편성, 역할에 관련된 사료로는 『朝鮮王朝實錄』, 『日省錄』, 장한상의 『鬱陵島事蹟』 등 다음 6개의 사료가 참고가 된다.

① 張漢相, 『鬱陵島事蹟』(1694년 9월)

갑술년 9월 모일, 강원도 三陟營長 張漢相은 치보 안에, 지난 9월 19일 巳時쯤 삼척부의 남면 莊五里津 待風所에서 배를 출발시킨 연유에 대해 이미 치보한 적이 있습니다. 첨사가 別遣譯官 安愼徽와 함께 員役

---

83) 『조선왕조실록』의 수토관련 기록만을 도표화하였음.

여러 사람과 沙格 모두 150명을 거느리고 와서, 騎船과 卜船 각 1척, 汲
水船 4척에 배에 크기에 따라 나누어 타고서 같은 날 사시쯤 서풍을 타고
바다로 나갔습니다.…

　②『숙종실록』수토군 익사사건(1705년 6월)

　울릉도를 수토하고 돌아올 때에 平海 등 군관 黃仁建 등 16명이 익사
했는데, 임금이 휼전을 거행하라고 명하였다.

　③『일성록』월송만호 김창윤 수토기(1786년 6월)

　27일 오시에 4척의 배를 倭學 李裕文과 나누어 타고, 상하역관, 사공
과 격군등 모두 80명이 일제히 출발하였습니다.

　④『일성록』,『정조실록』월송만호 한창국 수토기(1794년 6월)

　월송만호 첩정에 4월 21일 다행히도 순풍을 얻어서 식량과 반찬거리
를 4척의 배에 나누어 싣고, 왜학 李福詳 및 상하원역과 격군 80명을 거
느리고 같은 날 미시쯤에 출선하여 바다 한가운데에 이르렀는데, 유시에
갑자기 폭풍이 일며 안개가 사방에 자욱이 끼고, 우뢰와 함께 장대비가
쏟아졌습니다.

　⑤『정조실록』採蔘軍 징발의 기사(1799년 3월)

　採蔘軍을 정해 보내는 것은 을묘년 1795년부터 시작되었다. 그리고 반
드시 산골에서 생장하여 삼에 대해 잘 아는 자들을 강릉은 5명, 양양은 8
명, 삼척은 10명, 평해는 4명, 울진은 3명씩 나누어 정해 보내는데, 이들은
모두 풍파에 익숙하지 않다고 핑계를 대고 간간히 빠지려는 자가 많다.

　⑥『고종실록』수토제 폐지 기사(1894년 12월)

　"울릉도를 搜討하는 船格과 什物을 바치는 것을 영영 없애는 문제입
니다. 그 섬은 지금 이미 개척되었는데 左水營에서 동쪽 바닷가 각 읍에
배정하여 三陟·越松鎭에 이속하는 것은 심히 무의미한 일입니다. 수토
하는 선격과 집물을 이제부터 영영 없애라고 경상도와 강원도에 분부하
는 것이 좋겠습니다."라고 하니 승인하였다.

이상의 사료를 통해서 볼 때, 수토관은 삼척영장과 월송포 만호가 번 갈아 했고, 수토군의 인원은 처음에는 150명이 되었으나 1786년과 1794 년 수토군이 모두 80명이었던 것으로 보아 80명 선으로 조정되었으며, 반드시 왜학 역관을 동행했다. 이것은 만일의 경우 일본인과의 조우에 대비한 것으로 보인다. 그리고 원역·격군 등 인원구성과 필요한 집물은 강릉 양양 삼척 평해 울진 등 동해안에 접한 고을에서 차출했던 것으로 보이며, 강원감사가 주관했고, 개항기에는 경상우수영에서도 관계한 것 으로 파악된다.

수토군의 역할에 관해서 보면, 왜인탐색, 지세파악, 토산물진상, 인삼 채취 등을 꼽을 수 있다. 1438년 울릉거민이 교형을 당한 이후, 조선후기 에 들어서도 조선인의 울릉도 거주는 없었던 것으로 보인다. 수토기록 가운데 거민쇄출의 사례는 찾아 볼 수 없다. 따라서 왜인탐색과 지세파 악이 가장 중요한 임무였다고 파악된다. 장한상의 복명기사는 주로 왜인 이 다녀간 흔적에 관한 내용과 울릉도의 산천과 도리의 지도였으며, 왜 인으로 하여금 그곳이 우리나라 땅임을 알도록 하는 데 있었다고 했다.

> 당초 갑술년(1694) 무신 張漢相을 파견하여 울릉도의 지세를 살펴보
> 게 하고, 왜인으로 하여금 그 곳이 우리나라의 땅임을 알도록 하였다. 그
> 리고 이내 2년 간격으로 邊將을 보내어 수토하기로 했는데,…[84]

그런데 1699년 전회일과 1702년 이준명의 복명내용에는 울릉도의 지형· 지세에 관한 내용과 함께 울릉도의 토산물의 진상에 관한 기사가 등장 한다.

> 전회일 : 본도의 地形을 올리고 겸하여 그곳의 토산인 皇竹·香木·土

---

84) 『숙종실록』 숙종 24년 4월 갑자.

石 등 수종의 물품

이준명 : 圖形과 紫檀香·靑竹·石間朱·魚皮 등의 물건

김창윤 : 可支魚皮·篁竹·紫檀香·石間朱·圖形

한창국 : 可支魚皮·篁竹·紫檀香·石間朱·圖形

可支魚는 흔히 바다사자·바다표범·물개·강치로 불려지며,[85] 篁竹은 누런대나무로 단소의 재료로 많이 사용되는데, 烏竹보다 단단하고 무거운 소리를 낸다하여 선호한다. 紫檀香은 우리나라의 해안지방, 섬지방에 자생하는 상록성 침엽교목으로 나무껍질은 암갈색이고 비늘모양이며 송곳모양의 잎은 오린가지에 난다. 생약으로는 사용하며 자단향이라 한다.[86] 또 향기가 좋아 향료로도 널리 사용하며, 지금도 울릉도 향나무는 천연기념물로 지정되어 있다. 石間朱는 石間硃인데, 산수화와 인물화의 살빛을 나타낼 때 사용하는 회화의 彩料이다. 천연산 석간주는 붉은 酸化鐵을 많이 포함한 赤茶色의 붉은 흙으로, 石灰岩·혈암(頁岩) 등이 분해된 곳에서 난다. 따라서 이러한 울릉도의 특산물은 육지 물품과는 달리 귀하게 여겨졌고, 왕실에서도 선호했던 물품이었음을 쉽게 짐작할 수 있겠다.

한편 토산물의 진상과는 달리, 1795년부터는 별도로 인삼채취의 임무가 부과되었다. 울릉도에서의 인삼채취에 관해서는 1769년 12월부터 기

---

85) 바다사자의 경우 수컷 몸길이 약 3.5m, 몸무게 약 1t 이상, 암컷 몸길이 2.3m, 몸무게 약 500kg 정도 되며, 바다표범은 우리나라에 서식하는 종은 소형이며, 물범이라고도 부른다. 물범은 종에 따라 다르지만 보통 몸에 점박이 무늬가 있는 게 특징이다. 물개나 바다사자에 비해 둥글고 통통한 몸매를 가지고 있다. 물개의 경우 수컷 약 2.5m, 암컷 약 1.3m, 몸무게 수컷 180~270kg, 암컷 43~50kg 정도 된다. 강치는 강치과에 속하는 동물인데, 무리를 지어 생활하는 게 특징이며, 크기는 2.5m가량이다. 바다사자와 물개를 포함하여 강치로 부르기도 한다.

86) 성분으로는 심부에 정유로 알파-피닌, 리모넨, 세드롤등이 함유되어 있다. 약효로는 세드롤이 향료보류제로 심재는 고혈압, 토사곽란에 사용한다.

록에 나오며 허가없이 인삼을 채취한 강원감사를 파직한다던지, 인삼채취를 금하고 있다. 1799년 3월, 『정조실록』에 의하면,

> 강릉 등 다섯 고을의 첩보에 의하면, "採蔘軍을 정해 보내는 것은 을묘년(1795)부터 시작되었다. 그리고 반드시 산골에서 생장하여 삼에 대해 잘 아는 자들을 강릉은 5명, 양양은 8명, 삼척은 10명, 평해는 4명, 울진은 3명씩 나누어 정해 보내는데, 이들은 모두 풍파에 익숙하지 않다고 핑계를 대고 간간히 빠지려는 자가 많다. 그러므로 채삼군을 가려뽑는 담당관이 중간에서 조종하며 뇌물을 요구하고 있다.[87]

고 했다. 이 내용으로 보면, 수토군의 역할 중 채삼은 중요한 임무중의 하나였고, 그 부담을 집물이나 격군의 차출과 마찬가지로 삼척을 포함한 인근 다섯 고을에서 충당했으며, 이를 피하려고 뇌물이 오고 가는 등 민폐가 심했던 모양이다.

5. 지리지에 나타난 영토인식

조선시대에는 각종 지리지가 편찬되었다. 울릉도와 독도에 관해, 구체적으로 기술하고 있는 최초의 지리지는 『고려사』, 「지리지」이다. 1451년에 편찬된 『고려사』, 「지리지」에는 다음과 같은 기록이 있다.

> 울진현 … 울릉도가 있다. 현의 正東 바다가운데 있다. 신라 때는 우산국이라 했고, 武陵 또는 羽陵이라고 했다. 지방은 100리이다. … 혹자는 말하기를 于山과 武陵은 본래 두 섬으로 서로 멀지 않아 바람이 불고 날

---

87) 『정조실록』 정조 23년 3월 병자.

씨가 좋으면 바라볼 수 있다.

　이 기록은 울릉도가 신라 때의 우산국인데, 고려시대에는 무릉 또는 우릉이라 했으며, 무릉과 于山의 두 개 섬으로 되어 있음을 밝힌 최초의 기록이다. 고려시대 우산국에 관한 기록 건국 직후인 930년부터 15개가 나오는데, 우산국이 울릉도와 독도의 두 개의 섬으로 되어 있다고 분명히 명시한 것은 이 기록이 처음이고, 여기서 于山은 독도를 말한다. 혹 于山을 현재 동쪽 2키로 정도 떨어져 있는 죽도를 지칭하기도 하지만, 죽도는 거리가 가까워서 바람이나 날씨에 관계없이 늘 보이는 섬이다.

　『고려사』, 「지리지」가 편찬된 지 3년 후, 1454년에 『세종실록』, 「지리지」가 편찬되었다. 앞의 『고려사』, 「지리지」와는 편찬연대가 3년밖에 나지 않지만, 이 시기에는 '武陵等處按撫使'나 '巡審敬差官' 등에 의해 울릉도에 대한 인식이 명확하게 나타난다. 『세종실록』, 「지리지」에는 다음과 같은 기록이 있다.

　　우산과 무릉 두 섬이 현의 정동쪽 바다가운데 있다. 서로 멀지 않아
　　날씨가 좋으면 바라 볼 수 있다. 신라 때 우산국에 이라 칭했다. 일설에
　　울릉도라고도 한다. 땅이 사방 백리라고 한다.

　즉 우산도와 무릉도의 두 섬이 동해 바다가운데 있다는 것과 신라때부터 우산국이라 칭했다는 기술이 명확하게 되어 있어, 『고려사』, 「지리지」와는 표현에 차이가 있다. 『고려사』, 「지리지」의 표현보다는 훨씬 구체적으로 우산국을 명시하고 있으며, 우산과 무릉 즉 독도와 울릉도를 포함시키고 있다. 이 기록은 세종초부터의 울릉도에 대한 '거민쇄출'과 '우산무릉등처안무사'나 '무릉도순심경차관' 파견 결과에 의해 그 시대 사람들이 우산국(울릉도와 독도)를 조선의 영토로 확실하게 인식하고 있었다는 것을 말해 준다.

'우산무릉등처'와 '무릉도' 등 구체적인 지명이 사용되고 있다는 점도, 당시의 영토와 경계인식을 분명히 해주는 사례로 손꼽을 수 있다.

다음, 1530년에 『신증동국여지승람』이 편찬되었다. 1481년에 편찬한 『동국여지승람』을 수정보완하여 편찬하였다. 『신증동국여지승람』에는,

> 우산도·울릉도, 武陵이라고도 하고 羽陵이라고도 한다. 두 섬이 현의 정동쪽 바다 가운데 있다. 세 봉우리가 곧게 솟아 하늘에 닿았으며 남쪽 봉우리가 약간 낮다. 날씨가 청명하면 봉우리의 수목과 산밑의 모래톱을 역력히 볼 수 있으며 순풍이면 이틀에 갈 수 있다. 일설에는 우산과 울릉 이 원래 한 섬으로 땅이 사방 백리라고 한다.

라고 기술되어 있다. 그런데 여기서는 『고려사』, 「지리지」나 『세종실록』, 「지리지」와는 달리, 우산과 울릉을 한 섬으로 기술하고 있다. 그리고 일설에 의하면으로 누군가에 의해 들은 것으로 표현하고 있다. 그렇다면 그 이전의 인식이 왜 이렇게 된 것일까.

앞서 서술한 것처럼, 조선왕조에서는 1438년 이후, 울릉도거민에 대한 처벌이 이루어지면서, 울릉도 거주가 불가능하게 되었고, 상대적으로 울릉도에 대한 관리가 소홀해 진다. 그리고 울릉도 보다는 요도와 삼봉도에 대한 관심으로 바뀌어 갔다. 따라서 이 시기가 되면 울릉도와 독도에 대한 기술도 직접적인 경험보다는 간접 경험에 의존할 수밖에 없었던 것으로 판단된다.

예를 들면, 『신증동국여지승람』에 "날씨가 청명하면 봉우리의 수목과 산 밑의 모래톱을 역력히 볼 수 있으며 순풍이면 이틀에 갈 수 있다."는 기술은 울릉도에 관한 기술인데, 앞의 『고려사』, 「지리지」나 『세종실록』, 「지리지」의 날씨가 좋으면 바라볼 수 있다는 기술을 섞어서 서술했을 가능성이 높다. 이 점에 대해서는 17세기 말, 울릉도귀속문제를 둘러싸고 조일 간에 분쟁이 일어났을 때, 조선 측에서 『동국여지승람』을 인용하여

'본토에서 울릉도가 보인다는 것'을 주장했고, 일본 측에서 이것을 받아들여 조선 측의 주장을 수용했던 일이 있었다. 즉『숙종실록』에는,

> 우리나라 강원도의 울진현에 속한 울릉도라는 섬이 있는데, 본현의 동해 가운데에 있고, 파도가 험악하여 뱃길이 편하지 못하다. 몇 해 전에 백성을 옮겨 땅을 비워놓고, 수시로 公差를 보내어 수검하도록 했다. 이 섬의 산봉우리와 수목을 내륙에서도 역력히 바라볼 수 있다. 무릇 산천의 굴곡과 지형의 넓고 좁음, 주민의 유지와 출토되는 토산물이 모두 우리나라『여지승람』이란 서적에 실려 있어, 역대에 전해 내려오는 사적이 분명하다[88]

라고 기술되어 있다. 울릉도가 조선의 영토라는 인식을 분명히 한 대목이며, 쌍방이 모두 인정한 부분이다.

따라서『신증동국여지승람』의 일도설은 울릉도와 독도에 대한 당시의 분위기를 전해주는 사실적인 기술이며, 이러한 증거는 당시의 관심이 '요도'와 삼봉도'에 집중되어 있었다는 사실을 통해서도 반증된다.

동해상에 울릉도와 독도 이외에, 또 다른 섬 '요도'와 '삼봉도'에 대한 기록이 처음 등장하는 것은 1430년이다.『세종실록』에는,

> 봉상시 윤 李安敬이 蓼島를 방문하고 돌아오니, 함길도 감사에게 전지하기를, "과거 요도에 가 본 적이 있는 사람이나, 이 섬의 상황을 전부터 보고 들은 사람을 모두 찾게 하니, 함흥부 포청사에 사는 金南連이란 사람이 일찍이 이 섬에 갔다가 돌아왔다고 하므로, 그 사람에게 역마를 주어 보내게 하되, 만약 늙고 병들었거든 이 섬의 생김새와 주민들의 생활은 어려운지 넉넉한지, 의복·언어·음식 등의 사정은 어떠한지 그 사람

---

88)『숙종실록』권27, 20년 8월 기유.

에게 자세히 물어서 아뢰라."하였다.[89]

라는 기록이 있다. 결국 1403년부터 울릉도 주민에 대한 '쇄출'이 지시가 되고, 1416년 무릉등처안무사 김인후에 의해 실제로 쇄출된 울릉도 주민들을 각지에 분치하였는데, 함경도 경성에 분치한 기록은 1438년에 등장하므로, 그전에 이 지역에 분치된 울릉도 주민이었거나 아니면 울릉도에 갔었던 경험이 있었던 사람일 것이다.

이러한 소식에 접한 세종은 곧바로 함길도와 강원도에 사람을 보내어 요도수색을 지시하였다. 결국 1430년대에는 울릉도 거주민에 대한 쇄출이 처형의 단계에 이르는 강경조치가 취해지면서 동시에 요도에 대한 수색이 본격화되기도 했다. 그 후에도 1441년 7월[90]과 1445년 6월[91] 등 여러 차례에 걸쳐 요도 수색작업을 실시했고, 1445년 8월에는 1438년에 무릉도순심경차관으로 울릉도에 다녀온 남회가 삼척바다 가운데 있는 요도를 보았다고 하여, 세종은 그를 파견하여 보내어 찾도록 했다.[92] 그러나 바다를 수색하고 돌아온 남회는 끝내 요도를 찾지 못했다.

또 남회의 말을 듣고 마음을 다하여 찾으라."하였으나, 회가 바다를 전부 候望하였으나 결국 찾지 못하고 돌아왔으니, 蓼島의 말은 허망한 것이다. 진실로 바다 가운데에 있다면 무릇 눈이 있는 자는 모두 다 볼 터인데, 어째서 남회만 혼자 보고 다른 사람은 보지 못하는가. 맹손이 남회의 말을 경솔히 믿고 거연히 위에 아뢰었으니 그 기망을 한 것은 마찬가지요, 회가 마침내 찾지 못하였으니 그 탄망한 것이 더욱 분명하였다.[93]

---

89) 『세종실록』 세종 12년 1월 정묘.
90) 『세종실록』 세종 23년 7월 경신.
91) 『세종실록』 세종 27년 6월 갑인.
92) 『세종실록』 세종 27년 8월 무오.
93) 『세종실록』 세종 27년 8월 무오.

그 뒤 성종대에 이르면, '三峰島'라는 새로운 섬에 관심이 부각되었다.

> 영안도 관찰사 李繼孫에게 下書하기를, "이제 아뢴 바를 다 알았다.
> 그 三峯島에 投往한 자는 부세를 피하고 나라를 배반하였으므로 情犯이
> 심히 악하니, 경이 마땅히 탐문하여 아뢰라. 다만 지금은 바람이 높아 바
> 닷길이 험해서 가히 본도의 작은 배로써 가볍게 달리지는 못할 것이니,
> 경은 그것을 자세히 살펴서 시행하도록 하라."하였다.[94]

즉 성종대가 되면서, 삼봉도에 대한 관심이 등장하였는데, 1472년 3
월, 성종은 삼봉도를 찾기 위해 병조에 지시를 했고, 병조에서는 초마선
4척에 각각 군인 40명씩으로 편성하되, 동해에 익숙한 강원도 사람 17인
을 선발하고, 무기와 군량은 삼척, 울진, 평해 등에서 조달하도록 했
다.[95] 그런데 성종은 삼봉도에 대해 언급하면서 "세종조 때부터 사람을
보내어 이를 찾았으나 찾지 얻지 못했다."고 했는데, 세종대에 찾은 섬이
요도였기 때문에 성종대에는 삼봉도와 요도를 동일시했던 것 같다.
   어쨌든 성종은 삼봉도를 찾기 위해, 경차관으로 朴宗元을 임명하였
고, 왜와 여진통사를 동행하도록 했다.

> 예조에 전지하기를 "삼봉도 경차관의 행차에 왜통사와 여진통사 1인
> 씩을 차견하라[96]

혹시라도 삼봉도가 울릉도가 아니라 새로 발견한 섬이어서 일본인이
나 여진인이 거주하고 있지 않을까를 대비한 조치로 여겨진다. 결국 성
종의 인식도 동해상에 있는 섬이라면 그것이 요도가 되었던 삼봉도가 되

---

94) 『성종실록』 성종 1년 12월 갑인.
95) 『성종실록』 성종 3년 2월 경오.
96) 『성종실록』 성종 3년 3월 병진.

었던 찾아야 한다는 의지가 있었던 것이고, 혹시라도 발생할 수 있는 충돌을 예상하여 통사들을 동행시켰던 것이다.

삼봉도 경차관 박종원 등 4척의 배가 1472년 5월, 삼봉도 수색에 나섰다. 그러나 박종원의 배는 울릉도를 바라보다가 표류를 하여 돌아왔고, 나머지 3척은 울릉도를 조사한 후 돌아왔다. 보고서에는 3일을 머물렀는데, 집터만 발견했는데, 사람은 살고 있지 않다고 했다.[97]

그 후, 1475년 5월에는 金漢京을 비롯한 경성사람들이 삼봉도를 다녀왔다는 제보가 있었고, 영안도 관찰사 이극균에게 삼봉도에 사람을 보내어 수색할 것을 명령했다. 이극균은 6월에 영흥사람 金自周가 삼봉도 가까이 갔다가 무서워서 돌아왔다는 보고를 하였다. 그 뒤에도 삼봉도에 대한 수색의 필요성이 여러 차례 건의되었다. 드디어 1479년 10월에 두 차례에 걸쳐 영안도 경차관 曹偉로 하여금 麻尙船 3척과 삼봉도 입거를 자원한 金漢京 등 21인이 富寧의 南面 靑巖里 해변에서 배를 출발시켜 보내고, 연해의 여러 고을에서 망을 보도록 했다.

그러나 출발 이틀 만에 바람이 순조롭지 못해 돌아왔다가, 다시 보냈는데 1개월이 지나도록 돌아오지 않았다. 이에 대해 이극돈은 자신은 김한경을 신뢰하지 않았다고 하면서 삼봉도 수토가 바람직하지 않다고 했다. 그러자 성종은 배가 부서져 익사한 것이 아니라면 수색을 계속해야 한다고 하면서, 이듬해에 군사를 다시 보내도록 했다. 그리하여 1480년 3월, 삼봉도 초무사 沈安仁으로 하여금 裝船 9척으로 삼봉도를 초무하도록 했으나, 장마로 인해 또다시 정지되고 말았다.

그로부터 1년 후, 1481년 1월, 영안도관찰사 이극돈이 삼봉도를 찾는 계책을 다시 올렸다.

　　지난번에 왕래한 자들 가운데 어떤 이는 '멀리서 보았다.'하고, 어떤

---

97) 『성종실록』 성종 3년 4월 정묘.

이는 '보지 못하였다.'하니, 진실인지 거짓인지를 분변할 수가 없습니다. 지금 사람을 보내어 찾아보고, 만일 끝내 이 섬이 없으면 처음에 이 말을 한 金漢京의 무리들이 말로 속이고 대중을 미혹하게 한 죄가 분명하니, 극형에 처하여 그 시체를 온 道에 전하게 하여 여러 사람들에게 보인다면, 어리석은 백성들도 삼봉도가 기필코 없다는 것을 알고 서로 선동하여 미혹됨이 저절로 풀릴 것입니다.[98]

영안도관찰사 이극돈은 1475년 삼봉도를 다녀왔다는 김한경의 제보가 거짓임을 알게 되었고, 삼봉도의 존재 자체가 허위일 수 있다는 의문을 제기했다. 김한경 등에 대한 조사가 진행된 결과, 1482년 2월에 결국 삼봉도의 제보는 허위였음이 드러나고, 김한경은 처형되고, 그의 딸도 노비를 삼는 것으로 끝나고 말았다.

의금부에서 아뢰기를, "난신 역적에 연좌된 자로서 나이 成年이 되지 못한 자들을 일찍이 族親들에게 보내 주었습니다만, 이제 그들의 나이가 성년이 되었으니, 그들을 여러 군읍에 예속시켜 노비로 삼아야 합니다. … 金漢京의 딸 金貴珍은 咸原站에 예속시키도록 하소서."하니, 그대로 따랐다.[99]

이 사료로 성종의 삼봉도 수토작업은 종료되었다. 조정에서는 요도나 삼봉도를 수색하는 동안에도 울릉도 등지에 여러 차례 관리를 파견했다. 이것은 당시 조선에서는 울릉도와 요도, 삼봉도를 다르게 인식했다는 증거이다. 사료에 나오는 것처럼 요도나 울릉도를 보았다면, 그것은 울릉도나 독도였을 것이다. 그러나 조선 조정에서는 울릉도·독도 이외의 섬을

---

98) 『성종실록』 성종 12년 1월 갑신.
99) 『성종실록』 성종 12년 2월 갑진.

생각했기 때문에 찾을 수 없었던 것이다. 결론적으로 동해상에 울릉도와 독도 이외의 섬은 없다. 그러나 조선에서는 새로운 섬이 있다면, 그것을 조선의 영토로 생각하고 그것을 찾아 나섰던 것이다. 15세기 조선의 동해 내지는 동해상의 영토인식의 한 단면을 보여준다.

조선후기에도 여러 가지 지리지가 편찬되었다. 울릉도와 독도의 위치에 관해서는 『彊界考』와 『東國文獻備考』의 기록을 통해 우산국이 독도라는 사실을 분명히 알 수 있다. 즉 1756년에 편찬된 『강계고』에는,

> 내가 생각건대, 『여지지』에 이르기를, 일설에는 于山과 鬱陵이 본래 한 섬이라고 하나, 여러 圖志를 상고하면 두 섬이다. 하나는 왜가 말하는 松島인데, 대개 두 섬은 모두다 우산국이다

라고 되어 있고, 1770년에 편찬된 『東國文獻備考』에는,

> 울릉과 우산은 다 于山國인데, 우산은 왜가 이르는 이른바 松島이다.

라는 기록이 있다. 두 기록은 모두 『輿地志』를 인용하고 있는데, 이 내용을 통해 종래 우산과 울릉이 한 섬이라고 하는 '一島說'이 완전히 부정되고, 두 섬이라고 하는 견해로 완전히 정리되었다. 여기서 『여지지』는 1656년 柳馨遠이 편찬한 지리지로 『東國輿地志』를 말하는데, 권7, 강원도 울진현에 기술된 다음과 같은 사료를 인용한 것이다.

> 우산도 울릉도, 일설에는 무릉이라 하고, 일설에는 우릉이라고 하는데, 현의 정동해 바다 가운데 있다. 세봉우리가 곧게 솟아 하늘에 닿았으며 남쪽 봉우리가 약간 낮다. 바람과 날씨가 청명하면 봉우리의 수목과 산 밑의 모래톱을 역력히 볼 수 있다. 순풍이면 이틀에 가히 도달할 수 있다. 일설에 우산과 울릉은 본래 한 섬이며 지방은 백리이다.[100]

라고 기록된 부분이다. 그런데 이 부분은 조선전기의 『신증동국여지승
람』의 기록 그대로이다. 그러나 유형원이 『동국여지지』를 기술할 당시
인 1656년까지도 우산도와 울릉도가 한섬이라는 설이 존재했지만, 『강
계고』와 『동국문헌비고』에는 '一島說'이 완전히 부정되고, 우산도도 독
도라고 확실히 인식되어졌던 것이다. 『강계고』와 『동국문헌비고』에서
는 기존의 인식을 언급하면서 그것이 잘못되었음을 지적하고 있는 것이
다. 그 이유는 말할 것도 없이 1696년 이후, 소위 안용복의 도일사건을
계기로 조일 양국 사이에서 벌어진 울릉도 쟁계사건의 결과에 대한 인
식의 변화라고 단정 지을 수 있겠다.

6. 맺음말

울릉도와 독도근해는 신라시대부터 우산국으로 기술되면서, 신라의
영토에 편입되어 있었다. 고려시대에 들어와서도 자연스럽게 고려의 영
토로 인식되었다. 적어도 1141년부터는 명주도 감창사의 관리구역이었
고, 『고려사』, 「지리지」에 의하면 東界 울진현의 행정구역으로 소속되어
있었다. 그러나 1350년대에 이르러 울릉도에 대한 인식에 커다란 변화가
일어난다. 특히 1379년에 왜가 무릉도에 들어와 보름이나 머물다 돌아가

---

100) 柳馨遠, 『東國輿地志』辛, 卷七, 江原道 (규장각 古 4790,51의 83~85쪽)
「一云武陵一云羽陵 二島在縣正東海中 三峰岌嶪撑空南峯稍卑 風日淸明則
峯頭樹木及山根沙渚歷歷可見 風便則二日可到 一說于山鬱陵本一島地方百
里」로 기술되어 있다. 종래 이 부분에 관해서 下條正男은 『竹島は日韓どち
あのものか』(『文藝春秋』, 2004, 152~159쪽)에서 "유형원의 『여지지』가 현
재 남아 있지 않기 때문에 직접 확인할 수 없다고 하면서, 우산도가 송도라는
기술은 왜곡되었다."고 했으나, 이 기술은 『동국여지지』를 직접 확인한 결과 잘
못되었음을 알 수 있다. 호사카유지, 『우리역사 독도』126, 272~474쪽의 내용
도 재확인이 필요하다.

면서, 울릉도는 왜가 동해안 지역을 약탈하기 위한 중간 거점으로 인식
되기 시작했다.

조선시대에 들어와서도 강원도를 비롯한 동해안지역에 대한 왜구의
침탈은 계속되었다. 1403년 7월 왜가 강릉에 침입하자, 강원도 조전병마
사를 파견하는 한편, 8월에는 '居民刷出'을 실시하여 울릉도의 주민을 육
지로 나오게 했다. 결국 조정에서는 울릉도가 왜구침탈의 중간거점이 되
는 것을 미연에 방지하는 조처로 '居民刷出'을 단행했던 것이다. 그런데
이러한 '居民刷出'이 어이없게도 일인사학자들에 의해 조선의 해양정책
으로 규정되어 '空島政策'이란 용어로 둔갑되었다.

한편 울릉도 주민을 육지로 나오게 하자, 대마도에서는 일본인의 울
릉도 이주를 요청하였다. 이에 대해 태종은 일본인의 울릉도 거주를 허
용하는 것은 越境이므로 허락할 수 없다고 했다. 즉 일본인의 이주를 청
한 것이나, 越境이어서 안 된다고 한 것은 당시 일본이나 조선의 울릉도
에 대한 경계인식을 분명히 한 대목이다. 그리고 이러한 상황에서 조선
에서는 보다 적극적으로 울릉도 관리를 위해 '武陵等處按撫使'와 '武陵
島巡審敬差官'을 파견하게 되고, 17세기 말 '안용복사건'을 계기로 搜討
制가 제도화되어 1894년, 울릉도 전임도장이 임명될 때까지 지속된다.
결국 '공도정책'이란 있지도 않았고, 오히려 '거민쇄출' 자체도 울릉도를
경영하는 하나의 시책이었다. '居民刷出'을 시행하면서 조선에서는 按撫
使－敬差－搜討官을 파견하여 울릉도에 관한 도서경영을 지속적으로
유지해왔던 것이다.

한편 于山國이 于山과 武陵으로 기술되어 있는데, 우산과 무릉이 一
島인가, 二島인가 하는 문제이다. 사료에 의하면『고려사』(1451)나『세
종실록』(1454)에는 우산과 무릉이 두 섬으로 분명히 기술되었는데,『신
증여지승람』(1530)에는 한 섬으로 되어있다. 그 이유는 앞서 살펴본 바
와 같이, 울릉도에 대한 '거민쇄출'이 강화되고, 1438년 불법적인 거민에
대한 처벌이 강화되면서 울릉도에 대한 거주가 불가능하게 되고, 동시에

울릉도에 대한 관리도 점차 소홀해진 데 있다고 본다. 그 결과 울릉도에
대한 정보도 점점 부정확하게 되었을 것이다. 울릉도에 대한 정보가 부
정확했다는 증거로는 이 시기부터 요도와 삼봉도에 관한 소문이 등장했
고, 그 후 1445년에는 요도, 1470년대에는 삼봉도에 대한 본격적인 수색
작업이 진행된 것을 통해서 알 수 있다. 그 결과 요도와 삼봉도에 대한
소문은 허위로 드러났지만, 조선왕조가 동해의 도서에 대해 어떠한 영토
인식을 가지고 있었는가를 설명해주는 하나의 사례이다.

한편 '一島說'과 '二島說'의 혼란은 『동국문헌비고』(1770)에 의해 완
전히 '二島說'로 정리된다. 이는 1696년 안용복 도일사건이후 벌어진 조
일 간의 '울릉도쟁계'의 결과 드러난 영토인식의 변화라고 볼 수 있다.
결국 이러한 과정을 통해, '于山國은 于山과 武陵이며, 두 섬으로 되어있
고, 于山은 독도, 武陵은 울릉도'라는 사실이 모두 증명되는 것이다.

참고문헌

1. 사료

『고려사』,『고려사절요』,『태종실록』,『세종실록』,『숙종실록』,『정조실록』,『고종실록』,『승정원일기』,『비변사등록』,『연려실기술』,『춘관지』,『일성록』,『東國輿地志』

2. 단행본

신용하,『독도영유권 자료의 탐구』, 독도연구보전협회, 1998.
이재범,『왜구토벌사』, 국방군사연구소, 1994.

3. 논문

김정현,「고려시대 영동지방의 해방유적 연구」, 강원대석사학위논문, 2011.
김호동,「조선초기 울릉도·독도에 대한 '공도정책' 재검토」,『민족문화논총』제
    32집, 영남대학교, 2005.
鮮于榮俊,「삼봉도는 독도인가 아닌가」,『한국행정학회 학술대회 논문집』, 2007,
손승철,「조선시대 '空島政策'의 허구성과 '搜討制' 분석」,『이사부와 동해』창
    간호, 한국이사부학회, 2010.
_____,「고려시대 강원지역에 대한 왜구의 침탈과 대응」,『강원사학』24·25합
    집, 2011.
신명호,「조선초기 해양정책과 어장개장」,『조선전기 해양개척과 대마도』, 국학
    자료원, 2007.
_____,「조선 초기 중앙정부의 경상도 海島政策을 통한 空島政策 재검토」,『역
    사와 경계』66, 부산경남사학회, 2008.
유미림,「『울릉도』와「울릉도사적」역주 및 관련기록의 비교연구」, 한국해양수
    산개발원, 2007.

조선의 남방지역과 일본에 대한 경계인식

한 문 종*

1. 머리말

한국은 3면이 바다로 둘러싸인 해양국가이기 때문에 고대부터 오늘날까지 해양이 우리역사의 주요한 활동무대가 되었다. 그럼에도 불구하고 이에 대한 국내에서의 선행연구는 주로 정치·외교적 차원에서의 관계성 즉 한일 간의 외교 및 무역, 문물의 교류, 왜구 및 침략사가 중심이었다. 또한 울릉도와 독도 등 특정지역에 대한 사례연구가 대부분이어서 조선시대 해양정책을 동아시아관계사 속에서 조망하려는 노력이 부족하였다.[1] 특히 이 시기 조선의 남쪽 해양을 비롯한 대마도, 일본에 대한 경계인식의 형성과 갈등, 변화과정 등에 대해서도 왜구나 대마도정벌 등 특정사건을 중심으로 고찰하고 있을 뿐 체계적이고 종합적인 연구가 전혀 이루어지지 못하였다. 또한 조선의 국경과 영토인식의 차원에서 조선

---

* 전북대학교 사학과 교수.

1) 이에 대한 연구성과는 다음의 문헌에 잘 정리되어 있다.
   한일관계사연구회 편,『독도와 대마도』, 지성의 샘, 1996; 한일관계사연구회 편,
   『한일관계사연구의 회고와 전망』, 국학자료원, 2002; 부경대 해양문화연구소,『조
   선전기 해양개척과 대마도』, 국학자료원, 2007; 이문기 외,『한·중·일의 해양인식
   과 해금』, 동북아역사재단, 2007; 한일관계사학회편,『동아시아의 영토와 민족문
   제』, 경인문화사, 2008.

정부가 어떻게 남방지역을 통제하고 관리하였는지, 이러한 통제책이 대마도와 일본에 대해 어떠한 경계인식을 가지고 왔고, 양국 간의 분쟁에 영향을 주었는지에 대해서도 거의 다루어지지 않았다.

반면에 일본에서의 해양에 대한 연구는 한국에 비해서 양적으로나 질적으로 훨씬 진전되었다. 일본의 경우에 영토와 경계문제는 一國史的인 입장에서 연구되었으며, 특히 최근에 아라노 야스노리(荒野泰典)와 무라이 쇼스케(村井章介)는 '왜구적 상황'과 '제민족 잡거'라는 개념을 도입하여 한반도 남부가 이미 조선시대에 일본인의 활동영역이라고 주장하면서 전근대 일본의 경계 확장을 모색하고 있다.[2] 또한 오사 세츠코(長節子)는 고초도조어금약을 조일 간의 경계인식과 어업권 분쟁 사건으로서 인식하면서 특히 일본의 어업권을 강조하고 있다.[3]

따라서 본 연구에서는 기왕의 연구성과를 참조하면서 『조선왕조실록』과 사행록 등 국내 사료를 중심으로 조선시대 조선의 남방지역 및 일본에 대한 경계인식에 대해 규명하고자 한다.

이를 위해 먼저 조선의 남방지역에 대한 경계인식의 형성과 전개, 변화과정을 고려말 조선초의 왜구대책과 일본의 남해안 지역의 어장요구, 이에 대한 조선정부의 내응을 통해서 파악하고자 한다.

둘째, 조선의 대마도 및 일본에 대한 인식의 형성과 전개, 변화과정을 왜구와 대마도정벌, 왜인통제책의 실시 등을 통해서 살펴보고자 한다.

셋째, 『조선왕조실록』에 기록된 일본국·일본인·왜국, 왜인 등에 대한 용어의 사용례를 통해서 조선의 일본에 대한 인식이 어떻게 변화되어 갔는지를 검토하고자 한다.

이를 토대로 조선의 남방지역 및 일본에 대한 경계인식과 조선의 해

---

2) 村井章介, 『中世 日本の內と外』, 筑摩書房, 1999; 荒野泰典, 『江戶幕府と東アジア』, 吉川弘文館, 2007.
3) 長節子, 「孤草島釣魚硏究」, 『朝鮮學報』 91, 朝鮮學會, 1979; 長節子, 「孤草島釣魚の變容」, 『年報朝鮮學』 1, 九州大學朝鮮學硏究會, 1990.

양정책의 실상을 파악하고 나아가 조일외교 관계를 보다 체계적이고 종합적으로 규명하고자 한다.

2. 조선의 남방지역에 대한 경계인식

1) 왜구 대책과 남방지역에 대한 경계인식

왜구문제는 조선이 건국된 후에도 대일정책의 근간이 되었다. 이에 조선정부는 먼저 고려말의 왜구대책을 계승하여 해안지역에 대한 방어를 충실하게 하는 한편, 각도의 軍籍을 점검하고 수군의 직제를 개편하였으며, 병선을 건조하거나 수리하여 왜구의 침입에 대비하였다. 특히 수군의 정비와 병선의 증가는 왜구의 침입을 막는데 커다란 역할을 하였으며, 수군의 전략 전술에도 변화를 가져왔다. 그리하여 종래에는 조선지역에 상륙한 왜구를 육지에서 섬멸하였으나 이제는 '바다에 나아가 왜구를 포획(浮海捕倭)'하는 적극적인 전략으로 변하였다.[4] 이처럼 육지가 아닌 해양에서 조선에 침입할 가능성이 있는 왜구를 찾아 토벌하면서 조선의 남방지역과 해양에 대한 경계인식이 나타나게 되었다.

이와 더불어서 조선정부는 외교적인 교섭과 왜구 회유책 등 다양한 왜구대책을 실시하였다. 그 결과 왜구는 조선에 투항 또는 향화하거나 사송왜인·흥리왜인이 되어 직접 내조하였다. 그리하여 1409년(태종 9) 이후부터 왜구의 침입은 급격히 감소한 반면 일본 각지로부터 도항하는 통교왜인은 증가하기 시작하였다.[5] 그러나 이 시기에는 아직 통교왜인에 대한 여러 규정이 정비되지 못하였다. 그 때문에 통교왜인이 해안지

---

4) 張學根, 『朝鮮時代 海洋防衛史』, 創美社, 1987.
5) 한문종, 「조선전기 대일 외교정책 연구-대마도와의 관계를 중심으로-」, 전북대 박사학위논문, 1996, 12~13쪽.

방을 마음대로 왕래하면서 사무역을 하기도 하고, 항왜들과 접촉하면서 병선의 허실을 정탐하는 등 치안상의 폐단이 야기되었다. 또한 조선정부는 왜인들이 도항해서 다시 돌아갈 때까지의 모든 접대비용을 부담하였다. 게다가 왜인들이 가지고 온 물건을 판매하지 못하였다는 등의 이유로 포소에 오랫동안 머무르는 폐단이 발생하자 접대비용을 줄이기 위해 가지고 온 물품을 대신 매매해주었는데, 이는 조선정부의 재정적 부담을 초래하였다.

이같이 통교왜인의 증가는 조선정부의 치안상의 혼란과 재정적 부담을 가중시켰다. 따라서 조선정부는 통교왜인을 통제할 필요성을 느끼게 되었다. 그리하여 조선에서는 대마도정벌 이후 왜구문제에 대한 자신감을 바탕으로 왜선이 도항하여 정박할 수 있는 포소를 제한하는 한편 서계·문인제도·계해약조 등의 왜인통제책을 정비하였다. 특히 통교왜인이 도항하는 浦所를 제한하였다는 사실은 이미 조선에서 남방지역에 대한 경계인식이 자리잡고 있었음을 나타내는 것이라 할 수 있다.

이상에서 살펴본 바와 같이 조선초기 왜구대책의 실시로 남방지역에 대한 경계인식이 나타나기 시작하였으며, 왜인 통제책의 하나로 실시된 포소의 제한을 통해서 남방지역에 대한 경계인식이 형성되어 갔음을 알 수 있다. 그러나 조선에서는 해안에서 멀리 떨어져 있는 絶島로의 통행을 제한하고 島民이나 流民을 쇄환하여 왜구나 해적으로 인한 피해를 막고, 무거운 세금이나 신역을 피해 섬으로 도망한 유민들을 색출하여 국가의 기강을 확립하려고 목적으로 일부 섬을 '공도화'하였다.[6] 이로 말

---

6) 이러한 '공도화' 현상에 대해 일본인 학자들은 도민에 대한 쇄환 결과 '섬이 비게 되었다'는 공도의 의미를 강조하고, 이를 더욱 확대 해석하여 조선정부가 섬 지역에 대한 영유권의 포기를 전제로 하여 '공도정책'이란 용어를 사용하고 있다. 그러나 '공도'는 쇄환의 결과로 나타나는 섬의 현상을 지적하는 한정적인 용어로는 사용할 수 있지만 그것을 국가의 정책으로 표현하는 역사적 용어로는 사용할 수 없으며, 더구나 이를 영유권 포기의 의미를 담고 있는 것으로 확대해석하는 것은 심각한 역사왜곡이라 할 수 있다. 한편, 이러한 역사적 상황에 대해

미암아 조선의 해양인식과 경계인식의 발달을 저해하는 요인이 되었다

한편 조선정부는 '공도화'의 실시로 사람들이 살지 않는 섬에 목장을 설치하였다. 그 결과 서남해 도서지역에 30여개의 목장이 설치되었다. 그러나 섬 지역은 세금과 부역의 부담이 비교적 적었으며, 어염, 해산물, 농사를 지을 수 있는 터전을 제공해주었기 때문에 '공도화'의 실시에도 불구하고 이주민들은 몰래 섬으로 잠입하여 거주하였다. 이들은 조선정부의 推刷令이 강화되면 흩어졌다가 약화되면 다시 섬으로 모여드는 出島와 入島를 반복하였다.7)

이에 따라 조선정부는 섬지역에 대한 관심을 가지기 시작하였다. 그리하여 1444년(세종 26)에는 전라도 연해의 섬에 대해 조사를 실시하였다. 즉 전라도 근해와 나주군도에 속한 섬들의 왕래, 섬 사이의 거리, 도서명, 해로, 선박운항이 가능한 뱃사람, 토산물에 이르기까지 섬에 대한 다양한 정보를 수집하였다.8) 이러한 정보는 후에 편찬된 지리지에 반영되어 문종대에 간행된『고려사』지리지에는 약 60여개의 섬이 등재되어 있는 반면에 1481년(성종 12)에 간행된『동국여지승람』에는 섬이 234개로 증가하였다.9) 이와 같이 지리지에 등재된 서남해 도서의 수와 내륙지역 부속도서의 수가 급증하였다는 사실은 세종대 이후부터 조선에서 남쪽 해양에 대한 경계인식이 점차 확산되어 가고 있음을 나타내는 것이라 할 수 있다.

무라이 쇼스케는 '무인화정책', 임영정은 '해금정책'·'도민쇄환정책'이란 용어를 사용하고 있다(우인수, 「조선 후기 해금정책의 내용과 성격」, 『한·중·일의 해양인식과 해금』, 동북아역사재단, 2007, 129~130쪽). 이런 점을 고려하면, '공도정책'이라는 용어의 사용은 재고되어야 한다.

7) 김경옥, 『朝鮮後期 島嶼研究』, 혜안, 2004, 67쪽.

8) 『세종실록』 권104, 26년 4월 병술.

9) 김경옥, 앞의 책, 59~62쪽.

2) 일본의 남해안지역 어장요구와 조선의 대응

조선초에 興利倭人은 조선의 연안을 마음대로 왕래하면서 무역하는 한편 해변의 각 고을에 분치된 향화왜인과 교통하거나 병선의 허실을 탐지하는 등 치안·경제상의 폐단을 야기하였다. 이에 조선에서는 1407년 (태종 7)에 흥리왜인이 도항하여 무역할 수 있는 장소를 富山浦와 乃而 浦(薺浦)의 2개 항구로 제한하였다.[10] 이후 포소의 제한은 흥리왜인뿐만이 아니라 조선에 도항하는 모든 통교자에게 확대 적용되었다. 그리하여 1418년(태종 18)에는 恒居倭人과 사송왜인·흥리왜인의 교잡, 그리고 통교왜인의 증가와 그에 따른 폐단을 제거하기 위하여 鹽浦와 加背梁에 왜관을 설치하고 그곳에 경상도의 흥리왜인을 안치하였다.[11] 이로써 태종대에 이르러서 왜인들이 도항할 수 있는 포소는 부산포·염포·내이포·가배량 등 4포로 정해졌다.

1419년에 왜구의 소굴인 대마도를 정벌한 직후 대마도와의 외교관계가 일시 단절되었고, 포소도 폐쇄되었다. 그 후 대마도주가 항복과 印信의 하사를 요청하는 사신을 파견함으로써 대마도와의 외교관계가 다시 재개되었다. 1423년(세종 5)에 대일관계에서 강경한 입장을 취하던 태종이 죽자 다시 부산포와 내이포를 개항하고, 이어서 1426년에 염포를 추가로 개항하였다.[12] 이로써 이른바 '三浦'가 개항되었으며, 그곳에는 각각 왜관이 설치되었다.

삼포의 개항으로 왜인들이 고기잡이 할 수 있는 지역도 부산포·내이포 등처로 제한되었다. 그 이후에도 왜인들은 계속해서 포소를 추가로 개항해 줄 것을 요구하였으나 거절당하자 그 대신에 경상도 연해어장의 확대를 요구하기 시작하였다. 1427년(세종 9) 3월에 대마도의 좌위문대

10) 『태종실록』 권14, 7년 7월 무인.
11) 『태종실록』 권35, 18년 3월 임자.
12) 『세종실록』 권20, 5년 4월 병인. 권31, 8년 정월 계축.

랑이 내이포와 부산포에서만 물건을 매매하고 고기잡이하도록 허용하여
대마도인의 생계가 어렵다고 호소하면서 固城과 仇羅梁을 추가로 허가
해 줄 것을 요청하였으나 거절당하였다.13) 또한 3년 후인 1430년 9월에
도 육랑차랑이 고성포·구라량 등지를 내왕하면서 장사하기를 요청하였
으며, 같은 해 11월에도 加背梁·仇羅梁·豆毛浦·西生浦에서 고기를 잡을
수 있도록 해달라고 요청하였으나 역시 거절당하였다.14) 그 이후에도 대
마도에서는 계속해서 경상도 연안지역에서 고기잡이 할 수 있도록 요청
하였다. 그러나 조선에서는 삼포 지역만으로도 충분하다고 하면서 그들
의 요구를 들어주지 않았다.15)

　1435년(세종 17) 10월에는 대마도의 고기잡이 어선과 흥리왜인이 삼
포뿐만이 아니라 가배량·구라량 등지를 왕래하면서 무역을 하고 또 조
선의 선군을 동승하여 경계없이 마음대로 고기잡이할 수 있도록 요청하
였다. 이에 대해 조선에서는 가배량 등지를 왕래하면서 무역하는 것을
허락하지 않는 대신에 조선의 船軍이 왜선에 동승하여 開雲浦 등을 왕래
하면서 고기잡이할 수 있도록 허락하였다.16) 이로써 염포로 들어 온 조
어왜인들이 울산의 개운포까지 가서 고기잡이 할 수 있게 되었다. 그 결

---

13) 『세종실록』 권35, 9년 3월 을묘.
14) 『세종실록』 권49, 12년 9월 임술. 권50, 12년 11월 기해.
15) 『세종실록』 권59, 15년 2월 임자. 권83, 20년 10월 기사.
　　1438년 10월에는 예조에서 진강차랑 편으로 대마도주 종정성에게 서계를 보내
　　고성과 구라량에서 고기잡이 하는 것은 어렵다고 거절하였다.
16) 『세종실록』 권70, 17년 10월 을묘.
　　예조에서 아뢰기를, "대마도(對馬島)의 고기 잡는 상선(商船)을 전에는 내이포
　　(乃而浦)·부산포(富山浦)·염포(鹽浦) 등 세 곳에만 정박(停泊)하도록 허가했
　　는데, 지금은 가배량(加背梁)·구량량(仇良梁) 등처에 왕래하면서 무역하고자
　　하고, 또 동류 한 사람을 머물러 두고서 선군(船軍)과 모두 바꾸어 조선(釣船)
　　을 타고는 다른 경계를 논할 것 없이 마음대로 고기를 낚고자 하지마는, 그러나,
　　가배량(加背梁) 등처에 왕래하면서 무역하는 것은 진실로 들어 줄 수가 없으니,
　　선군(船軍)이 조선(釣船)을 바꾸어 타고서 개운포(開雲浦) 등처에 왕래하면서
　　고기 잡는 것만 허가하소서."하니, 그대로 따랐다.

과 왜인들은 삼포 중 가장 서쪽에 위치한 내이포를 경계로 하여 동쪽으로 염포의 개운포 지역에서 고기잡이를 할 수 있었다.[17] 그러나 내이포로부터 서쪽 지역은 왜인들의 출입을 철저하게 통제하였다. 그 때문에 왜인들은 전라도와 충청도 해안을 마음대로 왕래할 수 없었으며, 정해진 해역 이외의 지역을 횡행하는 왜선은 왜구로 간주되어 邊將의 제제를 받았다. 그럼에도 불구하고 이들 지역에서 왜인의 불법적인 조어활동은 근절되지 않았다.

대마도에서는 이후에도 계속해서 경상도 연해지역에서 자유롭게 고기잡이 할 수 있도록 요청하였으나, 조선에서는 그들의 요구를 들어주지 않았다. 그러자 이제는 경상도 연해 어장의 확대를 포기하는 대신 전라도 남해 연안의 어장을 요구하기에 이르렀다. 그 결과가 이른바 孤草島釣魚禁約이다.[18]

고초도가 조어지역으로 허가되기 이전에는 왜인과 왜선이 이 해역에 나타나거나 돌아다니면 왜구로서 간주되어 처벌되었다.[19] 그럼에도 불

---

17) 김기훈, 「조선전기 남해안 조어왜인과 해양방어」, 『조선전기 해양개척과 대마도』, 국학자료원, 2007, 131~136쪽.
18) 1441년 조선정부는 대마도주와 고초도조어금약을 맺어 대마도민이 조선영내의 고초도에서 고기잡이를 할 수 있도록 허락하였다. 그러나 고초도의 위치가 어디인가에 대한 연구는 주로 일본인 학자들에 의해서 행하여졌다. 특히 長節子는 고초도의 위치비정에 대한 三浦周行(孤草島는 서로 인접한 孤島와 草島 두 섬으로 무인도지만 위치는 알 수 없다)과 吉田敬市·朴九秉(전라남도 麗川郡 三山面 草島로 비정), 中村榮孝(전라남도 여천군 亦万島 : 거문도 북방), 黑田省三(경상도 통영군 三山面의 수역에 위치한 섬) 등 선학들의 제설을 검토하고 여러 가지 사료 등을 검토하여 고초도는 현재의 거문도(일명 三島)라는 사실을 명확하게 하였다. 고초도의 위치비정에 대한 제설은 長節子, 『中世國境海域の倭と朝鮮』(吉川弘文館, 2002, 40~106쪽)에 잘 정리되어 있다. 이에 반해 한국에서는 고초도의 위치비정에 대한 연구가 거의 없는 실정이다.
19) 당시 조선에서는 1424년(세종 6) 3월에는 만호 이귀생이 전라도 고초도에 침입한 왜를 붙잡아 포상을 받았으며, 같은 해 9월에도 전라도 수군도안무처치사 윤득홍이 서여서도에 정박 중인 왜전선 12척을 고초도 동쪽까지 추격하여 적선 1

구하고 대마도의 왜선들은 불법적으로 고초도지역을 왕래하면서 고기잡
이하고 있었다. 이러한 사실은 1440년 5월에 첨지중추원사 고득종과 대
마도주 종정성의 대화내용을 통해서도 확인할 수 있다. 당시 종정성은
대마도는 산이 많고 땅이 척박하여 고기잡이로 생업을 삼기 때문에 매년
40~80척이 죽기를 무릅쓰고 고초도에 가서 고기를 잡아 자급한다고 하
면서 고초도에서 고기잡이를 할 수 있도록 왕에게 아뢰어 줄 것을 고득
종에게 요청하였다. 이에 대해 고득종은 고초도에서의 조어를 허락하면
왜인들이 고기잡이를 가탁하여 그 섬에 머물러 살거나 변경을 노략질할
까 염려된다고 답하였다. 이어서 종정성은 고기잡는 사람은 반드시 도주
의 문인을 받아가고, 조선에서도 사람을 보내 살펴보고 만약 문인이 없
으면 적으로 논죄하고 문인을 받은 자가 난을 일으키면 처자까지 죽여도
좋으니 우선 1, 2년만 허가하여 시험해보고 혹시라도 문제가 있으면 다
시 금지하는 것이 어떠하냐고 하면서 재차 고초도에서의 고기잡이를 왕
에게 주달해줄 것을 요청하였다.[20]

이러한 대마도주의 고초도 조어요청에 대해 의정부에서는 사람을 보
내 섬의 대소와 육지와의 거리, 경작할 만한 땅이 있는지의 여부, 배를
댈 곳 등을 살핀 후에 다시 의논하자고 주청하였다.[21] 그 후 세종은 대
신들과 고초도 어장의 개방 문제를 논의하였으나 찬반의 논란이 대립되
어 결정을 하지 못하였다.[22] 같은 해 10월에도 다시 고초도 어장의 개방
문제를 논의하였다. 세종은 왜인들에게 고초도에서의 고기잡이를 허용하

척을 잡고 5급을 베어 포상 받았다(『세종실록』 권23, 6년 3월 병신. 권25, 6년
9월 임진). 또한 1426년(세종 8) 10월에는 전라도 茅草島에서 왜인을 사로잡은
군인과 군관 등에게 상을 주었으며, 1439년 3월에도 고초도에서 왜적을 잡은 자
들에 대한 자들의 군공에 대한 포상의 문제점을 논의하였다(『세종실록』 권34,
8년 10월 갑술. 권84, 21년 3월 기미).
20) 『세종실록』 권89, 22년 5월 경오.
21) 『세종실록』 권89, 22년 6월 임오.
22) 『세종실록』 권89, 22년 6월 임진.

되 국가에서 漁稅를 거두어 그곳이 조선의 영토임을 확인시키면 어떠하
겠느냐고 대신들에게 물었다. 이에 대해 병조판서 신인손 등은 허락하는
것은 불가하다고 주장한 반면에 예조참의 고득종은 고기잡이를 허가하
되 무사로 하여금 왕래하면서 살피자고 주장하는 등 찬반의 의견이 서로
대립하였다.23)

그 후 1441년(세종 23) 11월에 다시 고초도에서의 고기잡이에 대해
논의하였다. 이 논의에서 고초도는 우리 땅이고 또 변경이 가까우므로
허락할 수 없다는 주장과 왜인들이 고기잡이하는 것을 모르는 척하자는
주장, 그리고 허락하지 않으면 화가 미칠 것이므로 허락하자는 주장 등
이 난무하였다.24) 그러나 세종은 어장을 개방하지 않으면 변란이 있을
것을 우려하는 황희 등 대신들의 주장을 받아들여 결국 왜인들이 고초도
에서 고기잡이하는 것을 허락하였다.25) 이러한 고초도에서의 왜인들의
고기잡이 허용은 신숙주의 『해동제국기』 '조어금약'에 자세하게 기록되
어 있다.

> 대마도 왜인으로서 고기잡이를 하는 자는 도주의 三著圖書의 文引을
> 받아 知世浦에 도착하여 문인을 바치면 萬戶는 문인을 다시 발급해준다.
> 고초도의 정해진 곳 이외에는 함부로 돌아다니는 것을 금하며, 고기잡이
> 를 마치면 지세포로로 돌아와 만호에게 문인을 반납하고 漁稅를 바친다.
> 만호는 도주의 문인에 回批하여 도장을 찍어주고 돌아갈 때 증거로 삼는
> 다. 만약 문인을 가지지 않은 자와 풍랑을 이기지 못한다는 핑계로 몰래
> 무기를 가지고 변방 섬을 횡행하는 자는 적으로 논죄한다.26)

---

23) 『세종실록』 권91, 22년 10월 갑신.
24) 『세종실록』 권94, 23년 11월 갑인.
25) 『세종실록』 권94, 23년 11월 을묘.
26) 신숙주, 『해동제국기』 「조빙응접기」 조어금약.

이 조어금약에 의하면 조선에서는 대마도왜인에게 고초도 지역에서 고기잡이를 허용해주는 대신 그곳이 조선의 땅임을 확인하는 의미로 漁稅를 징수하였으며,[27] 또한 정해진 지역 이외의 곳을 마음대로 돌아다니는 자는 적왜로 간주하여 처벌할 수 있도록 규정하였다. 이러한 고초도 조어금약의 규정을 보면, 당시 조선에서는 남방지역에 대한 경계인식이 확립되었음을 알 수 있다.

3. 조선의 일본에 대한 경계인식

1) 조선의 대마도에 대한 경계인식

고려시대에는 일본과의 공식적인 외교관계가 성립되지 않았기 때문에 대마도에 대한 인식이 어떠하였는지 구체적으로 확인할 수 없다. 다만 12세기말부터 13세기 중엽까지 약 1세기 동안 대마도는 1년에 두 척의 進奉船을 파견하여 고려와 '진봉관계'를 유지하고 있었다. 이때 고려에서는 대마도의 진봉을 일본의 고려에 대한 진봉으로 이해하고 있었다. 이러한 점을 고려하면 고려에서는 대마도를 일본의 본토와 구분하지 않고 동일시하였다. 다만 당시 고려에서는 대마도를 왜구의 소굴로 인식하고 있었다. 그 후 대마도에 대한 인식의 변화는 세종 원년에 실시된 대마

---

27) 『대전』에 고초도에서 고기잡는 어선은 대선은 200尾, 중선은 150미, 소선은 100미를 수세하여 포로 바꾼다고 규정하였다(『성종실록』 권278, 24년 윤5월 신축). 또한 세종 30년(1448)에는 고초도 조어왜선이 어세로 바친 고기는 감사의 처리에 따라서 사객을 접대하는 비용으로 쓰고, 그 나머지는 쌀과 베를 사서 국가의 비용으로 쓰도록 하였다(『세종실록』 권119, 30년 2월 신미). 그러나 세종 26년의 기록에 조어금약 이후부터 이때까지 어세를 납부한 자가 한사람도 없었다는 점을 지적하고 있는 사실을 보면 조어왜인이 어세를 제대로 납부하지 않았던 것 같다.

도정벌을 계기로 나타나기 시작하였다. 즉 대마도정벌 이전에 조선에서
는 대마도를 왜구의 근거지인 三島[28] 중의 하나로 지목하여 왜구의 소
굴로 인식하고 있었다. 그러나 대마도정벌 직후 대마도주와 조선 예조
간에 주고받은 서계를 보면 대마도는 조선 땅이라는 인식에 변화가 나타
났다. 당시 대마도주 종정성은 사신을 보내 조선의 州郡의 예에 따라 주
명을 정하고 인신을 하사해주면 신하의 도리를 지키고 명령에 따를 것이
라고 하였다. 이에 대해 조선에서는 예조판서 許稠 명의로 다음과 같은
내용의 답서를 보내 대마도를 조선의 속주로 편입시켰다.

---

28) 고려 우왕 3년(1377)에 鄭夢周가 일본에 사신으로 가서 三島 왜구의 침입을
   금지하게 하니, 왜인이 오랫동안 칭송하고 사모함이 그치지 않았다(『고려사』권
   117, 열전 鄭夢周傳)고 한 기록과 정종 원년(1399)에 '三島의 倭寇가 우리나
   라의 근심이 된 것은 이미 50년이나 되었다'(『정종실록』권1, 원년 5월 을유)고
   한 기록을 통해서 보면, 고려와 조선에서는 三島를 왜구의 근거지로 인식하고
   있었음을 알 수 있다.
      삼도에 대하여 田中健夫는 對馬·壹岐·松浦로 비정한데 비해서, 김병하는 松
   浦 대신 平戶島를 추가하여 對馬·壹岐·平戶라고 비정하였다(田中健夫,『中世
   海外交涉史の硏究』, 東京大學出版會, 1959, 7~9쪽 참조. 金柄夏,『朝鮮前期
   對日貿易硏究』, 韓國硏究院, 1969, 9쪽 참조). 그런데 '對馬·壹岐·上松浦 등
   지는 사람들의 거주가 한적하다. 토지가 적고 또 심히 척박하여 농사를 지을 수
   없어서 기근을 면하지 못하여 도적질을 마음대로 행하고 그 마음도 간사하고 포
   악하다'(『세종실록』권104, 26년 4월 기유)고 한 壹岐島招撫官 康勸善의 보고
   내용와 '對馬·壹岐·上松浦 등지의 왜인이 작당하여 배 50척을 타고 중국연안을
   약탈하러 떠났다'(『세종실록』권115, 29년 2월 병신, 기유, 계축)고 한 向化倭
   人 也馬沙只의 보고내용을 고려해 볼 때 三島는 對馬·壹岐·松浦를 지칭하였다
   고 생각한다.
      이에 대해 최근에 이영은 조선왕조실록의 '삼도'의 용례분석을 통해 삼도는 위
   의 세 지역을 지칭하는 것이 아니라 '대장군의 통치와 지배에 저항하는 규슈의
   토착호족들의 근거지이면서 동시에 왜구로 침구해 올 위험이 존재하는 지역'이
   라는 새로운 견해를 제시하기도 하였다(이영, 「고려말 조선초 왜구=삼도(쓰시
   마·이키·마츠우라지역) 해민설의 비판적 검토」, 한일관계사학회 월례발표요지,
   2010).

그 서계에 이르기를 "… 또한 對馬島는 慶尙道에 속하였으니 모든 보
고나 문의할 일이 있으면 반드시 본도(경상도)의 觀察使에게 보고하고
(이를 관찰사가 예조에) 傳報하여 시행하도록 하며, (대마도주가) 직접
본조(예조)에 올리지 말도록 할 것이요, 겸하여 청한 인장의 篆字와 하사
하는 물품은 돌아가는 사절에게 붙여 보냅니다. 근래에 足下가 관할하고
있는 代官과 萬戶가 각기 제 마음대로 사람을 보내어 글을 바치고 성의
를 표하니 그 정성은 지극하나 심히 체통에 어그러지는 일이니 지금부터
는 반드시 족하가 친히 署名한 서계를 가지고 와야만 비로소 禮로서 접
대를 허락할 것입니다."하다. 그 인장의 글자는 '宗氏都都熊瓦'라 하였
다.29)

이로써 대마도는 경상도의 屬州가 되었다. 그러나 이 조치는 1420년
(세종 2)에 파견된 회례사 송희경의 사행시에 막부와 소이전·대마도주
의 항의로 1년 3개월 만에 철회되었다.30) 그렇지만 관인을 중심으로 한
조선의 지배층은 계속해서 대마도는 우리 땅이라는 인식을 가지고 있었
으며, 이는 대일외교를 전개하는데 그대로 적용되었다. 그 결과 조선에서
는 대마도를 조선의 藩屛으로 또는 藩臣으로 인식하는 '대마번병의식'과
'대마속주의식'이 일반화되었다. 이러한 조선의 대마인식은 대마도를 조
선중심의 외교질서, 즉 기미관계의 외교체제 속에 편입시키는 정신적인
기반이 되었으며, 이후 대일외교 체제의 형성과 전개과정에서 커다란 영
향을 주었다.31)

대마도정벌을 계기로 일반화된 대마속주의식과 대마번병의식은 『동
국여지승람』에 그대로 계승되면서 조선시대 대마도인식의 근간을 이루었

---

29) 『세종실록』 권7, 2년 윤정월 임진.
30) 하우봉, 「한국인의 대마도인식」, 『독도와 대마도』, 한일관계사연구회 편, 지성
    의 샘, 1996, 134쪽.
31) 한문종, 앞의 논문(1996), 21~23쪽.

다. 또한『조선왕조실록』등의 사료에도 대마도가 예부터 조선의 땅이었다든지 조선의 목마지였다는 내용이 자주 등장하고 있다. 그러나 이러한 인식은 세종대 이후 점차 관념적인 형태로 존재하였다. 반면에 대마도가 조선의 남쪽 지방을 지키는 울타리 또는 번병이라는 대마번병의식은 현실에 바탕을 둔 것으로 조선후기까지 지속적으로 나타나고 있었다.[32] 그리고 이러한 인식은 조선이 대일외교를 전개하는데 그대로 적용되었다. 이에 조선에서는 일본의 통교자들에게 진상과 회사라는 조공무역의 형태를 갖추도록 요구하였다. 그 결과 일본의 통교자는 반드시 서울에 상경하여 조선의 국왕을 알현하고 토산물을 바치면 그것에 상응하는 회사품을 하사받았으며, 그 후에야 가지고 온 물품을 거래할 수 있었다.

한편 조선에서는 대마도주에게 문인의 발행권을 부여하고, 도서와 세사미두를 지급하였으며, 관직도 제수하려 하였다.[33] 특히 조선에서는 대마도주에게 문인발행권을 주고 도주로 하여금 일본각지로부터 오는 왜사를 효과적으로 통제하도록 하였으며, 반면에 대마도주는 문인제도를 이용하여 각처의 사신들을 통제하고 문인발행에 대한 수수료인 吹噓錢을 받음으로써 대마도내에서의 정치·경제적 지배권을 확고히 할 수 있었다. 이같이 문인제도는 조선정부와 대마도주의 이해가 상응하였기 때문에 다른 통제책보다도 강력하게 시행될 수 있었으며, 1443년의 癸亥約條와 더불어 대마도를 조선의 외교질서 속에 편입시키는데 크게 기여하였다.[34]

이와 같이 조선에서는 대마도주에게 문인발행권을 주어 그의 관하인을 통제하였지만, 다른 한편으로는 조선의 지방관인 敬差官·體察使·宣慰使 등을 대마도에 파견하기도 하였다. 이러한 대지방관의 파견은 조선

---

32) 하우봉, 앞의 논문(1996), 135쪽.
33) 대마도주에 대한 관직제수 과정은 한문종,「조선전기의 대마도경차관」,『전북사학』15, 전북대 사학회, 1992, 27~29쪽 참조.
34) 한문종, 앞의 논문(1996), 70~77쪽 참조.

이 대마도를 조선의 번병으로 인식하고 있었기 때문에 가능하였던 것으로 판단된다.35)

한편, 조선의 대마도에 대한 인식은 대마도가 영토적으로는 일본에 속하였지만 정치·외교적으로는 조선의 국가질서 속에 편입되어 있는 '양속관계'가 성립될 수 있는 배경이 되었다고 생각한다. 이와 더불어서 조선에서는 대마도를 일본 본주와 구별되는 반독립적 존재로 인식하는 '對馬區分意識'이 나타나게 되었다. 예를 들면 1444년(세종 26) 일기도초무관 康勸善의 보고에서 '대마도는 일본국왕의 명령이 미치지 못하는 곳'이라 하여 일본 본주와 대마도를 달리 파악하고 있었다.36) 또한 대마도 이외의 지역을 구분하기 위하여 '深處倭'라는 용어가 세조초에 처음으로 나타났다. 즉 1455년(세조 1) 7월에 좌참찬 강맹경이 통신사의 파견과 '심처왜선'의 척수를 제한하자고 주청한 내용에서 '심처왜'라는 명칭이 처음으로 등장하였다.37) 이때의 심처왜는 아마 대마도의 왜인을 제외한 일본 본주의 왜인을 가리키는 것이라고 생각된다. 또한 1461년(세조 7) 2월에 대마도의 기근에 대한 대책을 논의하는 가운데, '근년에 대마도의 상선과 심처왜선의 수효를 정해주었는데, 종성직 등이 우리나라에 불만을 가지고 있다'38)라고 한 내용에서도 대마도의 상선과 구분해서 일본 본주의 상선을 '심처왜선'으로 지칭하고 있었음을 확인할 수 있다.

이처럼 대마도를 일본의 본토와 구분하는 의식은 세조초에 등장하여 이후 성종·중종대를 거치면서 조선후기까지 유지되었다. 반면에 일본에서는 도요토미 히데요시(豊臣秀吉)의 부하가 그린 '八道總圖'에서 대마도가 조선의 영토로 표기되어 있었다.39) 이는 임진왜란 전까지 대마도와

---

35) 경차관, 체찰사, 선위사 등을 대마도에 파견한 사실에 대해서는 한문종의 앞의 논문(1996), 143~157쪽에 자세하게 정리되어 있다.
36) 『세종실록』 권104, 26년 4월 기유.
37) 『세조실록』 권1, 1년 7월 신묘.
38) 『세조실록』 권23, 7년 2월 무술.
39) 하우봉, 앞의 논문(1996), 143쪽.

막부와의 지배관계가 원활하지 못하였으며, 대마도가 막부로부터 반독립적인 입장에 있었음을 나타내는 것이라고 할 수 있다.

임진왜란이 끝난 이후 조일 양국관계는 1607년 회답겸쇄환사를 파견하여 국서를 교환함으로써 재개되었으며, 2년 후인 1609년 기유약조의 체결로 정상화되었다. 그 결과 조일 간의 외교관계는 조선전기와 같은 이원적이고 중층적인 교린외교체제를 유지하게 되었다. 그러나 조선후기의 대일 외교체제는 전기에 비해 대마도의 역할이 크게 축소되었다. 즉 조선전기에는 대마도가 조선과의 외교와 무역을 관장하였지만 후기에는 외교권은 막부로 넘어가고 대마도는 조선과의 무역만을 관장하게 되었다. 또한 에도막부가 들어서면서 대마도에 대한 지배권이 강화됨에 따라서 조선후기의 대마도에 대한 경계인식은 전기에 비해 양속관계에 대한 인식이 전반적으로 약화되어졌다. 이와 더불어서 대마번병의식도 점차 쇠퇴하여 갔다. 그러나 대마번병의식은 여전히 존재하고 있었다. 예를 들면 1763년(영조 39) 통신사 조엄은 사행록인『海槎日記』에서 대마도는 "조선의 옛 땅에 살면서 대대로 조선의 도서를 받았으며, 또한 공미와 공목을 생활하니 곧 조선의 외복지이다."[40]고 서술한 것에서도 대마번병의식과 대마속주의식을 엿볼 수 있다.

반면에 일본 본주와 대마도를 구분하는 대마구분의식은 전기보다 심화되어 갔다. 이러한 인식은 조선후기 실학자들의 일본관을 통해서도 잘 나타난다. 당시 안정복은『東史外傳』에서 대마도를「부용전」으로 설정하여「일본전」과 달리 서술하였다. 또한 1763년(영조 39) 통신사행의 서기였던 원중거는『和國志』「풍속」조에서 "대마도는 내국인과 전혀 다르다. 내국인들이 항상 대마도를 蠻夷라고 부르며 사람 축에도 같이 끼워주지 않는다."라고 서술하였다.[41] 이처럼 안정복이나 원중거는 대마도를 본주

---

40) 조엄,『해사일기』.
41) 하우봉, 앞의 논문(1996), 151~152쪽.

와 구분해서 보려고 하는 인식을 하고 있었다. 이런 점에서 볼 때 조선후기에 들어서 대마구분의식은 전기보다 심화되어 갔다고 할 수 있다.

2) 조선의 일본에 대한 경계인식

조선의 일본에 대한 인식은 양국관계의 전개와 밀접한 관련을 가지고 있었다. 즉 양국 간의 관계가 우호적이고 평화로울 때에는 긍정적인 인식이 많았지만 양국 간의 관계가 대립이나 갈등의 모습으로 나타날 때에는 부정적인 인식이 지배적이었다. 또한 이러한 인식은 일본이라는 국가나 사람을 지칭하는 용어의 사용례에서도 그대로 반영되어 나타나고 있다.

먼저 『조선왕조실록』에서 일본이란 국가를 지칭하는 용어인 '왜국'과 '일본국'에 대한 사용빈도를 조사해보면,[42] '왜국'이 131건에 불과한 반면에 '일본국'이 2539건으로 압도적으로 많았다. 그 중 '왜국'은 세종 10건, 중종 20건, 선조 19(수정실록 9)건으로 주로 조선전기에 많이 사용되었는데, 특히 이 시기는 대마도정벌과 삼포왜란·임진왜란 등 양국 간의 갈등과 대립이 존재하던 때였다. 반면에 '일본국'은 50건 이상만을 살펴보면 태종 65건, 세종 240건, 단종 146건, 세조 379건, 성종 804건, 연산군 122건, 중종 185건, 선조 82건, 순종 155건이었다. 그 중 성종대가 804건으로 가장 많이 사용되었는데, 이 시기는 조일 간의 외교관계가 가장 활발하게 전개되었으며, 통교왜인의 내조도 가장 많았던 시기이다.[43] 세조대와 세종대 역시 양국 간의 관계가 순조롭게 전개되었던 시기이다.

이처럼 '왜국'은 양국 간의 갈등과 대립이 있을 때 부정적인 인식을

---

42) 이는 국사편찬위원회에서 서비스하고 있는 『조선왕조실록』의 원문 검색을 중심으로 하였다. 사용빈도는 사료상의 한계를 가지고 있지만, 적어도 당시의 일본에 대한 인식을 이해하는데 유용하다고 판단된다.
43) 성종대의 도항한 통교왜인은 2106회, 세종대는 1004회, 세조대 683회로 다른 시기보다도 통교왜인의 도항이 매우 활발하였다. 한문종, 앞의 논문(1996) 189~190쪽 별표 1 〈조선전기 각 지역의 통교일람〉 참조.

하는 용어로 사용되었다. 반면에 '일본국'은 양국 간의 관계가 우호적이고 평화적일 때 긍정적인 인식을 하는 용어로 사용되었으며, 주로 조선에 내조하는 통교왜인을 기록할 때 그들의 국가를 '일본국'으로 표기하였다. 그러나 '왜국'·'일본국'이 명확하게 구분되지 않고 혼용되는 경우도 많았다.

한편 조선에서는 일본사람을 어떻게 지칭하였을까?『조선왕조실록』에서 '일본인'이란 용어는 146건이 확인되는데, 주로 고종(77건)·순종(12건)대에 집중적으로 나타났다. 그에 반해 '왜인'은 2,060건으로, 그 중 100건 이상을 살펴보면 세종 291건, 세조 102건, 성종 350건, 중종 443건, 명종 122건, 선조 165건으로 나타났다. 특히 중종대에 '왜인'이라는 용어가 가장 많이 사용된 이유는 당시에 삼포왜란과 사량진왜변 등 양국 간의 대립과 갈등이 있었고, 이 갈등을 해소하는 방편으로 임신약조와 정미약조 등이 정약되면서 조선조정에서 그에 대한 처리와 대책이 집중적으로 논의되었기 때문이었다. 그렇지만 왜인은 보통 '일본인'을 지칭하는 용어로도 많이 사용되기도 하였다.

'일본국'·'일본인'보다는 '왜국'·'왜인'이 주로 부정적인 인식으로 사용된 반면에 특히 그들을 이적시하거나 야만적으로 표현할 경우에는 倭奴·倭虜·賊倭 등을 사용하기도 하였다. 먼저 倭奴는 왜놈을 의미하는 부정적인 용어로 865건이 나타나며, 그 중 선조대가 312건으로 가장 많았고, 그 다음은 중종(253건), 광해군(57건), 명종(53건), 세종(41건) 순이었다. 특히 선조대에 왜노라는 용어가 가장 많은 이유는 임진왜란이라는 대전란을 겪으면서 조선을 침략한 일본에 대한 적대감을 나타냈기 때문이 아닌가 생각한다. 또한 중종대와 명종대에도 왜적이 조선의 연해지방을 침입하여 약탈해 간 사건인 삼포왜란과 사량진왜변·달량왜변 등이 일어났기 때문에 왜노라는 표현을 많이 사용하였던 것 같다.

반면에 왜적은 그들이 조선에 침입하여 노략질을 하였을 때와 군사적인 침략을 하였을 때 주로 사용되었다. 특히 왜적은 1263건으로 임진왜

란이 일어난 선조대(797건)에 가장 많이 사용되었으며, 세종(110건) 중
종(93건) 성종(59건) 순으로 사용되다가 숙종 이후에는 거의 사용되지
않았다. 반면에 적왜는 왜적을 지칭하는 용어지만 왜구가 침입하였거나
그들을 사로잡았을 때 주로 사용되었으며, 특히 인조대 이후에는 숙종대
와 현종대에 한차례씩 사용되었을 뿐 전혀 사용되지 않았다. 그러나 '왜
적'과 '적왜'는 명확히 구분하지 않고 혼용되기도 하였다.

한편 '왜인'과는 달리 대마도의 왜인을 부정적으로 지칭할 때에는 '島
倭'·'島夷'·'小醜'등의 용어를 사용하였다. 그 중 소추는 조선왕조에서
여진인이나 대마도인을 지칭하는 용어로 주로 조선전기에 많이 사용하
였다.44) 한편 '도왜'는 대마도왜인을 줄여서 부르는 용어로45) 조선초기
부터 후기까지 계속해서 사용되었다. 반면에 섬의 오랑캐를 의미하는
'島夷'는 태조 총서에 처음으로 나타나며, 그 후 태조 5년에 일기도·대마
도를 정벌하러 떠나는 우정승 김사형 등에게 내린 교서에도 등장한다.46)
특히 도이는 세종·중종·명종, 선조대에 집중적으로 나타는데, 이 역시
양국관계가 갈등이나 대립 등으로 불안정할 때 '도이'라는 표현이 많이
나타났다.

---

44) 1419년 7월에 태종이 대마도수호 도도웅와에게 교화에 응할 것을 교유한 글에
    '對馬之小醜'(『세종실록』 권4, 1년 7월 경신)라는 용어가 등장하는 것을 비롯
    하여 '對馬州小醜'(『성종실록』 권129, 12년 5월 신축) '爾島小醜'(『성종실록』
    권216, 19년 5월 계유) '海島小醜'(『성종실록』 권287, 25년 7월 병술) 등 성종
    대의 기록에서도 대마도왜인을 지칭하는 용어로 소추를 사용한 사례가 많이 산
    견된다.
45) 『세종실록』 권2, 즉위년 12월 병술. '今聞島倭三百餘隻 欲寇上國'
46) 『세조실록』 권10, 5년 12월 정해.

4. 맺음말

이상에서 조선시대 해양정책의 실상을 규명하기 위한 작업의 일환으로 조선의 남방지역에 대한 경계인식 및 일본에 대한 경계인식의 형성과 전개, 변화과정을 고찰하였다. 이를 종합하는 것으로 결론에 대신하고자 한다.

조선초기 다양한 왜구대책의 실시로 조선 수군의 전략전술에도 많은 변화를 가져왔지만 다른 한편으로는 남방지역에 대한 경계인식이 나타나기 시작하였다. 그 후 통교왜인의 증가에 따른 치안 경제상의 폐단이 발생하자 이를 해결하기 위해 포소의 제한 및 서계·도서·문인 등의 왜인통제책이 실시되었다. 그 중 통교왜인의 도항지를 지정된 장소로 제한하는 조치인 포소의 제한으로 남방지역에 대한 경계인식이 형성되어 갔다. 그렇지만 고려말 조선초에 실시된 해금정책과 일부 섬에 대한 '공도화'는 이러한 인식의 발달을 저해하는 요인이 되었다. 그러나 조선의 정세가 안정되면서 서남해안의 섬에 주민들이 몰래 들어가 거주하면서 조선정부도 남쪽 해양에 대한 경계인식이 점차 확산되어 가고 있었다. 그리하여 세종 26년에는 전라도 연해의 섬에 대해 조사를 실시하기도 하였다.

대마도정벌로 인해 잠시 폐쇄되었던 포소는 태종이 죽은 이후 다시 부산포·내이포·염포 등 삼포가 개항되었다. 이로써 왜인들이 고기잡이 할 수 있는 지역도 부산포·내이포 등처로 제한되었다. 따라서 왜인들은 수차례에 걸쳐 포구의 추가 개항을 요구하였지만 거듭해서 거절당하자 대신에 경상도 연해어장의 확대를 요구하기 시작하였다. 그 결과 1435년 10월에 울산의 개운포지역까지 어장을 확대해주었다. 그 후에도 대마도에서는 계속해서 경상도 연해지역에서 자유롭게 고기잡이 할 수 있도록 요청하였으나 거절당하자 전라도 남해 연안의 어장을 요구하기에 이르렀다. 조선에서는 많은 의견 대립이 있었으나 1443년(세종 25) 고초도에

서의 조어를 허용하였다. 그렇지만 고초도조어금약의 내용을 보면, 고초
도에서의 고기잡이를 허용해주는 대신 그곳이 조선의 땅임을 확인하는
의미로 漁稅를 징수하였으며, 또한 정해진 지역 이외의 곳을 마음대로
돌아다니는 자는 적왜로 간주하여 처벌할 수 있도록 규정하였다. 이는
당시 조선에서 남방지역에 대한 경계인식이 확립되었음을 나타내는 것
이라 할 수 있다. 결국 조선의 일본에 대한 경계인식은 왜구대책의 실시
로 나타나기 시작하여 삼포의 개항으로 형성되었으며, 고초도조어금약을
계기로 확립되었음을 알 수 있다.

한편 조선초에는 대마도를 왜구의 소굴로 왜구의 소굴로 인식하고 있
었다. 그러나 대마도정벌을 계기로 대마도가 경상도의 속주로 편입됨에
따라 인식의 변화가 나타나기 시작하였다. 그 결과 조선에서는 대마도를
조선의 번병으로 또는 번신으로 인식하는 '대마번병의식'과 '대마속주의
식'이 일반화되었다. 이와 더불어서 조선에서는 대마도를 일본 본주와
구별되는 반독립적 존재로 인식하는 '對馬區分意識'이 나타나게 되었다

이러한 조선의 대마인식은 대마도를 조선중심의 외교질서 즉 기미관
계의 외교체제 속에 편입시키는 정신적인 기반이 되었으며, 이후 대일외
교 체제의 형성과 전개과정에서 커다란 변화와 영향을 주었다. 또한 대
마도가 영토적으로는 일본에 속하였지만 정치·외교적으로는 조선의 국
가질서 속에 편입되어 있는 '양속관계'가 성립될 수 있는 배경이 되었다.
조선후기에 들어서 '대마번병의식'과 '대마속주의식'은 점차 약화되어 갔
지만, '대마구분의식'은 전기보다 심화되어 갔다.

조선의 일본에 대한 인식은 양국관계의 전개와 밀접한 관련을 가지고
있었다. 즉 양국 간의 관계가 우호적이고 평화로울 때에는 긍정적인 인
식이 많았지만 양국 간의 관계가 대립이나 갈등의 모습으로 나타날 때에
는 부정적인 인식이 지배적이었다. 즉 '일본국'·'일본인'은 주로 양국 간
의 관계가 우호적이고 평화적일 때 긍정적인 인식을 하는 용어로 많이
사용되었다. 반면에 '왜국'·'왜인'·'왜노'는 양국 간의 갈등과 대립이 있

을 때 부정적인 인식을 하는 용어로 많이 사용되었다. 특히 왜인을 이적시하거나 야만시한 표현인 '倭奴'는 선조대에 가장 많이 사용되었다. 이는 아마 임진왜란이라는 대전란을 겪으면서 조선을 침략한 일본에 대한 적대감의 표현이라고 생각한다.

한편 일본 본주의 왜인과는 달리 대마도의 왜인을 부정적으로 지칭할 때에는 '島倭'·'島夷'·'小醜'등의 용어를 사용하였다. 그 중 '소추'는 조선전기에 많이 사용되었으며, '도왜'는 조선초기부터 후기까지 대마도왜인을 지칭하는 용어로 사용되었다. 반면에 섬의 오랑캐를 의미하는 '도이'는 세종·중종·명종·선조대에 집중적으로 나타나는데, 이 역시 양국관계가 갈등이나 대립 등으로 불안정할 때 많이 나타났다.

이상에서 조선의 남방지역과 일본에 대한 경계인식에 대해 살펴보았다. 이를 토대로 추후에는 조선과 일본 간에 벌어진 경계갈등과 분쟁에 대해 집중적으로 검토할 것이다.

참고문헌

1. 저서

關周一, 『中世日朝海域史の硏究』, 吉川弘文館, 2002.

김경옥, 『조선후기 島嶼 연구』, 혜안, 2004.

부경대 해양문화연구소, 『조선전기 해양개척과 대마도』, 국학자료원, 2007.

손승철 외, 『해동제국기의 세계』, 경인문화사, 2008.

이문기 외, 『한·중·일의 해양인식과 해금』, 동북아역사재단, 2007.

長節子, 『中世國境海域の倭と朝鮮』, 吉川弘文館, 2002.

村井章介 저, 손승철·김강일 역, 『동아시아속의 중세한국과 일본』, 경인문화사, 2008.

_____, 『中世 日本の內と外』, 筑摩書房, 1999.

한문종, 『조선전기 대일 외교정책 연구 ‑ 대마도와의 관계를 중심으로 ‑』, 전북대 박사학위논문, 1996.

_____, 『조선전기 향화·수직왜인 연구』, 국학자료원, 2001.

한일관계사연구회 편, 『독도와 대마도』, 지성의 샘, 1996.

_____, 『한일관계사연구의 회고와 전망』, 국학자료원, 2002.

한일관계사학회편, 『동아시아의 영토와 민족문제』, 경인문화사, 2008.

荒木和憲, 『中世對馬宗氏領國と朝鮮』, 山川出版社, 2007.

荒野泰典, 『江戶幕府と東アジア』, 吉川弘文館, 2007.

2. 논문

강봉룡, 「한국해양사의 전환 ‑ 해양시대에서 해금시대로 ‑」, 『도서문화』20, 목포대 도서문화연구소, 2002.

高橋公明, 「해역세계 가운데 제주도와 고려」, 『도서문화』20, 목포대 도서문화연구소, 2002.

김원모, 「19세기 韓英 항해문화교류와 조선의 해금정책」, 『문화사학』 21, 한국문화사학회, 2004.

신동규, 「조선후기·江戸時代 한일간의 독도연구의 쟁점과 문제점 고찰」, 『한국사학보』 28, 고려사학회, 2007.

신명호, 「조선초기 중앙정부의 경상도 해도정책을 통한 공도정책 재검토」, 『역사와 경계』 66, 부산경남사학회, 2008.

임영정, 「조선전기 해금정책의 시행배경」, 『동국사학』 31, 동국사학회, 1997.

長節子, 「孤草島釣魚研究」, 『朝鮮學報』 91, 朝鮮學會, 1979.

_____, 「孤草島釣魚の變容」, 『年報朝鮮學』 1, 九州大學朝鮮學研究會, 1990.

정다함, 「조선초기 野人과 對馬島에 대한 藩籬·藩屏意識의 형성과 敬差官의 파견」, 『동방학지』 141, 연세대국학연구원, 2008.

하우봉, 「조선전기 대외관계에 나타난 자아인식과 타자의식」, 『한국사연구』 123, 한국사연구회, 2003.

제1부 주제연구

제3장 중국지역

중·근세 韓·中間
국경완충지대의 형성과 경계인식
- 14세기~15세기를 중심으로 -

유 재 춘[*]

1. 머리말

19세기 후반 간도지역을 둘러싼 조·청 간 영토분쟁이 발생하였으나 양국의 의견 차이를 좁히지 못하였고, 1905년 조선의 외교권을 빼앗은 일본은 1909년 청나라에게 간도 영유권을 인정해 주는 협약을 체결함으로써 일단 종결되었다. 그러나 이 당시의 영토문제는 定界 당시뿐만 아니라 분쟁 후의 종결도 모두 완전한 것이 아니었고, 지금껏 그 타당성이나 영유권 문제에 대한 다양한 주장이 제기되는 요인이 되었다. 청나라와 영토문제 담판을 할 당시 백두산정계비의 내용 중 '土門江'에 대한 해석은 가장 중심적인 쟁점이었고 해방 후 여러 연구자에게 '백두산정계비'는 중요한 연구 대상이 되었다.[1] 이에 백두산정계비에 새겨진 '토문

---

* 강원대학교 사학과 교수.
1) 유봉영, 「白頭山定界碑와 間島問題」, 『백산학보』 제13호, 백산학회, 1972; 박용옥, 「白頭山 定界碑建立의 再檢討와 間島領有權」, 『백산학보』 제30·31호, 백산학회, 1985; 강석화, 「백두산 정계비와 간도」, 『한국사연구』 96, 한국사연구회, 1997; 이원명, 「백두산정계비와 접반사 朴權에 관한 일고찰」, 『백산학보』

강'이 두만강이 아니라 송화강 支流라는 주장에만 의존하다 보니 사료에 대한 일방적인 취사선택에 치우쳐 이 주장이 가지는 여러 가지 난점은 도외시하고 있다고 비판하기도 한다.[2]

근자에는 단순한 지명 해석을 넘어 당시 국경심사에 대한 '진실'을 파악하기 위한 다각적인 연구도 이루어지고 있다.[3]

그러나 조·청 간 영토분쟁이 일어나게 된 것은 물론 명확하지 못한 國境審定이 가장 큰 요인이지만 왜 그렇게 명확하게 審定하지 못했는가 하는 문제는 단순히 18세초의 해당 시기 상황만을 가지고는 설명할 수 없는 부분이 있다. 18세기 초 정계비를 세울 당시 朝·淸 양국의 국경에 대한 인식은 당대에 만들어진 것이 아니라 그 전시대의 인식을 어느 정도는 계승한 것이며, 그런 점에서 고려말 조선전기 朝·明 간에 실제 존재하였던 국경완충지대에 대해 명확히 인식할 필요성이 있다.

明이 건국되면서 철령 이북 지역 귀속 문제로 인하여 고려와 明은 전쟁일보 직전까지 갔다. 전쟁을 불사할 만큼 영토문제는 양국 간에 매우 심각한 현안이 되었다. 이러한 심각한 문제는 단순히 이성계의 回軍과 대명사대외교정책에 의해 해결되었던 것은 아니다. 당초부터 양국 관계가 심각한 위기에 빠진 것은 '영토'문제였기 때문에 어떤 방식으로든 그 문제에 대한 해결책이 있어야 했다.

조선 초기 영토문제에 대해서는 대개 4군 6진 지역의 개척이나 公嶮鎭 문제가 주로 연구되어져 왔고,[4] 또 최근 연구에서는 조선전기 북방개

제80호, 백산학회, 2008; 이외에도 다수의 연구논문이 있으나 이하 생략함.
2) 배성준, 「중국의 '간도문제' 연구 동향」, 『중국의 민족·변강문제 연구동향』, 고구려연구재단, 2005, 79쪽.
3) 간도를 중심으로 하는 영토문제에 대해서는 『間島 領有權問題 論攷』(백산학회 편, 2000)에 실려 있는 김용국, 조광, 김양수, 박용옥, 김경춘, 양태진, 김성균, 이장희, 김득황 등의 논문이 있으며, 김춘선의 「鴨綠·豆滿江 국경문제에 관한 한·중 양국의 연구동향」(『고려사학보』 12, 고려사학회, 2002)에는 최근까지의 연구 동향이 소개되어 있고, 이외에도 다수의 논저가 나와 있다.

척과 영토의식의 변화에 대한 연구가 이루어져 기존의 연구에서 한걸음 더 진전을 보이기도 하였다.[5] 이외에 조·명 어느 쪽에도 점거되지 않았던 元代의 東八站 지역에 대한 명나라의 부분적인 점거와 조선의 대응책, 그리고 15세기 북변의 압록강·두만강을 둘러싼 경계인식과 영토 문제에 대한 연구가 있다.[6]

그러한 연구의 진전에도 불구하고 국경완충지대 문제에 대해서는 조선후기 청나라의 栅門 설치나 봉금지역 설정과 관련하여 '무인지대'의 존재에 대해서는 일찍이 언급된 바 있으나,[7] 조·명 국경 사이에 오랜 기간 동안 유지되어 온 국경완충지대에 대해서는 중요한 문제임에도 불구하고 중점적인 연구가 이루어지지 못하였다.

근대적인 국제조약이 일반화되기 이전의 경계 설정은 군사적인 영향력의 한계권역이라는 것이 일반적이었고, 이 때문에 이 시기의 국경 문제에 대해 기존의 연구에서 대체로 조·명 간에 국경에 대한 어떠한 협의

---

4) 이와 관련된 연구로는 「세종조 兩界 行城 築造에 대하여」(송병기, 『史學研究』 18, 한국사학회, 1964), 『韓國領土史研究』(양태진, 법경출판사, 1991), 「조선 초기의 북방 領土開拓」(방동인, 『관동사학』 5, 관동사학회, 1994), 『韓國의 國境劃定研究』(방동인, 일조각, 1997), 「朝鮮初期 六鎭 開拓의 國防史的 意義」 (강성문, 『軍史』 제42호, 국방부 군사편찬연구소, 2001), 「조선 세종의 북방정책」(裵東守, 『韓國北方學會論集』 제8호, 韓國北方學會, 2001), 「公嶮鎭과 先春嶺碑」(金九鎭, 『백산학보』 21, 1976), 「尹瓘九城再考」(방동인, 『백산학보』 21, 1976), 「先春嶺과 公嶮鎭碑에 대한 新考察」(최규성, 『한국사론 34, 한국사의 전개과정과 영토』, 국사편찬위원회, 2002) 外 다수의 논저가 있다.
5) 尹薰杓, 「朝鮮前期 北方開拓과 領土意識」, 『한국사연구』 129, 한국사연구회, 2005.
6) 유재춘, 「15세기 明의 東八站 地域 占據와 朝鮮의 對應」, 『조선시대사학보』 18, 조선시대사학회, 2001; 유재춘, 「15세기 前後 朝鮮의 北邊 兩江地帶 인식과 영토 문제」, 『조선시대사학보』 39, 조선시대사학회, 2006.
7) 篠田治策는 『白頭山定界碑』(樂浪書院, 1938, 16쪽·54쪽)에서 '간도는 조선이나 청나라 양국의 어느 쪽에도 속하지 않은 자연적으로 형성된 無人의 중립지대였다'라고 하였으며, 또 金炅春의 「朝鮮朝 後期의 國境線에 대한 一考−無人地帶를 중심으로−」(『백산학보』 29호, 1984)라고 하는 연구가 있다.

나 상호 인정의 범주없이 군사적 점거의 확대로 간주하기도 하였다.[8] 그러나 현대적 국경협약에 비추어 다소 불명확한 부분이 있다고 하더라도 매우 적대적 관계가 아니라면 상호 간의 대략적인 양해 정도는 있었던 것이라 여겨진다.

明은 요동지역을 확보하면서 高麗와 접경을 하게 되었으나 직접적으로 국경을 맞대는 것을 피하고 압록강변으로부터 상당히 떨어져 있는 連山關에 國境把守를 설치하였다. 이 때문에 連山關과 압록강 사이에는 넓은 空閑地帶가 생기게 되었던 것이다. 본 논고에서는 이러한 空閑地帶를 설정하게 된 연유와 실태에 대한 연구를 통하여 이러한 사실이 후대에 끼친 영향을 살펴보고자 한다.

2. 여말선초 국경완충지대의 형성

명나라는 건국한 지 20년이 되어서야 비로소 요동지역을 불완전한 상태로 점령하게 되었다. 요동도사의 전신인 定遼都衛가 설치된 것은 1371년이지만 당시 이 지역에 강력한 영향력을 행사하고 있던 納哈出를 제압하지 못하였기 때문에 명나라의 영향력은 매우 제한적이었다. 그러나 1387년 納哈出이 명에 항복하고 휘하의 많은 군사가 명나라에 귀속됨으로써 명나라는 요동지역에 대한 군사력을 한층 높일 수 있었다. 명나라는 요동도사를 중심으로 신속하게 방어선 정비를 진행하면서 連山關, 刺楡關, 片嶺關 등 關口를 설치하여 변경 출입을 통제하였다. 遼陽에서 가까운 연산관에는 고려 사신을 맞이하는 柵門이 설치되었고, 그 以東 지역은 명나라 행정구역에 편입되지 않았다.[9]

---

8) 강석화, 「白頭山 定界碑와 間島」, 『한국사연구』 96, 한국사연구회, 1996, 121쪽; 방동인, 앞의 책, 198쪽.
9) 남의현, 『明代遼東支配政策研究』, 강원대출판부, 2008, 56쪽.

명은 나하추軍의 격파와 함께 遼東地域 확보를 일단 마무리하였으나
이는 바로 조선과 명이 압록강을 경계로 국경을 맞대는 것이 아니었다.
명이 국경 把守를 설치한 連山關 以東지역은 통치력이 미치지 못하였다.

이러한 사유로 明은 遼東 동쪽으로 조선에서 약 290여리 떨어진 連山
關에 把守를 설치하여 지키게 하였고, 以東 지역은 空地, 즉 일종의 국경
완충지대로 남게 되었다. 이러한 완충지대는 명의 滿洲地域에 대한 衛所
설치가 확대되면서[10] 완충지대였던 連山關 以東의 공한지대는 명에 의
해 부분적으로 점거되게 되었다. 그러나 明이 여진지역의 지배를 위해
1409년(明 永樂帝 7) 송화강과 흑룡강이 합류하는 奴兒干 지역에 설치
한 奴兒干都司는 설치하였지만[11] 이 지역에서 실질적인 통치력을 행사
하기란 불가능하였다. 이에 따라 奴兒干都司는 유명무실해져 여진인들
은 결국 명나라에 入朝나 受職을 통해 경제적 이익을 추구하거나 자신의
기반을 다지는데 그쳤다.

朝鮮은 明의 완충지대 잠식을 저지하지 못하였지만 이 과정에서 連
山關 以東의 동팔참지역에 대한 조선의 "空閑地"인식은 당시의 국경인
식에 대해 중요한 의미를 가지는 문제이다. 또한 明의 連山關 以東지역
점거와 축성은 조선의 국방상 심각한 문제로 대두되었을 뿐만 아니라 我
國人의 離脫이라고 하는 새로운 사회문제를 야기하게 되며 이는 결국 조
선에서 국경에 대한 단속을 강화하는 계기가 되었다.

그렇다면 이 시기에 이러한 완충지대는 왜 만들어졌던 것인가? 그 이
유는 1481년(성종 12)에 남원군 양성지가 上言한 내용에 그러한 문제가
정확하게 지적되어 있다.

南原君 梁誠之가 上言하기를, … 이번 일은 우리나라에서 중국에 왕

10) 明의 遼東政策에 대해서는 「明代 遼東政策과 對外關係」(南義鉉, 『江原史學』
제15·16합집, 江原大學校 江原史學會, 2000.2) 참조.
11) 『明太祖實錄』 권62 太祖 7年 閏4月 乙酉.

래하는 새 길을 열 것을 청한 것을 계기로 兵部에서 上奏한 것이지 鄭同
때문이 아니라고 생각합니다. … 우리 高皇帝께서 萬里를 밝게 보시어
요동의 동쪽 1백 80리의 連山把截로 限界를 삼으셨으니, 東八站의 땅이
넓고 비옥하여 목축과 수렵에 편리함을 어찌 몰랐겠습니까? 그러나 수백
리의 땅을 空地인 채로 둔 것은 두 나라의 영토가 서로 混同될 수 없었기
때문입니다. 만일 간사한 무리들이 釁端을 일으켜 達子나 倭人을 가장하
여 도적질한다면 실로 예측하기 어렵게 될 것입니다. … 지금의 事勢는
바야흐로 병이 크게 도진 것과 같습니다.[12]

이 사료에서는 몇 가지 중요한 사항을 알 수 있다.

첫째는 明 太祖가 앞을 내다보고 요동 동쪽 180리 되는 連山把截을
경계로 삼았다고 하는 대목이다. 이는 조선의 사신로 변경 요청을 계기
로 명 측에서 동팔참지역을 점거해 오기 이전에는 명백히 連山關이 明
의 경계선이었고, 조선은 사신 호송군을 이곳까지 파견하여 왕래하였던
사실에서 분명히 알 수 있다. 그렇다면 明은 왜 압록강변까지 점령하지
않고 개국 이후 1백 년 이상을 압록강에서 멀리 떨어진 連山關을 경계로
삼고 있었던 것일까? 이는 간단히 설명될 수 있는 부분은 아니지만 거슬
러 올라가면 고려 말 明과의 영토분쟁과 명나라의 군사적인 한계에 기인
한다. 잘 알려진 바와 같이 明 성립 이후 '철령' 이북지역에 대한 영유권
문제로 고려는 대규모 전쟁을 불사하는 상황에까지 갔다. 명으로서는 다
행스럽게도 이성계의 回軍으로 전쟁을 피할 수 있었지만 고려의 遼東遠
征 추진은 명나라에게 매우 큰 충격을 안겨준 것은 틀림없는 사실이다.
더구나 고려가 元 잔여세력과 연대하여, 명과 대적하는 것을 최악의 상
황으로 여기고 있던 명나라로서는 매우 심각한 상황이었다.

그런데『明史』朝鮮列傳에 보면 흥미로운 대목이 하나 있다. 1386

---

12)『성종실록』권134, 성종 12년 10월 무오.

년 12월 명나라 홍무제가 戶部를 통해 고려국왕에게 咨文을 보내서 이르기를,

鐵嶺 북방 동서쪽의 땅은 옛날부터 開元에 속하였으니 遼東에서 통치하도록 하고, 철령 남쪽은 옛날부터 高麗에 속하였으니 고려에서 통치토록 하오. (그리하여) 서로 국경을 확정하여 침범하는 일이 없도록 하시오13)

라고 하였다. 이것이 이른바 고려에게 통보한 '철령 이북 귀속' 조치이며 이에 반발하여 密直提學 朴宜中을 보내 그 부당성을 고하였다. 그 내용을 보면 다음과 같다.

大明이 鐵嶺衛를 세우고자 하자 禑가 密直提學 朴宜中을 보내어 표를 올려 청하기를, … 생각건대 저희 나라가 먼 땅에 치우쳐 있고 작음이 진실로 墨誌와 같으며 척박함이 어찌 돌밭과 다르겠습니까? 더구나 동쪽 귀퉁이에서 북쪽 변방에 이르기까지 산과 바다에 끼여 있어 형세가 매우 偏小합니다. (하지만) 祖宗으로부터 傳하여 정해진 區域이 있었습니다. 그윽이 살펴 보건대 철령 이북의 文(文川)·高(高原)·和(永興)·定(定平)·咸(咸興) 등 여러 州를 거쳐 公嶮鎭에 이르기까지는 自來로 本國의 땅이 되어 있었는데 遼의 乾統 7년에 이르러 東女眞 등이 亂을 지어 咸州 이북의 땅을 빼앗으니 … 至正 16년간에 이르러 元朝에 아뢰어 上項의 摠管, 千戶 등의 職을 혁파하고 和州 이북을 본국으로 되돌려 소속시켜 지금에 이르도록 주현의 관원을 제수하여 인민을 관할하여 오다가 叛賊으로 말미암아 侵削되매 大國에 控訴하여 이로써 복귀된 것입니다. 이제 欽旨를 받들어 보니 '철령 以北, 以東, 以西는 원래 開元路에

---

13) 『明史』 卷320 朝鮮列傳 洪武 20년 12월.

속하는 것이니 所管軍民도 이에 遼東에 속할 것이다. 이를 받들라'라고
한바, 철령의 산은 王京과 서로 떨어지기가 겨우 300리이며 公嶮鎭이 변
방의 경계로 된 것이 1, 2년이 아니었습니다.[14]

고려는 명나라의 철령 이북 지역 귀속의 부당함을 역사적 연유를 들
어 설명하면서 공험진에 이르기까지 고려의 영토임을 명확하게 알리고
있다. 이러한 고려의 통보에도 불구하고 곧 서북면 도안무사 崔元沚가,
요동도사가 指揮 2명에게 1천여 명의 병력을 인솔하고 江界로 와서 철령
위를 설치하려고 한다는 보고를 받고는 요동을 공격하기 위한 준비를 서
두르게 되었다.[15]

그런데 고려의 철령 이북지역 영유권 주장에 대해 명나라 洪武帝는

〈그림 1〉 連山關 以東地域의 완충지대
(안주섭·이부오·이영화, 『영토한국사』, 소나무, 2006, 168쪽; 부분 편집)

14) 『고려사』 권137 열전50 辛禑 14년 2월 경신.
15) 위와 같음.

"고려가 예전에는 압록강으로 경계를 삼았으면서 이제 와서 철령이라 꾸며 말하니 거짓임이 분명하다. 이러한 뜻을 朕의 말로써 효유하여 본분을 지키게 함으로서 쓸데없는 相爭의 원인을 낳지 않게 하라"라는 지시를 내리게 된다.[16] '철령'의 위치에 대해서는 논란이 있지만 이 문장만으로 본다면 철령은 압록강 以北에 위치하는 것이 되며 고려에서는 그곳 일대에 대한 영유권을 주장한 것으로 해석된다. 즉, '철령'을 일반적으로 알려진 것처럼 회양에서 안변으로 넘어가는 곳의 철령을 말한다면 이는 압록강과는 무관한 지역이며 서로 말이 맞지 않게 된다.

따라서 여기서 '철령'이라는 의미는 명나라가 철령위를 설치하려던 권역을 말한다고 보는 것이 타당하다고 생각한다. 요동도사가 철령위를 설치하기 위해 사람을 보낸 곳이 江界라고 하는 것으로 보아 철령위를 설치하려 했던 구역은 압록강 중류지역의 兩岸地域과 그 동북쪽 일대였던 것으로 여겨지는데, 고려로서는 이로 인한 명의 군사적 압력에 단호한 대처가 불가피하였을 뿐만 아니라 현재의 함경도 일대 영토를 상실할 위기에 있었던 것이다. 공험진 이남 지역이 오래된 고려의 영토라고 강조하고 있는 것은 바로 그러한 이유에서였다. 특히 고려로서는 철령위 설치로 말미암아 압록강을 이북지역이 손쉽게 명의 영역으로 들어가고 고려와 더욱 근접하게 됨으로써 명과의 군사적 긴장이 고조되는 것을 원치 않았기 때문일 것으로 여겨진다.

명나라는 매우 고압적으로 영토문제를 해결하고자 하였지만 전쟁을 불사하며 정벌군을 파견하자 명나라는 당초의 계획을 변경하여 곧 철령위 위치를 옮기게 되었다. 당시 고려는 요동에 대한 무력 공격을 준비하면서 한편으로는 사신을 보내 철령 이북지역에 대한 고려 귀속의 당연성을 설득하였고, 明은 '王國有辭'라는 매우 애매한 표현을 쓰기는 하였지

---

16) 국사편찬위원회, 『국역 中國正史朝鮮傳』 明史 朝鮮列傳(洪武 21년 4월), 1986.

만17) 이는 고려에서 명나라의 조치에 대해 정면으로 반박하고 매우 단호한 입장을 보인 것에 대해 분쟁의 발생을 염려한 것을 나타내는 것이기도 하다. 명나라는 당시 고려에서 요청한 공험진 이남지역에 대한 영토권을 인정하지 않을 수 없었던 것이다. 이렇게 명나라가 고압적인 자세에서 갑자기 후퇴한 것은 고려의 군사력에 대한 두려움도 내포되어 있다고 할 수 있다. 고려는 송나라도 제압하지 못한 거란군의 대규모 침입을 군사적으로 물리쳤을 뿐만 아니라 강력한 몽골의 침입하에서도 수십년을 버틴 나라였으며, 가까이는 20만에 달하는 홍건적을 물리친 적이 있고, 14세기 후반 북방지역 최대 세력인 나하추軍을 명나라에 앞서 패퇴시킨 바도 있었다. 명나라는 이러한 사실을 당연히 알고 있었을 것이며, 군사적 대결을 피하고자 한 것은 당시 상황으로 보면 당연하다고 하겠다.

明이 압록강변에 멀리 떨어진 連山關에 國境把守를 설치한 이유는 두 가지 측면에서 살펴 볼 수 있을 것이다. 하나는 고려가 공민왕대에 요동지역을 군사적으로 점거한 바 있다는 사실이다. 고려는 공민왕대에 들어 반원정책을 추진하면서 元이 무단 점거한 고려의 영토 수복에 나서게 되는데, 1356년(공민왕 5) 5월 評理 印璫을 비롯하여 강중경, 신순, 유홍, 최영, 최부개 등으로 하여금 압록강 건너 遼東 八站지역을 공격하게 하였고, 밀직부사 유인우를 비롯한 공천보, 김원봉 등으로 하여금 쌍성 등지를 수복하게 하였다.18) 그 다음 달 쌍성 함락에 앞서 印璫은 군사를 거느리고 압록강을 건너 婆娑府 등 세 站을 공격하여 격파하였다.19) 고려는 元에서 節日使로 간 金龜年을 遼陽省에 가두고 대군을 동원해 공격하겠다고 위협하자20) 대대적으로 서북면 군사력을 강화하는

---

17) 『태종실록』 권7, 태종 4년 5월 기미.
18) 『고려사』 권39, 공민왕 2, 병신 5년 5월 정유.
19) 『고려사』 권39, 공민왕 2, 병신 5년 6월 계축.
20) 『고려사』 권39, 공민왕 2, 병신 5년 6월 을해; 7월 무신; 9월 경진.

동시에 한편으로는 오히려 지시를 이행한 서북면병마사 印璫을 처벌하며 元에 유화적인 태도를 보이기도 하였다. 당시 고려가 이 지역을 공격한 이유는 명확하지 않지만 쌍성 지역 수복에 앞서 이곳을 먼저 공격하여 점거하였다는 사실은 주목할 만한 일이다.

또한 공민왕 18년(1369) 고려는 이성계를 동북면 원수, 지용수를 서북면 원수로 임명하여 동녕부를 정벌하도록 하였으며,21) 그 이듬해 고려군은 兩江地帶 北岸은 물론이고 멀리 遼陽에 이르기까지 모두 접수하였다. 이에 대해『고려사』에서는 "그리하여 동쪽은 皇城까지, 북쪽은 동녕부까지, 서쪽은 바다에까지, 남쪽은 압록강까지의 지대에 적의 종적이 없어졌다."22)라고 기록하고 있다.

특히 태조 이성계가 동녕부 일대에서 군사활동을 하던 시기, 金州와 復州 일대에 내건 榜文에는 당시 고려가 요동지역에 대해 어떠한 인식을 가지고 있었는가를 보여주고 있다. 그 榜文을 보면,

> 또 金州와 復州 등지에 榜文을 포고하기를, "본국은 堯帝와 같이 건국했으며, 周 武王이 箕子를 조선에 封侯하여 영토를 주어 서쪽으로 遼河에 이르렀으며 대대로 강토를 지켰는데, 元나라가 중국을 통일하자 公主에게 遼東·瀋陽의 땅을 내려 주어 湯沐邑으로 삼게 하고, 그로 인하여 分省을 설치하였다. 末世에 와서 덕망을 잃고 천자가 밖에서 피란했는데도, 요동·심양의 頭目官 등이 들은 체하지 않고 나아가지 않았으며, 또 본국에도 예의를 닦지 않고서, 곧 본국의 죄인 기새인첩목아와 결탁하여 服心이 되어 무리를 모아 백성들을 침해했으니, 不忠의 죄는 모면할 수가 없다. 지금 義兵을 일으켜 問罪하는데 새인첩목아 등이 東寧城에 웅거하여 강성함을 믿고 명령을 거역하므로, 哨馬 前鋒이 이를 모두 잡아 죽일 것이므로, 좋은 사람이나 나쁜 사람이나 같이 災厄을 당할 것이니 후회하여도

---

21)『고려사』권41, 공민왕 4, 기유 18년 11월.
22)『고려사』권42, 공민왕 5, 경술 19년 정월.

무슨 소용이 있겠는가! 대개 遼河 以東의 본국 강토내의 백성과 大小 頭
目官 등은 속히 와서 조회하여 爵祿을 함께 누릴 것이며, 만약 조회하지
않는 사람이 있으면, 鑑戒하는 일이 東京에 있을 것이다."[23]

라고 하였다. 여기에서 보면 요하 이동지역, 즉 요동 지역을 '본국 강토
내'라고 하고 있다. 이는 곧 과거 고구려 故土에 대한 수복 의지를 담고
있는 것으로 그 역사적 始源을 周 武王이 箕子를 조선에 封侯한 것에서
찾고 있다. 이러한 고려의 영토인식과 수복 의지는 설사 외교문서를 통
해 명나라에 전달되지 않았다고 하더라고 明은 충분히 인지하고 있었을
것이며 그것은 고려의 요동정벌군 파견으로 거듭 명확하게 확인되었을
것이다. 비록 명나라가 동아시아 지역에서 신흥강국으로 부상하였다고
하더라도 북원을 완전히 섬멸하지 못한 상태에서 이러한 고려의 강력한
도전은 위협적이기에 충분한 것이었다.

이러한 고려의 북방지역에 대한 군사 작전은 한편으로는 北元과의 관
계를 단절하기 위한 것이지만 明이 이곳을 정벌하기 전에 고려에서 먼저
군사적인 행동을 통해 이들을 복속시켰다는 것은 매우 중요한 사실이며,
明이 連山關 以東지역을 포기하고 압록강으로부터 멀리 떨어진 곳에 국
경을 설정한 것은 이러한 사실과 관련이 있다. 고려와의 직접적인 접경
이 상호 간 불필요한 긴장을 유발시킬 가능성이 있고 그로 말미암아 고
려(조선)를 자극하는 것이 명나라에게도 이롭지 못하기 때문이었다.

또 다른 하나는 명나라 군사력의 한계이며 또 연산관 以東地域에 대
한 군사적인 점거가 용이하지 않았기 때문이다. 즉, 명은 개국 초기 멀리
金陵(南京)에 도읍을 두고 있어서 군사력 동원에 한계가 있었고, 가급적
조선과의 극단적인 군사적 대결은 피하고자 하였다. 1393년 요동도사가
조선에서 여진인 500여 명을 불러 들여 몰래 압록강을 넘어 침략해 들어

---

23) 『태조실록』 권1 총서.

오려고 한다는 보고를 받고도 사신을 파견하여 경고하는데 그쳤고,[24] 또 1395년에는,

> 근자에 고려의 表奏文 말이 많이 부실(불성실)하여 짐이 이미 有司에게 명하여 그것을 구명하도록 하였다. 들자하니 저들이 國中으로부터 압록강에 이르기까지 모든 요충지에 군량을 쌓아둔 바, 驛마다 1,2만석 혹은 7,8만석, 10만석이고, 동녕부 지역의 여진인을 모두 사람을 시켜 유치해 境內로 들어오게 한다고 하니 이것은 그 뜻에 반드시 깊은 모략이 있는 것이다. … [25]

라고 하여 조선의 전쟁준비 상황이 구체적으로 알려졌음에도 불구하고 명나라는 여전히 어떠한 군사적 조치도 취하지 않았다. 명나라가 외교적으로는 고압적인 자세를 취했던 것과는 매우 대조적인 일이라고 할 수 있다. 명나라는 개활지가 많은 연산관 이동지역을 야인의 침입으로부터 안전하게 유지하는 것이 실제 어려웠고, 더구나 元 잔여세력을 완전히 섬멸하지도 못한 상황에서 이곳에 과다한 군사력을 보낼 형편이 되지 못하였던 것이다. 이는 조선시대에 들어서 여진세력을 구축하며 북방영토를 적극 개척하였으면서도 여진세력의 盛衰에 따라 鎭을 전진배치, 또는 후방으로 이전하였던 것과 같은 것이다.

이러한 국경완충지대는 비록 조선의 사신행로 변경 요청을 빌미로 하여 부분적으로 완충지대내에 명나라 城堡가 축조되어 영향력을 행사하였지만 여전히 국경 파수를 압록강변으로 옮기지는 않았다.

---

24) 국사편찬위원회, 『국역 中國正史朝鮮傳』 明史 朝鮮列傳(洪武 26년 2월), 1986.
25) 明太祖實錄 卷238 洪武 28年 4月 辛未.「近者高麗表奏 言多不實 朕已命有司究之 聞彼自國中至鴨綠江 凡衝要處所儲軍糧 每驛有一萬二萬石 或七八萬十萬石 東寧女直 皆使人誘之入境此其意必有深謀 …」

그러나 연산관~압록강 사이의 공한지대를 명이 부분적으로 점거하였다고 하여 양국 사이의 국경완충지대가 모두 없어진 것은 아니다. 명의 邊墻 밖으로부터 조선의 동북 변경지역에 이르기까지 여진인이 할거하고 있던 광활한 지대가 실질적으로 조·명 간의 국경완충지대로 작용했다고 볼 수 있다. 중국에서는 일반적으로 明 宣德帝 이후 압록강과 두만강(圖們江)이 점차 朝·中 邊界로 형성되었다고 보지만26) 이러한 견해는 明과 조선 사이에 존재한 광범위한 空地의 존재를 무시한 것이라 할 수 있다.

또 이는 16세기 중반경 중국에서 만들어진 『全遼志』의 「全遼總圖」에 遼東邊墻을 한계로 圖本을 그리고 圖本 오른쪽 상단에 "東北到開原邊境 三百四十里 東南到朝鮮國一千七百七十里"라고 표기하였는바, 여기서 "開原邊境"이라는 표기를 한 것에서도 明의 실질적인 통치영역을 邊墻 이내 지역으로 인식하고 있었다는 것을 알 수 있다.27) 또한 淸代의 柵門이 압록강으로부터 상당히 떨어진 봉황산 근처에 있었고 압록강 상류 쪽으로 邊墻 밖에 광활한 공한지대를 둔 것은 조·명 간 국경완충지대가 존재했었다는 사실과 무관하지 않다고 생각한다.28) 이는 단순히 淸의 封禁地帶 설정만으로 설명될 수 없는 부분이다.

---

26) 刁書仁, 「中朝邊界沿革史研究」, 『中國邊疆史地研究』, 2001년 제4기, 23쪽.
27) 『遼海叢書』(1985년 遼藩書社 영인본) 1권 「全遼志」 卷一 圖考 참조.
28) 뒤·알드의 『中華帝國全誌』(Du Halde, Description de E'mpire de la Chine) 에 수록되어 있는 Pere Regis(雷孝思)의 비망록 「조선왕국에 관한 지리적 고찰」 에 기록된 바에 의하면 "봉황성 동방에는 조선국 서방 국경이 있다. 생각건대 만주는 明을 침공하기에 앞서 조선과 싸워 이를 정복하였는데, 그 때에 長柵과 조선국과의 국경 사이에 무인지대를 설치할 것을 의정하였다. 지도상에 표시된 것이 바로 그것이다."라고 하였다.(金炅春, 「朝鮮朝 後期의 國境線에 대한-考 -無人地帶를 중심으로-」, 『백산학보』 29호, 1984; 재인용) Pere Regis(雷孝 思)는 프랑스 예수회 신부로, 1709년 강희제의 명을 받아 중국 전통 실측지도인 皇輿全覽圖를 제작하기 위하여 몽고·만주일대를 측량하여 1719년 지도를 작성 함; 篠田治策, 『白頭山定界碑』, 樂浪書院, 1938.

3. 北邊 兩江以北 지역에 대한 조선의 인식

조선시대의 국경이나 경계라는 개념을 현대적인 의미의 국경선에 비추어 간단히 이야기하기는 곤란한 부분이 있다. 불평등한 국경 심사라고 하더라도 실제 1712년 백두산에 정계비를 세운 것이 아마 중국과는 유사 이래 처음으로 국경에 대한 표시를 한 것이라고 해도 과언이 아닐 정도로 공식적인 협약에 의한 국경선이 그어지고 그 표식이 세워진 사례는 매우 드물다.

조선시대에는 북방의 군사적 경계선을 주로 압록강-두만강이라고 하는 천연적인 장애물에 의지하여 확보하려고 하였다. 이 때문에 시간이 지나면서 그 지역 이내를 우리의 疆域으로 여기기도 하였지만 이는 현대의 국경선과는 의미가 다르다. 즉, 兩江以南이 우리 疆土라고 하여 그 이북지역이 隣國인 중국의 영토라는 의미는 아니라는 것이다. 따라서 조선 초창기 兩江地帶에 대해 어떠한 인식을 하고 있었는지 살펴볼 필요가 있다.

『태조실록』에 보면 당시 북방 경계와 강북지역에 사는 여진에 대한 다음과 같은 기록이 있다.

> 임금이 즉위한 뒤에 적당히 萬戶와 千戶의 벼슬을 주고, 李豆蘭을 시켜서 여진을 招安하여 被髮하는 풍속을 모두 冠帶를 띠게 하고, 禽獸와 같은 행동을 고쳐 예의의 교화를 익히게 하여 우리나라 사람과 서로 혼인을 하도록 하고, 服役과 納賦를 編戶와 다름이 없게 하였다. 또 추장에게 부림을 받는 것을 부끄럽게 여겨 모두 국민이 되기를 원하였으므로, 孔州에서 북쪽으로 甲山에 이르기까지 邑을 설치하고 鎭을 두어 백성의 일을 다스리고 군사를 훈련하며, 또 학교를 세워서 경서를 가르치게 하니, 文武의 정치가 이에서 모두 잘 이루어졌고, 천리의 땅이 다 조선의 版圖로 들어오게 되어 두만강으로 경계를 삼았다. 江 밖은 풍속이 다르나, 具州

에 이르기까지 풍문으로 듣고 義를 사모해서, 혹은 친히 來朝하기도 하
고, 혹은 자제들을 보내서 볼모로 侍衛하기도 하고, 혹은 벼슬 받기를 원
하고, 혹은 內地로 옮겨 오고, 혹은 토산물을 바치는 자들이 길에 잇닿았
으며, 기르는 말이 좋은 새끼를 낳으면 자기네가 갖지 않고 서로 다투어
서 바치며, 강 근처에 사는 자들이 우리나라 사람과 爭訟하는 일이 있으
면, 관청에서 그 曲直을 가려 혹 가두기도 하고, 혹은 매를 치기까지 해도
변방장수를 원망하는 자가 없고, 사냥할 때에는 모두 우리 三軍에 예속되
기를 자원해서, 짐승을 잡으면 관청에 바치고, 법률을 어기면 벌을 받는
것이 우리나라 사람과 다름이 없었다. …29)

여기에서 보면 동북지역의 경우 두만강을 경계로 삼았다고 하면서도
강북지역에 대한 내용에 있어서 중국(明)의 영토라는 의식은 전혀 존재
하지 않는다. 오히려 여진인에 대해 服役과 納賦를 編戶와 다름이 없게
하였다고 하고 있으며 강북지역에 거주하는 여진인들이 변방에 예속되
어 우리나라 사람이나 다름이 없다고 하고 있다. 이 내용이 비록 태조
이성계의 공적을 찬양하고 있다고 하더라도 영토의식이나 경계의식이라
는 측면에서는 전혀 과장된 기록이 아니다.

그러나 兩江地帶는 조선의 북방영토 방비에 있어서 천혜의 방어지대
로 인식되었고, 이는 점차 경계의식으로 나타나게 되었다. 그 북변 兩江
에 대한 인식은 첫째는 천혜의 험고한 방어선이라는 것이며, 둘째는 두
만강은 조종께서 신설한 네 읍을 설치하면서 경계로 삼은 곳이라는 것이
며, 셋째는 두만강 경계를 확보하여 방어선을 구축하고 북쪽 변경을 진
압한다면 우리는 방어의 편의점이 있고 여진인은 감히 두만강을 넘지 못
할 것이라는 생각이며, 넷째는 서북지역은 압록강이 천연적으로 이루어
진 한계이므로 반드시 이를 경계로 삼아야 한다는 것이다.30) 특히 세종

---

29) 『태조실록』 권8, 태조 4년 12월 계묘.

의 북방 영토 개척을 적극 보좌하던 김종서는 "두만강으로 경계를 삼는
것은 大意가 하나이고 大利가 둘이 있으니, 興王의 땅을 회복함이 그 대
의의 하나이고, 장강의 험함을 의지함이 그 대리의 하나이며, 수어의 편
리함이 그 대리의 둘째입니다."[31]라고 하였는데, 이를 통하여 두만강 유
역은 興王之地이기 때문에 잃을 수 없다는 것, 그리고 조선에서는 방어
의 편의점을 최대한 살리기 위해서는 반드시 압록강, 두만강 지대를 확
보해야한다는 확고한 생각을 가지고 있었다는 것을 알 수 있다. 그런데
여기서 한 가지 주목해야할 점은 압록강-두만강 라인의 강역을 확보하
려는 것은 주로 군사적인 문제에 기인하는 것이라는 점이다. 북방 兩江
을 경계로 확보해야한다는 것과 북방 兩江이 바로 국경이라는 인식과는
다른 것이다.

한편 15세기 후반 명나라 장성이 완성되고 朝·明 사이의 空閑地帶였
던 東八站 지역이 명나라에 의해 점거되면서 압록강 북안지역은 어느 정
도 정비되고, 명나라는 여진지역에 衛所를 설치하여 招撫하였지만 장성
밖은 여전히 明에게도 조선에게도 領內라고 할 수 없는 지역이었다. 그
런데 두만강 북안의 경우는 사정이 좀 달랐다. 이 지역은 명으로부터도
매우 멀리 위치하고 있는데다가 조선은 公嶮鎭 이남에 대한 영유의식을
가지고 있었고, 明과는 女眞에 대한 관할권 경쟁이 심각하게 전개되었
다.[32]

조선은 태종 4년(1404) 예문관 제학 金瞻을 明에 보내 邊界 문제와
주변지역 여진인 관할권 승인을 요청하였다. 조선은 "小邦은 이미 同仁
의 가운데에 있사옵고, 공험진 이남이 또 고황제의 '王國有辭'라는 명령

30) 『세종실록』 권62, 세종 15년 11월 무술; 『세종실록』 권62, 세종 15년 11월 경
    자; 『세종실록』 권77, 세종 19년 5월 기유; 『성종실록』 권181, 성종 16년 7월
    갑술.
31) 『세종실록』 권78, 세종 19년 8월 계해.
32) 박원호, 『明初朝鮮關係史研究』, 일조각, 2002, 170~179쪽.

을 입었사오니, 그곳에 살고 있는 女眞遺種의 人民들을 본국에서 전과
같이 관할하게 하시면 한 나라가 다행하겠습니다. 이 때문에 지금 陪臣
藝文館提學 金瞻을 보내어 奏本과 地形圖本을 받들고 京師에 가게 하여
奏達합니다."33)라고 하여 이미 고려말 승인받은 공험진 이남 지역에 대
한 영토권 인정과 아울러 그곳에 살고 있는 여진인에 대한 관할권을 인
정해 줄 것을 요청하고 있다. 또 당시 조선은 철령 이북지역에 대한 영토
권을 주장하는 과정에서 조선왕조 개창자인 이성계 가문이 孔州를 비롯
한 동북면 지역에 대대로 거주하였고 조상의 분묘가 그곳에 있다는 사실
을 적극 활용하고 있다.34)

그리고 金瞻이 당시 지형도본은 만들어 가지고 명에 가서 이에 대한
설명을 하였다는 것을 알 수 있는데, 그 圖本이 어떠한 내용으로 작성되
어 있는지는 알 수 없지만 조선의 요청 내용을 감안하면 철령 이북지역
과 조선이 관할하고자 하는 여진인의 거주지역 범주가 표시되었을 것으
로 추정된다. 이로 본다면 당시 조·명 양국 간에는 경계에 대한 어느 정
도의 양해가 이루어졌다라고 보는 것이 타당할 것이다. 한 가지 분명한
것은 그 해(1408) 10월 김첨은 명으로부터 조선이 요청한 十處人民의 영
속에 대한 승인을 받아온 것을 보면35) 당시 명에서는 조선이 요청한 공
험진 이남지역에 대한 지배권을 인정하였다고 하는 사실이다. 이러한 사
항은 이후 세조대에 명나라 보낸 奏本에서도 그대로 나타나고 있다.36)

이외에 태종~세종대의 북변 경계와 관련된 주요 사료를 보면 다음과
같다.

가. 戶曹參議 李玄을 보내어 京師에 가서 아뢰게 하였다. "永樂 3년

---

33)『태종실록』권7, 태종 4년 5월 기미.
34) 위와 같음.
35)『태종실록』권8, 태종 4년 10월 기사, 기묘, 병술.
36)『세조실록』권21, 세조 6년 8월 임술.

9월 16일에 陪臣 李行 등이 京師에서 돌아와서, 예부상서 李至剛
등의 관원이 欽傳한 宣諭와 聖旨를 전해 받았사온데, 이르기를,
'맹가첩목아는 어째서 보내지 않고 도리어 와서 計稟하는가? 네
가 와서 計稟할 때에, 그 사람과 함께 와서 地面事情을 자세히 말
하면, 어찌 허가하지 않겠는가? 누가 너희와 地面을 다투는 것인
가? 네가 돌아가서 국왕에게 말하여 알려서 곧 그 사람을 보내도
록 하라' 하시었습니다. 신이 황공하여 몸 둘 곳이 없습니다. 살피
건대, 맹가첩목아는 小邦의 地界인 公嶮鎭 以南으로, 황제께서
허락하신 10處 안의 鏡城 地面인 두만강가에 사는 사람이고, 또
일찍이 臣으로 하여금 출발시켜 보내라는 명령을 받지 못하였기
때문에, 사람을 보내어 주달하였던 것입니다. …"37)

나. 조영무·이천우 등이 進言하기를, "지금 猛哥帖木兒를 招撫하였다
고는 하나, 그가 장차 開元路로 移徙하여 그 族類들과 함께 사잇
길을 따라 吉州로 직향하게 되면, 鏡城은 마치 囊中之物이 되지
않을까 두렵습니다. 또 그가 말을 먹이러 남하하게 된다면, 端州·
靑州 지방이 시끄러워질 것입니다. 또 그가 중국에 호소하기를,
'조선에서 우리 族類를 죽이므로 땅을 버리고 왔습니다. 永興 이
북 지방은 元朝 때에 중국에 직속되었었으니, 그 땅을 도로 찾음
이 옳겠습니다' 한다면, 중국에서 이 말을 믿고 그 땅을 바치라고
한다면 매우 未便합니다. … 중국에서 일찍이 동북면 十處의 人民
을 바치라고 하기에, 金瞻을 보내어 이를 辨定하였다. 그 때에 땅
을 찾아가지 않았는데, 猛哥의 호소를 듣고 우리 땅을 바치라 하
겠는가? 星山君 李稷이 漢京에서 온다고 하니, 그도 역시 謀議를
잘하는 사람이다. 어찌 그에게 咨問하지 않겠는가?"하였다.38)

다. 정미년 8월 일에 전 좌군 동지총제 朴礎가 말씀을 올리기를, …

---

37) 『태종실록』 권10, 태종 5년 9월 임자.
38) 『태종실록』 권21, 태종 11년 1월 신사.

"우리나라의 북쪽 변방은 곧 고려의 相臣 尹瓘이 개척하여 碑를 세운 땅이 경계가 되었습니다. 中世에 이르러 예전 孔州로 한계를 옮겼다가 이에 우리 왕조에 미치게 되고, 또 옮겨 지금의 경원이 되었으니, 만약 옛날 모양대로 돌아가고자 한다면 반드시 碑를 세 웠던 땅에 경계를 만들어야 할 것이며, 그렇지 않으면 孔州의 城 에 이르러 邑을 만드는 것이 옳겠습니다. 두 번이나 옛날의 땅을 줄여서 지금의 경원부를 만드는 것도 오히려 부끄러운 일이 되는 데, 또 다시 그 땅을 줄여서 龍城에 나가 배치하여 야인에게 웃음 거리가 되는 것이 옳겠습니까. …39)

라. … 임금이 말하기를, "백두산 근처에 한 땅이 있는데, 명나라의 태조 고황제가 고려에 예속시켰다. 내가 「地理志」를 보니 한 옛 성의 터가 백두산 앞에 가로놓여 있는데, 이것이 그 땅이 아닌가 의심된다. 마땅히 찾아내어 우리나라의 境界로 하여야 하겠다."하니, 황희가 아뢰기를, "임금의 말씀이 지당합니다."하였다.40)

마. 정사를 보았다. 임금이 여러 신하들에게 이르기를, "고려의 尹瓘은 17만 군사를 거느리고 女眞을 소탕하여 州鎭을 개척해 두었으므로, 여진이 지금까지 모두 우리나라의 위엄을 칭찬하니, 그 공이 진실로 적지 아니하다. 瓘이 州를 설치할 적에 吉州가 있었는데, 지금 길주가 예전 길주와 같은가. 高皇帝가 조선 지도를 보고 詔書하기를, '公險鎭 이남은 조선의 경계라'고 하였으니, 경들이 참고하여 아뢰라."하였는데, 이때는 바야흐로 파저강 정벌에 뜻을 기울였기 때문에 이 전교가 있었다.41)

바. 이 앞서 함길도 감사가 치보하기를, "도내의 명산대천에 매년 춘추로 모두 香을 내려서 致祭하였는데, 유독 두만강은 야인이 사는

---

39) 『세종실록』 권37, 세종 9년 9월 갑인.
40) 『세종실록』 권56, 세종 14년 4월 경자.
41) 『세종실록』 권59, 세종 15년 3월 계유.

곳이기 때문에 거행하지 아니하였으나, 이제 4진을 설치하였으니, 이 강은 나라의 北紀가 되고, 域內의 大川이오니, 청하건대, 치제 하옵소서."하였는데, 이에 이르러 예조에서 아뢰기를, "두만강은 평안도 압록강의 신에 견주어 中祀로서 제사하되, 사당은 세우지 말고, 壇墠만 설치하게 하옵소서."하니, 그대로 따랐다.[42)

사료 '가'는 조·명 간에 왕왕 벌어진 여진인 招撫 경쟁을 보여주는 대목인데, 당시 문제가 된 동맹가첩목아에 대해 조선 측에서는 이 여진인은 본래 명에서 승인한 十處 내에 거주하는 자라고 하며 영속을 주장하고 있다는 것을 알 수 있다. 이 사료에서 주목되는 다른 한 가지는 명에서는 동맹가첩목아 招撫 경쟁이 영토 쟁탈로 비추어지는 것을 꺼리고 있다는 점이다. 조선에서 동맹가첩목아가 명에 入朝하는 것을 저지하려고 하는 기색이 보이자 명에서는 '地面' 즉 영토를 다투는 것이 아니라고 하고 있다. 사료 '나'에서 보이는 바와 같이 조선 측에서는 명나라의 동맹가첩목아에 대한 招撫와 入朝가 鏡城 일대의 안전에 심각한 위협이 될 수 있고, 이미 지배권을 인정받은 공험진 이남지역에 대한 또 다른 분쟁을 야기할 가능성이 있다고 보고 있었다. 물론 태종은 明에서 김첨을 보내 동북면 지역에 대한 조선 영유의 당연성을 주장할 때 별 말이 없다가 동맹가첩목아의 말만 믿고 이를 번복할 리가 없다고 하였지만 동맹가첩목아가 명에 입조하게 되면 북변 안정에 나쁜 영향을 줄 것이라 생각하고 있었던 것은 틀림없다.

사료 '다'는 고려시대 북방 변경은 윤관이 세운 碑가 영토의 경계가 되었는데 그 경계가 孔州로 옮겨졌다가 또 옮겨 경원이 되었으니 또다시 龍城으로 移設하는 것은 적합하지 않으며, 만약 옛 모양대로 돌아가고자 하면 반드시 碑를 세웠던 곳을 경계를 만들어야 할 것이며 그렇지 않으

---

42) 『세종실록』 권77, 세종 19년 5월 신해.

면 孔州를 邑으로 삼아 경계를 구축해야 한다는 것이다. 이에서 보면 윤 관이 세운 碑의 위치를 정확히 말하지 않았지만 내용으로 보아 두만강 이북지역이라는 것을 알 수 있다. 또 孔州에 읍을 두는 것이 좋겠다고 하면서 예전 모양대로 하자면 반드시 碑를 세웠던 곳에 경계를 만들어야 한다고 하고 있다. 이러한 인식을 통하여 두만강 以北地域이 明나라와 명백한 영토권 다툼이 있는 곳이 아니라는 사실을 알 수 있다.

사료 '라'는 명나라 태조 고황제가 백두산 근처에 있는 한 땅을 고려에 예속시켰다는 것이다. 세종은 지리지를 참고하여 백두산 앞에 가로놓여 있는 옛 성터를 지목하며 그곳을 조사하여 편입시켜야한다고 하고 있는 것이다. 이 대목을 보면 명과 고려는 어느 정도 양국의 경계에 대한 협의를 한 것이 아닌가 생각된다. 이 과정에서 고려는 압록강을 경계로, 명은 連山關을 경계로 상호 군사적 침해를 하지 않기로 양해한 것이 아닌가 여겨진다. 명 건국 후 1백년 가량을 연산관~압록강 사이에 넓은 공한지대(완충지대)를 유지한 것도 그러한 사실에 연유한다고 볼 수 있다. 明이 공한지대에 城堡를 구축하고 군사적 점거를 진행하면서 매우 신중한 태도를 취하며 줄곧 왕래하는 조선 使臣의 안전보장을 명분으로 내세운 것도 明과 고려 간에 군사적 점거선에 대한 모종의 양해, 그리고 오랜 기간 동안 현상유지가 이루어지면서 명의 공한지대 점거는 군사적 도발로 간주되어 자칫 조선을 자극해 심각한 갈등, 더 나아가서는 군사적 긴장을 일으킬 가능성도 있었기 때문이라고 볼 수 있다.

사료 '마'는 세종이 파저강 야인 정벌을 앞두고 변경지역에 대한 관심을 보인 대목인데, 이에서 보면 명나라 태조 고황제가 조선의 지도를 보고 '공험진 이남은 조선의 경계'라고 하였다고 되어 있다. 이 기사 내용으로 미루어 보건대, 사료 '마'에서 나타나는 바와 마찬가지로 명과 고려(조선) 사이에 강역에 대해서는 어느 정도 상호 양해가 이루어졌던 것으로 생각된다. 지도를 놓고 지목하여 경계를 말했다면 당시 양측은 구체적인 경계선은 審定하지 않았다고 하더라도 대략적인 군사적 점거선에 대한 이야기가 오갔을 가능성이 크다고 하겠다. 고려는 철령 이북 귀속 문제로 전쟁을 불사할 만큼 강력히 반발하였기 때문에 당시 상황에서 明은 가급적 군사적 충돌을 피할 수 있는 것이 바람직한 일이었을 것이다. 아마 광범위한 空閑地帶(국경완충지대)를 둔 것도 이러한 상황과 관련된 것일 가능성이 크다고 생각한다. 당시 세종은 신하들에게 명태조의 말에 대해 조사하여 보고할 것을 요구하고 있다. 이로 본다면 당대에 '공험진'의 위치에 대해 어설프게 알고 있었을 가능성은 희박하다. 『세종실록』 지리지의 경원도호부에 경원의 경계를 '북쪽으로 공험진에 이르기까지 7백 리, 동북쪽으로 先春峴에 이르기까지 7백여 리'라고 한 것은 그러한 동북지역의 경계인식을 표현한 것이라 할 수 있다.[43]

사료 '바'는 세종 19년(1437) 두만강에 대한 致祭를 결정하였다는 내용인데, 압록강에 대한 치제와 동일하게 中祀로 제사하도록 하고 있다. 이러한 두만강 치제가 이루어지게 된 것은 두만강 유역에 대한 군사적 장악이 어느 정도 이루어졌고 또 이 일대에 대한 확고한 固守 의지를 나타낸 것이라고 하겠다. 특히 두만강을 '域內의 大川'이라고 인식하고 있는 것은 경원의 영역을 강북의 선춘령·공험진까지 보고 있던 당시의 동북변 경계인식과 상통하는 부분이라 하겠다.

그런데 매우 주목할 만한 사실은 이렇게 줄곧 공험진 이남지역이 우리의 영토라고 인식하면서 이를 명나라에게도 적극 피력하여 明의 동의를 얻고 있을 뿐만 아니라 실제 두만강 이북지역의 경우에는 明의 영토라고 하는 인식이 존재하지 않고 오히려 鎭의 설치를 고려하는 등 적극적인 장악 의지를 보이기도 하였다.

가. 함길도 도관찰사·도절제사가 乾原 萬戶를 옮겨 설치하는 것과, 多

---

43) 최규성은 최근 연구에서 공험진의 위치에 대해 연길시내 서쪽의 北台古城으로 비정한 바 있다(최규성, 「先春嶺과 公嶮鎭碑에 대한 新考察」『한국사론』34- 한국사의 전개과정과 영토, 국사편찬위원회, 2002 참조).

溫에 邑을 설치하는 것의 편의 여부와, 인물·군병의 출처에 대하여 의논하여 아뢰기를, "만호를 옮기는 일과 읍을 설치하는 등의 일은 한결같이 도체찰사의 조치를 좇는 것이 편하겠습니다. 두만강 밖은 산천이 편편하고 넓어 賊路가 사방으로 통하고, 강물도 건널 만한 곳이 자못 많으므로 오랑캐들이 들어와 침노하기가 매우 쉽습니다."[44]

나. 영안도 관찰사 成俊과 북도병마절도사 元仲秬 등이 耶春에 축성하여 鎭을 옮기는 것이 적당하지 못한 일을 馳啓하고, 아울러 事目을 올리기를, … 領敦寧 이상과 의정부와 변경의 일을 아는 재상들을 불러 이를 의논하게 하였다. … 의논하기를, "耶春에 성을 쌓는 일은 조종조에서 처음 육진을 설치할 때 두만강을 한정하여 장성을 쌓고, 봉수를 나열시켜 두어서 방비하는 방법이 지극히 정밀하고도 엄하였습니다. 그러나 얼음이 얼거나 물이 얕을 때에는 胡人이 그래도 틈을 타서 침입하여 약탈하였는데, 이제 장성의 험함을 버리고 오랑캐의 지역에 깊숙이 들어가서 수고롭게 城堡를 쌓고 사방으로 흩어지는 땅에 군사와 백성을 두면, 이는 바로 고기를 굶주린 호랑이의 입에 던지는 것이니, 계책으로는 훌륭한 것이 아닙니다. …"[45]

위의 사료 '가'는 乾原 萬戶의 移設과 多溫에 邑을 설치하는 문제를 논의하면서 두만강 北岸地域을 거론하고 있는 대목이다. 즉, 입지를 이야기 하면서 두만강 밖은 산천이 편편하고 넓어 賊路가 사방으로 통하고, 강물도 건널 만한 곳이 많아서 여진인들의 침략을 받기 쉬우므로 결과적으로 이곳으로 이설하는 바람직하지 않다는 것이다. 이러한 대목은

---

44) 『세종실록』 권91, 세종 22년 11월 을축.
45) 『성종실록』 권283, 성종 24년 10월 정묘.

당시 두만강 이북지역을 조선이 어떻게 인식하고 있었는지를 분명히 보여주고 있다.

사료 '나' 역시 동북면 지역의 鎭을 이설하는 방안을 논의하는 가운데 두만강 강북지역인 耶春[46]을 후보지로 검토하고 있었다는 사실을 보여주고 있다. 이러한 인식을 통하여 볼 때 明과 조선은 두만강 일대에 대한 조·명 간의 경계를 논하지 않았거나 명이 조선 측의 요청을 양해한 '공험진 이남지역'은 두만강 북방을 포괄하는 지대라고 보아야 할 것이다. 앞서 언급한 바와 같이 이러한 영토인식이 『세종실록』 지리지에 반영되어 경원도호부의 북쪽 경계를 7백리가량 떨어진 공험진과 先春嶺으로 표기한다거나 六鎭지역의 기사에 두만강 북안지역의 지명이 다수 등장하게 된 것이라 여겨진다.[47]

조선시대에는 북방의 군사적 경계선을 주로 압록강-두만강에 의지하여 확보하려고 하였기 때문에 통상적으로 이를 國界로 인식하는 경향도 없지 않지만 그렇다고 하더라도 隣國과의 양분론적 관념에 의해 兩江 北岸地域을 중국의 영역이라고 간주하는 것은 잘못된 생각이다.

고려-명 사이의 철령 이북지역 영속문제로 고려는 전쟁을 불사하면서 공험진 이남지역의 영속을 주장하였고 이는 명에 의해 양해되었다. 특히 당시는 영토지배권이 군사적인 유효한 점거라는 의미가 강했기 때문에 조·명 간에는 명확한 국경에 대한 審定은 없었지만 양국 사이에 국계에 대한 상호 양해가 전혀 없었던 것은 아니다. 이는 조선 초기에 조선 측에서 지형도본을 만들어 명에 보고한 점이나 명태조가 조선지도를 보고 영속 문제를 거론한 적이 있다는 사실에서 분명히 알 수 있다. 정확한 지도작성 능력이나 광범위한 변경에 대한 현장 조사의 어려움 등으로 상

---

46) 경원 건너편으로 여진인이 침략할 때 경유하는 요충지임(『성종실록』 권250, 성종 22년 2월 갑자).
47) 『세종실록』 권155, 지리지 함길도 경원도호부; 김용국, 「白頭山考」, 『白山學報』 제8호, 백산학회, 1970, 32~35쪽.

세한 점거선을 지정할 수는 없었겠지만 朝·明 간에는 분명 군사적인 점
거선에 대한 양해가 있었다고 보아야 할 것이다.

또 조선에서는 명과 북방지역에서 여진인 招撫 경쟁을 벌이는 가운데
서도 군사적인 방어상 두만강을 경계로 하는 것이 바람직하다는 인식이
깊이 자리잡고 있었지만 강북 지역에 대한 鎭의 이설을 고려하기도 한
점 등에서 볼 때 북안 지역이 明의 영토라는 개념은 존재하지 않았다.
『세종실록』지리지의 경원도호부 경계를 북쪽으로 7백 리 되는 공험진·
先春嶺이라고 표기하고, 六鎭의 기사에 두만강 북안지역의 지명이 다수
등장하는 것은 그러한 인식의 결과이다.[48] 이러한 조선의 인식으로 볼
때, 明代 이래 압록강과 두만강 이북지역이 중국 고유의 영토라는 중국
학자들의 연구는[49] 사실과 크게 어긋나는 인식이다.

4. 明의 완충지대 부분 잠식

고려-원나라의 외교관계가 성립된 이래 중국을 왕래하는 육로는 주
로 압록강을 건너 이른바 동팔참 지역을 경유하였다. 東八站이란 우리나
라 義州에서 遼東都司가 있었던 遼陽까지의 노상에 설치되어 있는 8개
의 站을 지칭하는 것으로, 고려시대 원나라의 遼陽行省을 왕래할 때에
붙여진 명칭으로 추정된다.

그런데 14세기 후반에서 15세기 초에 이르는 시기의 동북아 지역은
일대 격동의 시기였기 때문에 우리나라에서 중국으로 가는 使臣路程은
안전하지 못하였다. 특히 동팔참 지역은 육로 왕래에 있어서 女眞人이
늘 使行의 안전을 위협하고 있어서 이 지역을 통하여 중국으로 왕래하기

---

48) 金龍國, 「白頭山考」, 『白山學報』 제8호, 백산학회, 1970, 참조.
49) 배성준, 「중국의 조·청국경문제 연구 동향」, 『중국의 東北邊疆연구-동향분석
     -』, 고구려연구재단, 2004, 134쪽

어려웠다. 이에 고려에서는 海路를 통해 중국을 왕래하기도 하였지만 난파의 위험이 있어서 그 노정도 안전한 것은 아니었다.[50]

그러다가 明의 기반이 안정되어 가면서 1409년부터 다시 陸路로 중국에 왕래하게 되었는데,[51] 이러한 육로의 개통에 따라 조선에게 동팔참 지역은 또다시 매우 중요한 관심의 대상이 되었고, 안전확보를 위해 적절한 경영이 필요하게 되었다.[52]

그런데 앞서 언급한 바와 같이 明은 당초부터 압록강까지 점거하지 않고 강으로부터 200리 정도 떨어진 連山關에 국경 把守를 설치하였다. 이로 말미암아 명나라의 국경 把守가 설치되어 있던 連山關으로부터 以東지역은 朝·明 어느 나라에도 예속되지 않은 특수한 구역이 되었다. 뿐만 아니라 명나라는 조선을 견제하기 위해 여진인의 入朝 권장과 厚待를 통한 招撫策을 적극 실시하였고, 衛所 설치에 이들을 활용하였으나[53] 이는 형식상의 구조일 뿐 明의 여진지역에 대한 군사적 영향력은 조선과 마찬가지로 지극히 제한적이었고, 압록강 북안지대를 비롯한 조·명 사이의 넓은 여진 雜居 지역은 양국 사이의 완충지대로 남게 되었다.

이러한 상황이다 보니 이 지역을 왕래하는 조선의 사신들은 본국으로부터 독자의 호송군을 편성해 동행해야 했고, 이는 명나라도 마찬가지였다. 그러나 명나라는 여러 차례 자국의 사신단 호송마저 조선 측의 도움을 받고자 하였다.[54] 그러나 이 지역은 인적이 드물고 교통로가 매우 험

---

50) 유재춘, 앞의 논문, 2011, 참조.
51) 『通文館志』 제3권, 事大 上 航海路程.
52) 명나라 영락제 때에 북경으로 수도를 옮긴 이후 조선의 사행로는 전보다 훨씬 단축되었고, 대개 동팔참로를 경유하는 육로가 거의 고정화되었다. 육로 노정은 대개 의주를 건너 遼陽까지 380리였다(金九鎭, 「朝鮮 前期 韓·中關係史의 試論―朝鮮과 明의 使行과 그 性格에 대하여―」, 『弘益史學』 4, 1990, 16~22쪽 참조).
53) 명나라는 조선 태종 9년(1409)까지 115개의 女眞衛所를 설립하였다(박원호, 『明初朝鮮關係史研究』, 일조각, 2002, 170~171쪽).
54) 『세종실록』 권50, 세종 12년 11월 갑자.

하여 통행에 큰 어려움이 있었기 때문에 사신단의 안전을 보장하기 어려웠다. 이에 1436년(세종 18) 12월 조선에서는 요동에 咨文을 보내 連山關을 통하는 길보다 남쪽에 위치한 刺楡寨를 경유하는 사신행로의 변경을 요구하기에 이르렀다.[55] 이에서 보면 조선 측은 사행로가 험하고 인적이 없어 사행이 묵어 갈만한 곳이 없다는 등 주로 통행의 불편을 들어 사신행로의 변경을 요청하고 있다.

이에 대해 명나라 측은 조선의 새 使行路 사용에 대해 부정적이었고, 거듭된 조선의 요청을 20여 년 이상 받아들이지 않았다.[56] 그런데 세조 6년(1460)에 이르러 명나라 측에서는 새로운 해결책을 조선에 제시하였다. 즉, 明은 謝恩使 金禮蒙을 통해 보낸 칙서에서 여진인들의 노략 위협 때문에 갑자기 사행로를 바꾼다는 것은 스스로 겁약을 드러내는 것이므로 온당치 못하다고 하면서 조선의 경계와 명나라의 連山關 중간쯤 되는 來鳳에 성을 쌓고 군관을 배치하여 지키다가 사신을 호송하겠다는 것이었다.[57] 당초 조선에서는 사신행로를 변경하는 것이 목적이었는데, 상황은 조선이 의도한 바와는 다른 방향으로 진전되게 되었다. 조선의 사행로 변경요청을 계기로 명나라가 군사적으로 공한지대를 점거하는 것은 조선 측에서 전혀 바랐던 바가 아니었다. 이와 같이 명은 조선의 사신로 변경 요청을 20여 년간 지연시키다가 이를 국경 완충지대인 연산관~압록강 사이의 공한지대를 점거하는 구실로 삼으려 하고 있는 것이다. 이는 여진 招撫가 어느 정도 진전되고 명의 요동 邊墻이 정비되어 가면서 이 공한지대를 장악할 수 있는 여건이 조성되었다고 판단했기 때문일 것이다.

---

55) 『세종실록』 권75, 세종 18년 12월 기사.
56) 『세종실록』 권80, 세종 20년 1월 병오; 『태종실록』 권17, 태종 9년 5월 정축; 『문종실록』 권3, 문종 즉위년 8월 을해, 경인; 『세조실록』 권4, 세조 2년 5월 정축; 『세조실록』 권19, 세조 6년 3월 정해.
57) 『세조실록』 권21, 세조 6년 8월 기사.

특히 명나라는 동북지역의 확보를 점차 확대하는 과정에서 종전의 連山把截보다 훨씬 동쪽에 위치한 공한지대 내의 湯站地域에 城을 축조하고 주변지역을 점거해 가는 예기치 않은 상황이 전개되면서 조선에서는 이에 대한 대책에 부심하게 되었다. 湯站에 堡를 축조한다는 것이 공식적으로 조선 측에 전달된 것은 1474년(성종 5) 5월이다. 명나라 사신은 도승지 김승경을 통하여 조선에서 新使行路를 요청하였기 때문에 탕참에 보를 축조하고자 하니 城을 축조할 때 조선에서 양식을 제공해 달라는 요청을 하게 되었다.[58] 또한 성종이 경회루에서 명나라 사신을 초청해 연회를 베푸는 자리에서 명나라 사신은 조선사신 행로의 안전을 위해 湯站堡를 축조한다는 것을 누누이 강조하였다. 성종은 이에 대해 사례하는 태도를 보였으나 명 사신이 양식 보급을 요청하는데 대해서는 勅書도 없었고, 아국의 변방 사정도 있어서 곤란하다는 뜻으로 거절하였다.[59]

조선 측에서는 명나라의 연산관~압록강 사이의 공한지대를 명이 점거하게 되면 군사적 위협뿐만 아니라 변경 안정에도 심각한 문제가 발생할 것이라고 판단하면서도[60] 이러한 명나라의 요청은 조선 사신행로의 안전을 위한다는 명분을 가지고 이루어진 것이기 때문에 조선의 입장으로는 매우 난처한 문제였다. 더욱이 이전에 사행로 변경을 요청한 바 있었기 때문에 조선으로서는 마땅히 거절할 명목이 없었던 것이다. 이 문제를 조선에서는 조선 출신인 명나라 사신 鄭同을 설득하여 문제를 해결하고자 하기도 하였다.[61] 또 조선에서는 명 사신이 말한 탕참보 축조가 사실인지 알아보기 위해 1481년(성종 12) 6월 千秋使로 파견된 홍귀달에게 下書하여 중국에서 開州·湯站 등지에 堡를 설치하고 防成하려 한

---

58) 『성종실록』 권129, 성종 12년 5월 병신.
59) 위와 같음.
60) 『세조실록』 권40, 세조 12년 11월 경오.
61) 『성종실록』 권130, 성종 12년 6월 임자. 明使 鄭同에 대해서는 「鮮初의 朝鮮出身 明使考」(曺永祿, 『國史館論叢』 第14輯, 國史編纂委員會, 1990) 참조.

다고 하는데 요동에 가서 이를 알아보고 즉시 通事를 통해 보고하도록
하고 있다. 통사를 통해 어떤 내용이 보고되었는지는 알 수 없지만 천추
사 홍귀달은 귀국길에 중국 兵部의 자문을 가지고 왔는데, 여기에서 명
나라는 조선 사신이 왕래하며 자고 머무르게 하기 위하여 鎭東·鎭夷·鳳
凰 등지에 站을 설치하겠다는 것을 정식으로 통보해 왔다.[62]

한편 明은 성종 15년(1484) 한치형 등이 명나라에 갔다 귀국할 때 명
에서는 서반으로 호송군을 편성해 의주까지 왕래하도록 하게 되는데,[63]
이에 대해 조선은 이를 저지하고자 하였다. 이유는 그들에 대한 접대의
번거로움과 동팔참 空地의 잠식에 대한 우려 때문이었다. 특히 後者에
있어서는 명이 조선을 厚待하여 서반으로 편성된 호송군을 보내는 것은
좋지만 요동까지만 호송해야 할 것이라고 요청하고 있다. 즉, 명나라는
조선 사신에 대해 '조선은 禮義之國이라 朝貢을 끊지 아니하니, 舘待를
후하게 함은 마땅히 다른 나라의 갑절로 해야 할 것입니다. 믿을 만한
사람을 보내어 호송하여 지경에 나가게 해야 합니다'라고 하였고,[64] 호
송을 맡은 李翔은 '我當送至江上'이라고 하여 '江上'(압록강을 의미하는
것으로 보임)까지 호송하려고 하였다. 이에 조선 측에서는 '舘路는 遼東
에 이르러 그쳤고 우리나라 迎送軍도 요동에 이르러 기다리는데, 大人이
遼東(압록강까지 호송하는 것을 말하는 것이나 實錄 기록은 이를 정확
히 표현하지 못함)까지 호송하는 것은 바로 국경을 나가는 것이며, 東八
站은 날씨가 춥고 길이 험하니, 왕래에 勞困할까 두렵습니다'라고 하며
거절하였다.[65] 명나라의 李翔은 조선 측의 말이 옳다고 하면서도 이미
조정에 주달하였으므로 고치기 어렵다고 하고 있다.

당시 조선 측은 명나라 호송군에 대한 접대의 번거로움도 있었지만

---

62) 『성종실록』 권132, 성종 12년 8월 무진.
63) 『성종실록』 권226, 성종 20년 3월 병인.
64) 『성종실록』 권226, 성종 20년 3월 계미.
65) 위와 같음.

명나라가 이를 빌미로 하여 양국 사이의 空閑地帶인 동팔참 지역을 군사
적으로 접수하는 것을 차단하기 위한 것이었다. 특히 요동을 떠나 압록
강에 이르는 것을 '出境'이라 표현하고 있다는 점은 매우 주목할 만한 사
실이다. 이는 조선 측이 대체로 압록강을 '界'로 삼고 있으면서 동시에
明의 國界를 압록강 北岸이 아닌 요동(구체적으로는 連山把截)으로 인
식하고 있었다는 것을 의미한다. 조선 측의 요청에 응하는 반응을 보인
명나라 李翔은 예부상서에 의논하니 이미 조정에 주달하였으므로 고치
기 어렵다고 하며 出境 호송을 관철하려고 하고 있다. 아마 李翔은 明
정부로부터 이미 모종의 지시를 받은 것으로 추정된다.[66]

이러한 일련의 변화는 결국 궁극적으로 과거 空閑地帶, 즉 無屬地로
있었던 동팔참 지역을 완전히 明의 영토로 편입하려는 속셈에서 비롯된
것이다. 명은 1493년을 전후하여 의주로부터 불과 60여 리 정도 떨어진
곳에 탕참보를 설치함으로써 압록강 연안에 근접하게 되었다. 명이 탕참
보를 설치하는데 조선에서 양곡을 보급해 주는 폐해는 없었지만 이러한
명나라의 東占으로 말미암아 공한지대의 침해로 인한 군사적 긴장은 물
론 조선인 투화자가 급증함으로써 조선에게는 커다란 문제가 되고 있었
다.[67]

특히 서북 변경지방을 繁盛시키기 위해 세종대부터 여러 차례 강제적
인 徙民策까지 시행하였던 것을 상기할 때,[68] 이러한 예기치 않은 사태
는 심각한 문제가 아닐 수 없었다. 변경지방에 대한 徙民과 토착민의 지
속적인 富盛을 통해 변경방비력을 튼튼히 하려고 하였던 조선의 의도는
예기치 않은 상황 전개로 말미암아 큰 난관에 부딪치게 되었던 것이다.

---

66) 이는 당시 사신으로 갔던 한치형이 李翔이 禮部에 의논했는지 확실히 알 수 없
　　다고 하며 의심하고 있는 대목에서 추정해 볼 수 있다(『성종실록』권226, 성종
　　20년 3월 계미).
67) 『성종실록』권219, 성종 19년 8월 乙卯.
68) 李相協, 『朝鮮前期 北方徙民 硏究』, 경인문화사, 2001, 17~49쪽.

이러한 투화자 증가 문제의 발생은 고려 말의 상황과는 전혀 다른 현상이다. 즉, 元末期의 혼란기에 遼陽·瀋陽을 비롯한 遼東지역의 많은 주민들이 고려로 내투하여 명에서는 그들 중 일부를 쇄환해 간 일이 있는데,[69] 명의 권력 확립과 함께 동북지방에 대한 안정화정책으로 15세기에 들어서는 오히려 무거운 부역을 피해 요동지역으로 이탈해 가는 사람들이 증가하였던 것이다.

중국이 만주지역에 계속 衛所를 설치하고 동팔참 지역에 순차적으로 곳곳에 堡를 설치하는 것이 점차 현실화 되면서 조선에서는 이에 대한 대책이 활발하게 논의되었다. 앞서 언급한 바와 같이 조선에서 중국의 탕참보 役事에 협조적이기 않았던 가장 중요한 이유는 양식제공에 따른 번거로움 때문이 아니었다. 그보다는 탕참보 축조는 양국 변경의 空閑地帶가 항구적으로 明에 귀속되게 되고, 군사적 거점 확보에 이어 일대가 개척되게 되면 조선과 근접해 있는 지역이기 때문에 我國人이 무거운 賦役을 피해 중국으로 投化하는 일이 발생하고, 더 나아가서는 압록강 하구의 섬에 대한 경작권까지 다툼이 생길 것이 우려되기 때문이었다.[70] 뿐만 아니라 명나라 군사가 가까이 進駐하게 되면 조선의 국방상에도 커다란 위험이 되기 때문이었다.

1481년(성종 12)에 남원군 양성지가 上言한 내용에 그러한 문제가 정확하게 지적되어 있다. 그는 上言에서, "자고로 천하 국가의 事勢는 이미 이루어졌는데도 혹 알지 못하기도 하고 비록 이미 알아도 또 (어떻게) 하지 못하니, 이것이 모두 잘못된 일중의 큰 것입니다."라고 하며 明에서 동팔참 지역의 요충지인 봉황산에 성을 쌓고 웅거하면서 거주민들에게 가벼운 부역을 부과하며 우리나라 사람을 誘致하면 그것도 우려할 만한

---

69) 國史編纂委員會, 『국역 中國正史 朝鮮傳』 明史 朝鮮列傳 洪武 19年 2月, 1986.
70) 이에 도승지 김승경은 관방의 강화와 압록강 하구 세 섬을 중국에서 탕참보를 쌓고 중국인이 와서 경작하기 전에 먼저 경작하도록 하여야 한다고 건의하였다.

것이지만 그보다는 명나라 군대가 가까이 주둔하는 것이 영구한 근심꺼
리라고 지적하고 있다.[71] 또한 明은 개주에 성을 쌓는 것으로 그치지 않
고 계속 동점할 것이라고 하며[72] 중국 측에서 조선을 넘보지 않으리라
는 보장도 없음을 지적하고 있다. 이는 양국의 외교관계가 세종대 이후
로 대개 안정성이 확보된 상황하에서도 중국에 대해서 상당한 불신을 보
여주는 대목이다. 특히 양성지는 명나라가 초기에 조선에 대해 나름대로
존중하는 태도를 보인 것은 그들의 도읍이 금릉에 있었고 우리나라가 北
元과 국경을 접하고 있었기 때문에 형세가 그렇게 하지 않을 수 없었던
것이라고[73] 하여 당시 상황을 정확히 꿰뚫고 있다. 이는 결국 永樂帝 이
후 明이 수도를 북경으로 옮긴데다가 北元도 완전 구축되어 예전과는 사
정이 크게 달라졌고, 명이 점차 東占하고 있으니 이를 크게 경계하고 대
비해야 한다는 것이었다.

　당시 開州에 鎭을 설치하는 것이 明에서는 마치 조선을 위한 일인 것
처럼 말하지만 본심은 그러한 것이 아니며, 명백히 조선에 불리한 일이
니 저지하는 것이 좋겠다고 여겼다.[74] 明은 공한지대인 동팔참 지역을
점유하는데 대해 조선에 대한 부담을 가지고 있었기 때문에 줄곧 조선사
신의 안전보장을 위한 것이라고 강조하였지만 실제로는 영토확장에 목
적이 있다는 것을 조선 측에서는 간파하고 있었던 것이다. 특히 조선에
서는 명의 開州鎭 설치가 그로써 끝나는 것이 아니라 점진적으로 東占의
전초기지가 될 것이라는 점을 알고 있었고, 궁극적으로는 명이 조선을
침략할 수도 있다는 우려를 가지고 있었다. 이는 단순히 조선이 자의적

---

71) 『성종실록』 권134, 성종 12년 10월 무오.
72) 위와 같음.
73) 위와 같음.
74) 李坡, 李陸·韓堰·崔永潾 등의 논의도 중국이 開州城을 축조하는 것이 과연 조
　선을 위한 것인지는 알 수 없으며, 당연히 鎭의 철폐를 요청하여야겠지만 중국이
　조선사신 행로를 지키기 위한 것이 목적이라고 완곡하게 이야기하기 때문에 사
　세가 매우 어렵게 되었다는 것이다(『성종실록』 권134, 성종 12년 10월 무오).

으로 생각한 것이 아니라 이미 고려 말에 명태조는 고려에 대해 '내가 만약 당신들을 정벌하게 되면 마구 가지는 않을 것이다. 일정한 거리마다 성을 축조하고 천천히 견고하게 쳐들어갈 것이다'[75]라고 말한 바 있기 때문에 조선으로서는 명의 開州鎮 설치가 단순히 공한지대 점거에 대한 우려를 넘어서 국가안보에 심각한 위협이 되고 있다고 판단하였던 것이다. 남원군 양성지가 "국가는 한 시대에 姑息되지 말고 萬世의 계책을 세워야 하며 無事한 것을 요행으로 삼지 말고 만전의 정책을 세워야 합니다."[76]라고 건의한 것은 바로 그러한 상황에 연유한 것이다. 이 말은 단지 중국과 무사한 것만이 능사는 아니므로 적극적인 대처가 필요하다는 의미라고 할 수 있다. 또 1488년(성종 19) 6월 무령군 유자광이 上를 한 내용에서도 명나라가 동북지역에 힘이 미치지 못할 때에는 압록강에서 連山까지 空地로 두어 양국민이 서로 함부로 왕래하지 못하도록 하였다가 점차 여력이 생기면서 이곳을 모두 점거하여 압록강 유역까지 다다르게 될 것이니 궁극적으로는 조선에 위협이 될 것이 분명하다는 점을 지적하고 있다.[77]

당시 명나라의 동팔참 일대에 대한 堡 설치가 영토 확장의 일환이라는 것은 말할 필요도 없다. 이는 연산군 8년(1502) 4월 영의정 한치형 등이 논의한 내용 가운데

중국에서는 비록 조선의 貢物 바치는 길을 위한 것이라고 공공연하게 말하고 있지마는, 실상은 八站을 內地로 만들어 토지를 개척하기 위한 계책입니다. 서로 바라보이는 반나절 길이니 義州의 이익을 늘이려는 사람들이 반드시 아침에 갔다가 저녁에 돌아오므로, 이로 인하여 무거운 일을 피하고 수월한 일에 나아가는 사람들이 점차 들어가 살게 되므로 참으

---

75) 『고려사』 권136, 신우4, 5월.
76) 『성종실록』 권134, 성종 12년 10월 무오.
77) 『성종실록』 권217, 성종 19년 6월 병신.

로 작은 일이 아니니, 두 나라의 關防을 삼가지 않을 수 없습니다.[78]

라고 하는 데서 잘 나타난다. 중국은 겉으로는 堡 설치가 조선 사신의
안전한 왕래를 위하는 것처럼 표명하였지만 실제로는 국경완충지대였던
연산관~압록강 사이의 空閑地帶를 확실히 명의 內地로 편입하기 위한
조치였던 것이다. '內地'로 만든다는 개념이 쓰이고 있는 것으로 본다면
결국 연산관 밖의 완충지대는 명나라 통제를 벗어나 있는 구역이라는 점
은 분명하다고 하겠다.

양국 사이의 국경완충지대 기능을 하던 공한지대가 명에 의해 점거되
기 시작한 것은 그로부터 1백 년가량이 지난 후였다. 고려 말~조선 초
기에 서북지역 변경의 공한지대가 1세기 가량 유지되었다는 것은 그만큼
이 지대에 대한 양국의 공한지대 인식이 깊이 자리잡게 되었다는 것을
의미하는 것이다. 그러나 이 공한지대가 명에 의해 점거되는 빌미가 명
이 아닌 조선 측에 의해 제공되었다.

동팔참 지역은 명이 遼東을 장악하고 있는 상황에서도 連山關 以東
지역은 실질적인 통치력이 미치지 못하였다. 이 때문에 이 지역을 왕래
하는 조선과 명나라의 사신은 여진인의 위협을 받게 되었다. 특히 사신
파견이 많은 조선에게는 매우 중대한 문제였다. 이러한 상황이다 보니
이 지역을 왕래하는 조선의 사신들은 본국으로부터 독자의 호송군을 편
성해 동행해야 했다. 더구나 이 지역은 인적이 드물고 교통로가 매우 험
하여 통행에 큰 어려움이 있었기 때문에 1436년(세종 18) 12월 조선에서
는 요동에 咨文을 보내 연산관보다 남서쪽에 위치한 刺楡寨를 경유하는
사신행로의 변경을 요구하기에 이르렀다.[79]

---

78) 『연산군일기』 권43, 연산군 8년 4월 신미.
79) 『中國東北史』(叢佩遠, 1998, 제3권 644쪽)에서는 1480년경 조선에서 使行路
변경을 요구한 것으로 되어 있지만 『朝鮮王朝實錄』 기록을 통하여 이미 그로부
터 40여 년 전인 조선 世宗代에 사행로 변경을 요구하였음을 알 수 있다.

명나라는 조선 측의 요청을 받아들이지 않았다. 표면적으로는 剌楡寨를 통하는 길이 매우 나쁘고, 여진의 위협 때문에 사신행로를 바꾼다는 것은 국가 체면이 아니라는 것이었지만 실제로는 剌楡寨를 통하는 도로변에 조선인이 많이 거주하고 있었기 때문에 이곳에 거주하는 조선인과 조선이 서로 연대하는 것을 꺼렸기 때문이었다.

조선 측의 사신로 변경 요청을 받아들이지 않고 지연시키던 明은 돌연 조선사신로 보호를 명목으로 공한지대에 군사거점을 만들어 점거하게 되었다. 조선은 명의 공한지대 점거를 저지하려고 하였으나 明이 조선사신의 안전보장을 명분으로 삼았기 때문에 이에 대한 적극적인 항의나 철회 요구가 어려웠다. 반면 명은 조선 측에 시종일관 매우 신중하게 접근하고 있다. 이는 이 공한지대가 이미 오랫동안 양국 간 국경완충지대로 자리잡고 있었기 때문에 조선 측의 적극적 반발로 이어지면 明도 입장 정리가 어렵게 되고 자칫 양국 간 군사적 긴장으로 이어질 가능성도 배제할 수 없었기 때문이다. 명은 표면적으로는 城堡 설치가 조선 사신의 안전한 왕래를 위하는 것처럼 완곡하게 설명하였지만 실제로는 국경완충지대였던 연산관~압록강 사이의 空閑地帶에 대한 영향력 확대를 위한 것이었다.

5. 맺음말

이상에서 14~15세기 전후 명나라와의 사이에 존재하였던 국경완충지대 형성 배경과 그에 대한 인식, 그리고 그것이 부분적으로 明에 의해 점거되어 가는 과정에 대해 살펴보았다.

조선시대에는 북방의 군사적 방어의 편의상 주로 압록강~두만강에 의지하여 확보하려고 하였기 때문에 통상적으로 이를 國界로 인식하는 경향도 없지 않지만 그렇다고 하더라고 隣國과의 양분론적 영토 분할 관념에 의해 兩江 北岸地域을 곧 중국의 영역이라고 간주하였던 것은 아니었다.

고려~명 사이의 철령 이북지역 영속문제로 고려는 전쟁을 불사하면서 공험진 이남지역의 영속을 주장하였고 이는 명에 의해 양해되었고, 주변의 여진인에 대한 통할권 역시 명의 추인을 얻어 내고 있다. 특히 당시는 영토지배권이 군사적인 유효한 점거라는 의미가 강했기 때문에 조·명 간에는 명확한 국경에 대한 審定은 없었지만 양국 사이에 국계에 대한 상호 양해가 전혀 없었던 것은 아니다. 이는 조선 초기에 조선 측에서 지형도본을 만들어 명에 보고한 점이나 명태조가 조선지도를 보고 영속 문제를 거론한 적이 있다는 사실에서 분명히 알 수 있다. 정확한 지도 작성 능력이나 광범위한 변경에 대한 현장 조사의 어려움 등으로 상세한 상호 간 분할선을 명확하게 표시할 수는 없었겠지만 朝·明 간에는 분명 군사적인 점거선에 대한 양해가 있었다.

또 조선에서는 명과 북방지역에서 여진인 招撫 경쟁을 벌이는 가운데서도 군사적인 방어상 두만강을 경계로 하는 것이 바람직하다는 인식이 깊이 자리잡고 있었지만 강북 지역에 대한 鎭의 이설을 고려하기도 한 점 등에서 볼 때, 북안 지역이 明의 영토라는 개념은 존재하지 않았다. 『세종실록』 지리지의 경원도호부 경계를 북쪽으로 7백 리 되는 공험진·先春嶺이라고 표기하고, 六鎭의 기사에 두만강 북안지역의 지명이 다수 등장하는 것은 그러한 인식의 결과이다. 또 이는 "遼東邊墻"을 직접적인 통치권역으로 인식하고 있는 『全遼志』와 같은 중국의 기록에서도 확인할 수 있다. 따라서 압록강과 두만강 이북지역이 明代 이래 중국 고유의 영토라고 하는 朝·清 국경문제를 연구하는 중국학자들의 견해는 사실과 거리가 있다.

한편 압록강 북변의 경우 明은 요동지역을 확보하면서 조선과 직접 접경을 하게 되었으나 고려와 직접적으로 국경을 맞대는 것을 피하고 압록강변으로부터 상당히 떨어져 있는 連山關에 국경파수를 설치하였다.

이 때문에 連山關과 압록강 사이에는 공한지대가 생기게 되었던 것이다. 당시 명이 압록강변에 멀리 떨어진 連山關에 國境把守를 설치한 것은 고려 공민왕대에 있었던 遼東八站 地域과 동녕부에 대한 高麗軍의 군사적 점거와 매우 밀접한 관련이 있으며, 또 한편으로는 연산관 以東地域에 대한 군사적인 점거가 용이하지 않았기 때문이다.

이러한 양국 사이의 국경완충지대 기능을 하던 공한지대가 명에 의해 점거되기 시작한 것은 그로부터 1백 년가량이 지난 후였다. 고려 말~조선 초기에 서북지역 변경의 공한지대가 1세기 가량 유지되었다는 것은 그만큼 이 지대에 대한 양국의 공한지대 인식이 깊이 자리잡게 되었다는 것을 의미하는 것이다. 그러나 이 공한지대가 명에 의해 점거되는 빌미가 명이 아닌 조선 측에 의해 제공되었다. 조선 측의 사신으로 변경 요청을 받아들이지 않고 지연시키던 明은 돌연 이를 빌미로 공한지대에 군사거점을 만들어 점거하게 되었던 것이다. 조선은 명의 공한지대 점거를 저지하려고 하였으나 明이 조선사신의 안전보장을 명분으로 삼았기 때문에 이에 대한 적극적인 항의나 철회 요구가 어려웠다.

반면 명은 조선 측에 시종일관 매우 신중하게 접근하고 있다. 이는 이 공한지대가 이미 오랫동안 양국 간 국경완충지대로 자리잡고 있었기 때문에 조선 측의 적극적 반발로 이어지면 明도 입장 정리가 어렵게 되고 자칫 양국 간 군사적 긴장으로 이어질 가능성도 배제할 수 없었기 때문이다. 명은 표면적으로는 城堡 설치가 조선 사신의 안전한 왕래를 위하는 것처럼 완곡하게 설명하였지만 실제로는 국경완충지대였던 연산관~압록강 사이의 空閑地帶에 대한 영향력을 강화하기 위한 것이었다. 그러나 명이 여전히 邊門을 압록강변으로 옮기지 않았다. 이 역시 불필요하게 조선을 자극하여 명이 얻을 수 있는 이익이 없었기 때문이다.

그런데 연산관~압록강 사이의 공한지대를 명이 점거하였다고 하여 양국 사이의 국경완충지대가 모두 없어진 것은 아니다. 명의 邊墻 밖으로부터 조선의 동북 변경지역에 이르기까지 여진인이 할거하고 있던 광활한 지대가 실질적으로 조·명 간의 국경완충지대로 작용했다고 볼 수 있다. 淸代의 柵門이 압록강으로부터 상당히 떨어진 봉황산 근처에 있었고 압록강 상류 쪽으로 邊墻 밖에 광활한 공한지대를 둔 것은 조·명 간 국경완충지대가 존재했었다는 사실과 무관하지 않다. 이는 단순히 淸의 封禁地帶 설정만으로 설명될 수 없는 부분이다. 1712년 國界 審定이 양국인의 犯越과 상호 충돌 방지라는 명목을 가지고 이루어졌지만 주밀하게 이루어지지 못하여 후일 분쟁의 소지를 남긴 것도 이러한 양국 간 오랜 기간 동안 존재하였던 국경완충지대와 무관하지 않다.

참고문헌

1. 사료

『朝鮮王朝實錄』,『高麗史』,『국역 中國正史朝鮮傳』(국사편찬위원회),『明太祖實錄』,『東國文獻備考』,『東國輿地勝覽』, 白頭山定界碑文,『明史』,『通文館志』,『遼海叢書』

2. 단행본

고구려연구회 편,『동북공정과 한국학계의 대응논리』, 여유당, 2008.

김용국 외,『間島 領有權問題 論攷』, 백산자료원, 2000.

남의현,『明代遼東支配政策研究』, 강원대 출판부, 2008.

노계현,『고려영토사』, 갑인출판사, 1993.

_____,『고려외교사』, 갑인출판사, 1994.

동북아역사재단 번역, 조세현,『중국의 국경 영토 의식』, 동북아역사재단, 2007.

방동인,『韓國의 國境劃定研究』, 일조각, 1997.

백산학회,『간도영토에 관한 연구』, 백산자료원, 2006.

서정철·김인환,『지도위의 전쟁』, 동아일보사, 2010.

시노다 지사쿠 저, 신영길 역,『간도는 조선땅이다 - 백두산정계비와 국경 -』, 지선당, 2005.

양태진,『韓國邊境史研究』, 법경출판사, 1989.

_____,『韓國國境史研究』, 법경출판사, 1992.

_____,『우리나라 領土 이야기』, 대륙연구소, 1994.

_____,『近世韓國境域論考』, 경인문화사, 1999.

_____,『우리의 영토와 지명』, 이회문화사, 2008.

엄성용 외,『소통과 교류의 땅 신의주』, 혜안, 2007.

유정갑,『북방영토론』, 법경출판사, 1991.

윤휘탁 외, 『중국의 東北邊疆 연구 3 - 동향분석 - 』, 고구려연구재단, 2004.

이한기, 『한국의 영토』, 서울대출판부, 1969.

이화자, 『朝淸國境問題硏究』, 집문당, 2008.

조법종 외, 『한중관계사 연구의 성과와 과제』, 국사편찬위원회, 2003.

3. 논문

강석화, 「朝鮮後期 咸鏡道의 地域發展과 北方領土意識」, 서울대 대학원 박사학
    위논문, 1996.

김경춘, 「朝鮮朝 後期의 國境線에 대한 - 考 ; 無人地帶를 中心으로」, 『백산학
    보』 29호, 백산학회, 1984.

_____, 「豆滿江下流의 KOREA IRREDENTA에 對한 - 考」, 『백산학보』 30·31
    호, 백산학회, 1985.

_____, 「鴨綠江下流 朝·淸國境線形成問題考」, 『邊太燮博士 華甲紀念 史學論
    叢』, 삼영사, 1985.

_____, 「朝?淸國境問題의 一視點; 犯越을 中心으로」, 『慶州史學』 제6집, 동국
    대 국사학과, 1987.

_____, 「鴨綠·豆滿江 國境問題에 關한 硏究」, 국민대 대학원 국사학과 박사학
    위논문, 1997.

김구진, 「麗末鮮初 豆滿江 流域의 女眞 分布」, 『백산학보』 15호, 백산학회,
    1973.

김득황, 「조선의 北方疆界에 관하여」, 『백산학보』 41호, 백산학회, 1993.

김성균, 「朝鮮朝 北境關防定礎 略考」, 『백산학보』 15호, 백산학회, 1973.

김순자, 「10~11세기 高麗와 遼의 영토 정책 - 압록강선 확보 문제 중심으로 - 」,
    『北方史論叢』 11호, 고구려연구재단, 2006.

김용국, 「白頭山考」, 『백산학보』 8호, 백산학회, 1970.

김춘선, 「鴨綠·豆滿江 국경문제에 관한 한·중 양국의 연구동향」, 『韓國史學報』
    12, 고려사학회, 2002.

김태준, 「중국 내 연행노정고」, 『동양학』 35, 단국대 동양학연구소, 2004.

노계현, 「高麗의 압록강 방면 영토변천 1269; 1388」, 『논문집』 18집, 한국방송통
    신대학교, 1994.

박용옥, 「白頭山 定界碑建立의 再檢討와 間島領有權」, 『백산학보』 30·31호, 백
    산학회, 1985.

배동수, 「조선 세종의 북방정책」, 『韓國北方學會論集』 第8號, 한국북방학회,
    2001.

양태진, 「白頭山 天池를 圍繞한 韓·中國境線」, 『한국학보』 22집, 일지사, 1981.

_____, 『한국의 국경의식』, 韓國史選書, 同和出版公社, 1981.

_____, 「豆滿江 國境河川論攷」, 『軍史』 제6호, 국방부 전사편찬위원회, 1983.

_____, 「民族地緣으로 본 白頭山領域 考察」, 『백산학보』 28호, 백산학회, 1984.

_____, 「鴨綠江 國境河川에 관한 考察」, 『軍史』 제8호, 국방부 전사편찬위원
    회, 1984.

_____, 「韓國 領土問題의 現狀과 對策」, 『한민족공영체』 第2號, 해외한민족연
    구소, 1994.

오종록, 「朝鮮初期의 國防論」, 『진단학보』 86호, 진단학회, 1998.

유재춘, 「15세기 明의 東八站 地域 占據와 朝鮮의 對應」, 『조선시대사학보』 18,
    조선시대사학회, 2001

_____, 「15세기 前後 朝鮮의 北邊 兩江地帶 인식과 영토 문제」, 『조선시대사학
    보』 39, 조선시대사학회, 2006.

윤훈표, 「朝鮮前期 北方開拓과 領土意識」, 『한국사연구』 129, 한국사연구회,
    2005.

이강원, 「조선 초 기록중 '豆滿' 및 '土門'의 개념과 국경인식」, 『문화역사지리』
    19-2호, 한국문화역사지리학회, 2007.

_____, 「조선후기 국경인식에 있어서 豆滿江·土門江·分界江 개념과 그에 대한
    검토」, 『정신문화연구』 108호, 한국학중앙연구원, 2007.

이미지, 「고려 성종대 地界劃定의 성립과 그 외교적 의미」, 『한국중세사연구』
    24호, 한국중세사학회, 2008.

이상태, 「北方 國境의 歷史的 考察; 白頭山 定界碑 설치를 중심으로」, 『한민족
    공영체』 第2號, 해외한민족연구소, 1994.

이승수, 「조선후기 燕行 체험과 故土 인식 − 東八站을 중심으로 − 」, 『동방학지』
　　　127, 연세대 국학연구원, 2004.

장재성, 「高麗 雙城摠管府에 관한 硏究」, 전북대 교육대학원 석사학위논문,
　　　1985.

조광, 「朝鮮後期의 邊境意識」, 『백산학보』 16호, 백산학회, 1974

한성주, 「두만강지역 여진인 동향 보고서의 분석 −『端宗實錄』기사를 중심으로」,
　　　『사학연구』 86호, 한국사학회, 2007.

元·明交替期 한반도 북방경계인식의 변화와 성격
- 明의 遼東衛所와 3衛(東寧·三萬·鐵嶺)를 중심으로 -

남 의 현*

1. 머리말

元末·明初 高麗(朝鮮)·元·明나라는 요동을 놓고 치열한 각축을 벌였다. 고려에서는 恭愍王이 反元 정책을 추진하며 雙城摠管府와 東寧府 등 북방을 회복하는 동시에 遼東을 공략하여 遼陽을 회복하고자 하는 움직임이 진행되었다. 明나라 역시 이러한 高麗의 북진과 쇠퇴해가는 元을 축출하기 위하여 遼東으로 진출을 시도함으로써 요동은 高麗(朝鮮)·元·明나라가 각축을 벌이는 장소가 되면서 14세기는 한국사에서 매우 주목받는 시기가 되었다.

21세기에 들어 元末·明初 3세력의 각축을 서술한 연구논문은 있지만 그 각축의 내용과 역사적 의미를 '境界'라는 주제 하에 고찰한 논문은 찾아보기 힘들다. 특히 1388년 北元의 納哈出(이하 나하추로 표기함)이 明과의 마지막 전투에서 패하고 명나라의 遼東都司에 흡수되고 난 이후 鴨綠江과 豆滿江을 둘러싼 조선과의 강역과 여진흡수의 문제는 고려(조선)와 명 사이에 중요한 외교적 현안이 되었음에도 이들 문제가 변경인

---

* 강원대학교 사학과 교수.

식의 형성에 어떻게 작용하였는지를 종합적으로 분석한 논문은 찾아보기 힘들다.

이러한 문제를 풀어나가기 위해서는 명의 요동도사체제가 안정되기 이전, 곧 북원의 나하추가 명과의 전투에서 패하는 시기 곧 명초(고려말)의 역사적 상황에 대한 분석이 중요하다. 왜냐하면 명나라가 북원을 축출하는 과정과 특징은 주원장이 원대의 遼陽行省 관할지역을 차지하려는 목적을 가지고 있었고 그 속에는 압록강, 두만강, 10처 여진지역 등이 포함되어 때문에 이 시기 명의 변경 정책에 대한 이해는 명과 조선의 변경 인식을 통찰하는데 필요한 부분이 될 수밖에 없다. 그런 의미에서 명이 북원을 축출하면서 고려와 여진과의 마찰을 감수하며 세우려 했던 3개의 위, 곧 東寧衛·三萬衛·鐵嶺衛 등 3衛의 설치과정과 성격에 대한 분석은 원말명초 북방경계인식을 분석하는데 가장 선행되어야 하는 주제가 되어야 할 것이다. 특히 원말명초 북방경계인식이 명 후기까지 지속되는 연속성이 있다는 측면에서 3衛의 연구는 매우 중요하다고 볼 수 있다.

일반적으로 중국의 연구성과들은 명의 요동도사 체제가 안정된 이후 조선과 명나라는 압록강과 두만강을 경계로, 여진지역은 모두 명의 지배를 받은 강역이 된 것으로 주장하고 있다. 과연 중국의 이러한 주장은 역사적 상황에 부합한 것인가. 이러한 문제의 단서를 가지고 있는 것이 바로 위에서 언급한 東寧衛·三萬衛·鐵嶺衛의 3衛이다.

이처럼 3衛가 원말 명초 변경과 경계의 실상을 확인하는 중요한 단서를 가지고 있음에도 학계에서는 원말·명초 鐵嶺衛와 관련된 단편적인 논문이 몇 편 나왔을 뿐, 鐵嶺衛 이외에 압록강과 두만강을 연결시켜 조선을 견제하고 여진을 흡수하려고 시도한 압록강 중류의 東寧衛, 두만강 유역의 三萬衛 등 3衛를 '경계의 인식과 시각'에서 종합적이고 유기적으로 고찰한 논문은 찾아볼 수 없다.

위에서 언급한 3衛는 명나라가 건국 초기 요동으로 진출하며 조선과의 경계를 짓고 여진을 명으로 통합시키려고 시도한 대표적인 衛이다.

그리고 실제 명나라가 이 3衛 설치를 시도하였으나 모두 좌절되었고 결국 그 위치를 요동도사 내부로 옮김으로써 압록강과 두만강 유역과 여진지역을 명나라의 강역으로 만드는데 실패했기 때문에 3衛는 동북지역의 3세력(조선·명·여진)의 경계인식을 밝힐 수 있는 중요한 주제들이다.

현재 중국의 연구 성과들은 ① 이러한 명초 강역 확장에 실패한 위소 설치의 좌절을 언급하고 있지 않거나, ② 그 위치를 전혀 다른 곳으로 언급하여 객관적 시각 자체를 결여하거나, ③ 언급하더라도 경계의 문제가 아니라 명나라 강역이라는 시각에 초점을 두어 연구의 한계를 보여주고 있다.

따라서 원말명초 전개된 명나라 요동위소 설치와 관련하여 위에서 언급한 3衛 설치의 성격을 살펴보는 것은 조선과 명 사이의 경계인식의 이론을 정리하는 중요한 주제가 되는 동시에 명나라 변경정책의 한계와 그들의 지배력 등 다양한 측면을 살펴볼 수 있을 것이다. 본 연구는 3衛 설치배경과 과정, 그리고 좌절된 이후 요동도사 내지로 이전, 그리고 그 성격과 경계사적 의미 등을 살펴봄으로써 境界의 시각에서의 명과 여진 지역의 관계, 압록강·두만강 경계설의 허구, 조선과 명 사이의 변경지대 등을 좀 더 객관적으로 이해하고자 하였다.

본 연구와 관련하여 중국은 자국의 입장에서 변경에 대한 입장을 이미 명확히 정리하고 있다. 본고에서 다루려고 하고 있는 압록강과 두만강, 그리고 여진지역에 대한 중국의 논리를 정리하면 1) 여진지역은 명의 강역이며, 2) 선과 여진의 관계에서는 조선이 여진지역으로 영토를 확장해 들어와 해당지역의 여진인을 조선에 귀속시켰다는 것, 3) 이러한 조선의 영토개척이 원나라의 영토였던 압록강과 두만강을 경계로 만들었으며 이로써 결국 명과 긴장관계를 유발하는 중요한 원인이 되었다는 것, 4) 명은 永樂年間(1403~1424) 송화강·흑룡강 등으로 진출하여 奴兒干都司와 함께 여진 지역에 130여 개의 여진위소를 세우고 여진인 두목들을 지휘사·천호·진무 등으로 임명하는 등 명조와 여진이 藩屬關係를 형성·유지하였다는 것, 4) 조선 동북부의 함경도 지방은 이 이전에 元朝의 관할이었고, 여진족이 생활하던 지역이므로 이치상 해당 지역의 주권은 원을 계승한 明나라가 가져야 한다는 것, 5) 따라서 이 지역은 자고이래 조선의 조상들이 살던 지역이라는 관점은 이치에 맞지 않는다는 것, 6) 실제로 명 태조~성조시기 鐵嶺설치의 좌절과 10처 여진이 조선의 관할이 된 것은 강역상 조선에 대한 중대한 양보였다는 것, 7) 조선이 여진인에게 관직을 수여한 것은 형식적·비정식적 의존관계였을 뿐이라는 것, 12) 영토상으로 말하면 여진인들의 거주지가 조선에 위치하기도 하지만 그들은 오히려 명의 관할을 받고 있었다는 것, 13) 조선이 두만강 유역의 여진인에 대한 관할권을 차지하려는 이유는 영토와 주권문제에서 주도권을 차지하기 위한 것이며, 또한 북진정책도 영토 확장을 하기 위한 의도였다는 것 등이다. 본 연구는 鐵嶺衛·東寧衛·三萬衛 등 이들 3위의 설치시도와 좌절을 중심으로 이러한 중국의 입장에 대한 비판적 입장을 견지하며 명과 조선 사이에 형성된 원말·명초의 경계인식을 정리해 보고자 하였다.

2. 明의 遼東進出과 衛所設置

1) 명의 요동진출과 몽고·고려와의 갈등

14세기 중엽 동아시아는 紅巾軍의 등장, 元의 쇠퇴 등으로 상당히 불안정하게 변화되고 있었다. 특히 明이 중원에 등장하여 몽고를 축출해나감으로써 동아시아는 새로운 질서변동을 예고하고 있었다.[1]

1368년 朱元璋을 중심으로 明朝가 건국되었지만 건국 이후에도 중원

---

1) 張士尊, 「元末紅巾軍遼東活動考」, 『松遼學刊』, 1996年 第2期, 44쪽.

의 서북에서는 강력한 원의 군사력이 중원을 위협하고 있었다. 그 세력
은 몽고의 擴廓帖木兒(擴闊帖木兒, 쾨쾨티무르)가 중심이었고[2] 山西·
陝西·甘肅 등지에서 군사력을 모아 明과 대치하고 있었다.[3] 洪武 3년
(1370) 정월 주원장은 征虜大將軍 徐達에게 대군을 이끌게 하여 沈兒
谷에서 擴廓帖木兒의 10만 군대를 대패시켰으며, 그 결과 擴廓帖木兒는
몽고 和林으로 도주하여 내지의 강력한 몽고세력을 제압하는데 성공하
였다.

당시 遼東은 중원에서 보자면 산해관 바깥에 위치한 변방이었기 때문
에 한족의 힘이 미칠 수 없었다. 이 때문에 명 건국 이후에도 요동은 상
당수의 몽고세력이 차지하고 있었다. 遼東 남쪽 復州의 得利篇城에는 劉
益이, 遼陽의 老鴉山[4]에는 高家奴가, 瀋陽의 古城에는 哈刺張이, 開原
에는 也先不花(也速)가,[5] 그리고 金山에는 納哈出(나하추) 등 北元의
장수들이 주둔하며 요동 남쪽 해로를 통해 상륙한 명군의 북상을 저지하
고 있었다.[6] 당시 산해관을 경유하는 요서와 요동을 연결하는 통로는 몽
골세력이 차지하고 있었고 더구나 전란으로 인구가 다 도망하여 명의 군
사가 진입할 수 없었다. 이 때문에 명군은 건국 후에도 발해만을 통해
요동에 상륙할 수밖에 없었다.

명의 군사가 점차 요동반도 남쪽에 도착해 북상하는 과정에서 洪武
4년(1371) 2월 北元의 遼陽行省 平章이던 劉益이 右丞 董遵을 파견해
遼東州郡의 地圖 등을 가지고 명나라에 투항하는 등[7] 전반적인 전세는
명나라에 조금씩 유리하게 전개되고 있었다. 이러한 상황에서 高麗의 태
도는 명나라와 북원세력에게 매우 중요한 변수가 될 수밖에 없었다.[8]

2) 『北巡私記』. 『明代蒙古漢籍史料彙編』第1輯, 內蒙古大學出版社, 1993.
3) 위의 책, 4쪽
4) 『遼東志』卷1「地理」, 357쪽.
5) 『遼東志』권5, 「官師」, 462쪽.
6) 『明太祖實錄』洪武 3年 9月 乙卯; 洪武 4年 6月 壬寅.
7) 張士尊, 『明代遼東邊疆硏究』, 吉林人民出版社, 2002, 9쪽.

당시 高麗는 요동의 東寧府를 공격하는 등 분명한 反元的 입장을 보이고 있었다. 이러한 고려의 반원적 태도는 明軍에게 유리하게 작용하였다. 왜냐하면, 당시 明軍은 겨우 遼南 지역에 군사를 상륙시켜 놓고 몽골에 대항하며 북쪽을 향해 遼東占據의 거점을 하나하나 어렵게 만들어 나가던 상황이었기 때문이다.[9]

洪武 5년(1372) 9월에는 遼陽의 老鴉山寨에 주둔하고 있던 高家奴가 명의 馬雲에게 투항하였다. 이로써 明은 遼陽行省의 중심이던 遼陽을 중심으로 遼東 지배를 확대하기 위한 橋頭堡를 마련하였다. 이제 明은 제거해야 할 가장 큰 세력인 나하추와의 일전을 준비하며 遼東都司와 그 소속 衛所를 정비하는 문제가 남아 있었다.

당시 요동을 둘러싼 명과 고려 사이에도 위기감이 감돌고 있었으나 명나라는 鴨綠江 대안지역과 遼陽 사이의 요동팔참 지역에 대해서는 衛所와 역참을 정비할 틈이 없었다. 대부분의 몽고세력은 북부에 자리잡고 있었고 나하추를 중심으로 20여 만의 군사력이 집결해 있었기 때문에 고려를 상대로 하는 위소를 설치할 여력이 없었다. 더구나 고려가 명나라를 급습할 일은 없었기 때문에 명의 군사력은 북쪽의 몽골 방어에 집중될 수밖에 없었다.

더구나 遼東八站 지역은 원말 홍건적의 난과 전쟁, 그리고 지리적인 험준함으로 인구가 적고 산과 구릉지대가 많은 지형지세를 이루고 있었기 때문에 連山關·刺楡關·片嶺關 등의 關口를 설치하고 출입을 감시하는 상황이었다. 그리고 遼東八站 지역 중 遼陽에 가까운 남쪽의 連山關에 朝鮮의 사신을 맞이하는 柵門과 명의 전초병이 보일 정도로 명의 동남쪽에 대한 관심은 적었다.

그렇기 때문에 명의 입장에서 보자면 여전히 북원과 고려의 연합이

---

8) 張士尊,「高麗與北元關系對明與高麗關系的影響」,『綏化師專學報』, 1997年 第1期, 49쪽.
9)『明太祖實錄』洪武 4年 2月 壬午.

있을 것이라고 추측하고 있었고 이러한 고려와 북원의 연합을 저지하기
위해 특별한 조치가 필요하였다. 이러한 명의 의심은 고려에 대해 요동
을 경유하는 조공로를 차단하고 해로를 통해 '3年 1使'의 조공을 요구하
는 정책을 지속적으로 추진하며 고려에 압력을 행사하는 것으로 귀결되
었다.10) 明初 連山關에서 鴨綠江에 이르는 수백 리의 遼東八站 지역은
遼東都司의 실질적인 힘이 미치고 있지 않았고 驛站 역시 정비될 수 없
었으며 사신이 출입하는 柵門이 연산관에 설치되어 있었기 때문에 국경
완충지대의 성격을 가지고 있었다. 이 지역은 高麗와 명의 군사적 충돌
을 예방하는 완충지대이자 변경지대였던 것이다. 명나라 군대는 북방의
몽골 방어에 주력하느라 동남쪽 압록강으로 많은 군사가 주둔할 수 있는
상황이 아니었다.

洪武 20년(1387) 崔瑩과 李成桂 등이 鴨綠江을 건너 遼東을 공격하는
등 高麗의 遼陽城 공격 후 女眞人과 高麗人을 비롯한 다수의 遼東人들이
전쟁을 피해 高麗에 속속 귀화하고 있었는데,11) 이러한 요동인구의 이탈
은 明朝의 遼東 인구확보정책에 큰 문제점을 야기하고 있었다. 당시 遼東
人口는 이미 元末 紅巾賊의 亂으로 대폭 감소한 상태였기 때문에,12) 遼
東都司가 지역방어를 위해 인구를 확보하는 문제는 시급한 과제 중의 하
나였다. 이 때문에 遼東의 民戶들이 高麗에 대거 귀부하는 것을 막고 遼
東의 군민을 그대로 그 지역에 안착시키면서 遼東을 점거해 나가고자 한
것은 遼東都司의 매우 중요한 정책이었다고 볼 수 있다.13) 곧 요동도사
와 소속 위소는 몽골방어 이외에 고려와 북원을 차단하기 위해 貢路를
閉鎖하는 것 이외에 인구 이탈을 방지하는 것도 중요한 임무였다.

---

10) 南義鉉,『明代遼東支配政策研究』, 江原大學校出版部, 2007, 85쪽.
11)『高麗史』卷42 世家 恭愍王 19年 11月 乙巳; 12月 戊寅; 恭愍王 20年 2月
甲戌.
12) 張士尊,「元末紅巾軍遼東活動考」,『松遼學刊』, 1996年 第2期, 43~44쪽.
13)『高麗史』卷42, 世家 恭愍王 19年 7月 乙巳.

요약하면 명이 고려에 대해 貢路를 폐쇄한 원인은 ① 高麗의 요동공격 위험성에 대한 明의 견제, ② 元의 平章이던 劉益의 귀부로 인한 방어체제의 확대, ③ 明의 遼陽占據와 衛所政策 확대의 필요성, ④ 나하추 등의 北元세력과 高麗의 단절 등이 기본적인 요인이 되었다고 할 수 있다. 洪武 5년(1372) 나하추는 遼東 최대의 명나라 군수보급창고인 牛家莊을 공격하여 식량 10만여 석 등을 불태우고 5천여 명의 군사를 몰살시키는 등 명과 몽골의 군사적 충돌은 점차 심각해지고 있었다.

고려의 공민왕 사후 禑王 시기에 나하추는 瀋陽을 점거하고 高麗에 군사적 연합과 지원을 요청하였는데, 이러한 北元의 고려 접촉과 禑王의 親元的 立場 역시 明이 高麗를 더욱 불신하며 貢路閉鎖를 지속시키고 정당화시킬 수 있는 충분한 이유로 작용하였다.

洪武 20년(1387) 이전 산해관 쪽의 遼西 지역은 遼東都司가 설치되고 衛所가 정비되던 遼東 지역에 비해 더 어려운 상황에 처해 있었다. 元末·明初의 전란 중에 다수의 인구가 유실되면서 無人地帶로 변해 있었다. 洪武 20년(1387) 나하추가 明에 항복하기 이전 遼東都司의 실제 통치 지역은 단지 遼陽을 중심으로 遼南 지역에 불과하였다. 遼南 지역은 평원을 끼고 있기는 하지만 遼北의 평원지대에 비하면 매우 협소한 지역으로, 전략적으로 遼東을 장기적으로 지배하기에는 불리한 조건을 가진 지역이었다. 이 때문에 明朝는 遼南 점거를 시작으로 평원을 끼고 있는 瀋陽, 북방의 開原 등의 북쪽으로 영역을 확대해 나갈 필요가 있었다. 이 때문에 遼東都司의 선택은 遼西 점령을 우선 뒤로하고, 우선 요동 동쪽의 遼陽·瀋陽방면으로 진출해야만 했고 이 때문에 遼東都司의 遼西 진출은 늦게 진행되었다.

이러한 상황에서 洪武 8년(1375) 11월 전국적으로 각처에 설치한 都衛가 都指揮使司體制, 곧 都司體制로 변경되면서 요동의 1개 衛에 불과하던 定遼都衛 역시 遼東都指揮使司(이후 '遼東都司'로 약칭함)체제로 전환되면서 그 아래 25개의 衛가 설치되는 군정기구로 확대되었다. 明은 중앙에 前·後·左·右·中의 五軍都督府를 설치하였는데 遼東都司는 左軍都督府에 속하였다. 遼東都司에는 기존의 州縣제도를 혁파해나가며 군사임무를 담당한 遼東 최고의 軍政合一 기관이었다. 그리고 洪武 20년(1387)을 전후하여 遼東都司는 遼東지구에 다수의 衛所를 설립하기 시작하였다.

2) 明의 衛所설치와 北元 세력의 축출

洪武 20년(1387) 明이 나하추를 제압하기 이전 遼東都司는 金州衛(大連 金州)·復州衛(瓦房店 復州鎭)·蓋州衛(蓋州)·海州衛(海城)·遼海衛(海城 牛莊鎭)·定遼左衛·定遼右衛·定遼前衛·定遼後衛·東寧衛[14](이상의 5衛는 모두 遼陽에 治所가 있음)·瀋陽中衛·瀋陽左衛(두 衛는 瀋陽에 치소가 있음) 등 12衛를 설치하였는데, 이 12衛는 遼南에서 遼北으로 향하고 있으며 遼東의 구릉과 평원을 전략적으로 적당히 이용하면서 방어선을 형성하고 있다.

이들 衛의 설립 시기는 대체로 3시기로 나눌 수 있다. 제 1시기는 洪武 4년(1371)부터 洪武 8년(1375)으로, 盖州衛(洪武 4)·定遼右衛(洪武 6)·定遼左衛(洪武 7)·定遼前衛(洪武 8)·定遼後衛(洪武 8)·金州衛(洪武 8) 등의 6衛를 설치하였다. 이 시기는 遼東都司의 防禦體系가 형성되는 시기이며 명의 군사력이 遼南에서 遼北으로 향하면서 金州·盖州·遼陽 3개의 거점이 형성되는 특징을 보이고 있다.

제 2시기는 洪武 8년(1375)부터 洪武 14년(1381)의 시기이다. 洪武

---

14) 明 건국 직후 遼瀋地域은 明과 北元, 高麗 사이의 공백지대였다. 高麗는 東寧府 지역을 수복하기 위해 恭愍王 시기 3차례의 征伐을 시도하였고, 이를 통해 高麗는 遼瀋 지역으로 흘러 들어간 인구와 영토를 회복하려고 하였다. 그러나 이 지역은 瀋王 세력이 일정한 영향력을 행사하고 있었으며 遼瀋進出의 걸림돌이 되었다.

8년(1375) 나하추가 金州로 남하한 이후 遼東都司는 海州衛(洪武 9)·
遼海衛(洪武 11)·復州衛(洪武 14)를 건립하였다. 이 시기는 기본적으로
金州·復州·盖州·海州·牛庄·遼陽 등 6개의 지점을 중심으로 형성되는
특징을 보이고 있다.

제 3시기는 洪武 14년(1381)부터 洪武 20년(1387)으로 나하추와의
金山 전투 이전시기로, 이 시기에 설치된 衛는 주로 東寧衛(洪武 19)·瀋
陽中衛·瀋陽左衛(洪武 19)로, 명의 군사력이 遼陽 북쪽으로 확장되면서
瀋陽이 새로운 거점이 되는 특징을 보이고 있다. 이처럼 洪武 20년
(1387)까지 설치된 衛所는 南北방향으로 그 거리가 600여 리에 이르고
있다. 마침내 明은 이러한 위소운영을 통해 군사력을 강화시키면서 洪武
20년 치열하게 벌어진 요동의 주력 몽골군 나하추와의 전쟁을 승리로 이
끌고 遼東의 北元軍을 통합시켰다. 이로써 명나라는 요동의 일부를 장악
하고 마침내 遼西 지역으로 진출할 수 있는 조건을 만드는 동시에 高麗
와 北元의 연합을 차단시킬 수 있었다.15) 洪武 말년에 明朝는 遼西 지역
에 5곳의 방어지점을 중심으로 이미 10개의 위를 설치하였다.16) 이 5개
지점이 확보되면서 遼東都司는 遼東(遼河 동부)의 遼陽을 중심으로 開
原 등의 요동북부 지역과 遼河 서쪽의 大寧 등을 연결하는 하나의 방어
선을 형성하면서 遼東鎭을 형성해 나갔다.17)

이러한 상황으로 볼 때 명초의 위소제도는 명의 운명을 좌우할 수 있
는 매우 중요한 군사제도임을 알 수 있다. 명나라의 요동점거 과정은 위
소제도의 확장과정이었으며, 나하추와의 전쟁 역시 위소제도를 얼마나
효율적으로 운영하느냐에 달려있을 정도로 위소제도는 명의 운명을 결

---

15) 張士尊, 위의 논문, 50쪽.
16) 이들 衛는 義州衛(遼寧省 義縣)·廣寧左屯衛·廣寧中屯衛(錦州)·廣寧右屯衛
    (凌海右屯鎭)·廣寧前屯衛(綏中前衛鎭)·廣寧後屯衛(義縣)와 廣寧에 위치한
    廣寧衛·廣寧中衛·廣寧左衛·廣寧右衛 등이다.
17) 奇文瑛, 「論明代開原的地位和作用」, 『滿族研究』 2002年 第3期, 27쪽.

정하는데 매우 중요하였다. 洪武年間의 遼東 위소설치로 나하추를 성공
적으로 제압하고 遼東都司와 25衛 중심의 衛所體制를 1단계 마무리했다
고 볼 수 있다. 이러한 위소제도의 중요성으로 인해 명나라는 명 후기까
지 지속적으로 변경의 위소를 유지해 나가며, 더욱이 永樂年間(1402~
1424) 다수의 여진 衛所를 통해 吉林·黑龍江 등 다른 지역으로 확대해
나가려는 계획 또한 명대 위소가 실용적 군사제도의 정점에 있었기 때문

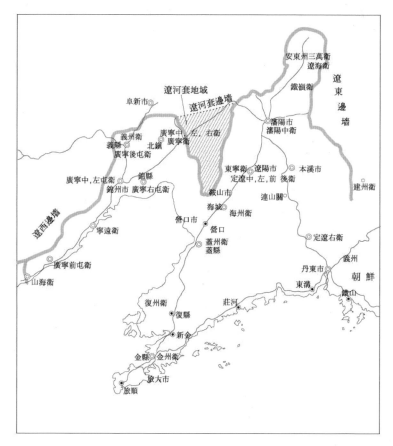

〈지도 1〉 明初 遼東都司 실제 관할 25위 지역
초기 설치에 실패하고 요동도사 내지로 옮긴 東寧衛·三萬衛·鐵嶺衛가 보인다.
(『中國歷史地圖集』 第7冊 參照)

이다.

이러한 것으로 보자면 명나라의 요동위소체제는 극히 견고한 것으로
보인다. 그러나 앞서 언급한 東寧衛·三萬衛·鐵嶺衛 등의 설치가 좌절되
고 다시 요동도사 내부로 모두 移置시킨 원인은 무엇일까. 이것은 요동
도사 내부의 상황과 요동도사 외부의 상황이 전혀 달랐기 때문이다. 즉
요동도사를 통해 위의 3위를 설치하려 했던 지역은 결국 명의 영향력이
미치지 않던 지역으로 이러한 지역에 위를 설치할 수 있는 역량이 준비
되지 않았던 것으로 이해할 수 있다. 위에서 언급한 東寧衛·三萬衛·鐵嶺
衛 등 3衛의 설치 좌절의 배경을 설명하지 않고 중국의 연구성과들은 명
나라가 요동도사 소속 25위로 3위가 이전된 이후부터 연구하는데 중점을
두고 있으며, 조선과 명의 경계를 압록강과 두만강으로 당연시하며 이후
영락연간의 여진진출을 통해 여진지역이 명의 강역이 된 것으로 이론화
시키고 있다. 그러난 명초 경계인식의 중요한 본질은 이 3衛가 요동도사
로 옮겨지기 전 그 설치시도와 좌절에 있기 때문에 본 연구에서는 이러
한 중국의 경계인식의 한계와 왜곡, 그리고 문제점을 비판하기 위해 내
지로 옮겨가기 전의 3衛에 관해 살펴보고자 한다. 그리고 요동도사로의
이전배경과 과정을 통해 원말명초 북방 경계인식의 모습을 새롭게 구성
해 보고자 한다.

3. 明初 東寧衛 설치시도와 여진지역의 견제

1) 東寧衛의 설치배경과 5千戶所

위에서 언급한대로 명나라가 요동에 성공적으로 상륙하고 몽골을 축
출할 수 있었던 배경에는 요동도사와 그 소속 25개 衛所의 설치와 운영
이 있었다. 그러나 그 중 東寧衛·三萬衛·鐵嶺衛는 명이 설치한 요동도

사 25위와는 달리 특수한 상황을 가지고 있다. 우선 東寧衛의 설치에 관해 알아보자.

명초 東寧衛의 설치는 원대 東寧府의 설치와 긴밀한 연관성이 있다. 이 때문에 명대 동녕위의 설치를 이해하기 위해서는 우선 원대 동녕부 설치를 살펴보아야 그 실마리를 풀 수 있다. 원대 한반도에 동녕부가 설치된 것은 고려 정국의 변동과 원의 고려 간섭에서 시작되었다. 至元 6년(1269) 고려 권신 林衍 등이 정변을 일으켜 元宗을 폐하고 安慶公 王淐을 왕으로 세웠다. 이러한 사실을 보고받은 원나라는 간섭을 통해 원종을 다시 복위시켰다. 원종은 복위하였지만 이 시기를 전후하여 고려 서북면 兵馬使營記 崔坦, 韓愼, 三和縣 사람으로 前校尉였던 李延齡, 定遠都護郎將 桂文庇, 延州人 玄孝哲 등이 권신 林衍의 목을 베어야 한다는 명분으로 반란을 도모하였고, 이후 崔坦 등은 고려 서북의 府·州·縣·鎭 60여 城을 들어 몽고에 투항하였다.[18]

至元 7년(1270) 초 원 세조 쿠빌라이는 60여 城을 반환해 달라는 고려의 요청을 무시하고 오히려 최탄·이연령 등에게 금패를 내리고, 현효철·한신 등에게 은패를 차등 있게 내려주었다. 그리고 그 지역을 東寧府로 삼는다는 조서를 내렸다. 동녕부는 慈悲嶺(조선 황해북도 서흥부 봉산군 동쪽)을 경계로 하면서 최탄 등을 총관으로 삼았다. 그리고 忙哥都를 按撫使로 삼아 그 서쪽 경계를 지키도록 하였다.[19]

慈悲嶺은 고려 서경인 평양과 서해도의 경계가 되는 산이다. 고려의 李穡은 "서해 평양과의 交界로 산이 크고 험준하고, 이 길을 다니는 사람은 매우 힘들며 자비령의 북쪽은 평양에, 그 남쪽은 서해에 속한다."고 하였다.[20] 至元 13년(1276) 원나라는 다시 동녕부를 동녕로총관부로 승격시키고 錄事司를 두고 靜州·義州·麟州·威遠鎭을 요동의 婆娑府에 예

18) 『高麗史』卷26, 元宗 世家2, 元宗 10년 10월, 『元史』卷59, 2 地理志2.
19) 『元史』卷208 高麗傳.
20) 『牧隱集 慈悲嶺羅漢堂記』

속시켰다.21)

이후 고려와 원의 관계가 지속적으로 발전함에 따라 至元 27년(1290) 3월 쿠빌라이는 '동녕부를 파하라'는 조서를 내려 결국 서북의 모든 성은 다시 고려에 귀속되었다.22) 이로써 본다면 동녕부와 동녕로총관부의 존치기간은 대략 20여 년에 그치고 있으며 이후 동녕부 소속의 모든 지역이 고려로 반환되었음을 알 수 있다. 동녕부의 폐지로 60여 城 중 파사부의 관할을 받던 靜州·義州·麟州·威遠鎭 등도 모두 고려에 반환되었다.

그러나 1290년에 동녕부가 이미 폐했음에도 후기 『高麗史』 기록에는 東寧府와 관련된 사료가 다시 나타나고 있다. 1364년(고려 공민왕 13, 원 지정 24) 정월 己丑조에 "동녕로 만호 박백이 또한 고려의 연주를 크게 침입하였고, 최영이 이를 격퇴시켰다."는 기록이 그 중 하나이다. 또한 洪武 2년(1369) 고려가 元帥를 보내 동녕부를 공격하여 북원과의 관계를 끊고자 하였다는 기록과, 洪武 3년(1370) 정월 고려가 대장군 이성계를 보내 요동을 공략하였는데 동녕부의 同知 李吾魯帖木兒가 투항하였고 고려는 우라산성·嬰城을 점령하였으며 요동사람은 소문을 듣고 모두 투항하였다는 기록이 보이고 있다.

몇몇 연구자들은 至元 27년 동녕부를 폐하면서 원나라가 고려에게 서북의 여러 성을 돌려주었으나 동녕부는 완전히 폐지된 것은 아니며, 동녕부를 요동으로 내천시켰다고 주장한다.23) 그러나 원대와 관련된 중국 사료에는 至元 27년 이후 원나라가 다시 동녕부를 두었다는 기록이 없기 때문에 신빙성이 없다. 줄곧 원말에 이르기까지 『高麗史』 중에 단지 2번

---

21) 『元史』 卷59 地理志2. 『元史』 卷8 世祖紀5 에는 東寧路의 설치가 至元 12년 12월로 기록되어 두 기록이 약간의 차이를 보이고 있다. 그러나 『高麗史』에는 동녕부를 동녕로로 승격시켰다는 기록은 보이지 않고 있다. 1276년(충렬왕 2, 지원 13) 8월과 1278년(충렬왕 4) 2월조에 2차례 동녕부의 기록이 있을 뿐인데 이것은 동녕로의 존재 기간이 그리 길지 않았기 때문인 것으로 보인다.

22) 『高麗史』 卷130 崔坦傳, 卷30, 충렬왕 세가3 충렬왕 16년 3월.

23) 張博泉 외, 『東北歷代疆域史』, 吉林人民出版社, 1981, 235쪽.

동녕부와 관련된 기록이 나올 뿐이다.

『元史』 지리지에도 동녕로(부)에서 관할하던 각 성이 모두 고려의 서북부에 위치하고 단지 원 세조 시기 고려 서북부에 세웠다가 철폐한 행정기구와 관련된 기록만이 나오고 있다. 따라서 지원 27년 원나라가 확실히 동녕부를 폐하였으며, 줄곧 원말에 이르기까지 요양행성의 관할 하에 있다가 원말 정국이 혼란 속에 빠져들어 가면서 다시 동녕부를 형식적으로 설치한 것으로 보는 것이 오히려 정황상 정확하다고 할 수 있다.24) 그렇다면 원말 다시 동녕부를 설치했다면 그 위치는 어디일까. 설치장소와 관련하여 요양행성의 치소인 요양과 관련하여 遼陽路라고 주장하는 견해가 있다. 그러나 『高麗史』에 동녕부와 요양로의 구분이 명확하기 때문에 요양로라고 단정할 수는 없다. 오히려 원말명초의 상황으로 요양행성의 힘이 미약하게 미치던 그러나 방어거점으로 중요한 지금의 渾江이나 鴨綠江 중류에 설치한 것으로 보는 것이 더 유력하다고 본다. 어쨌든 중요한 것은 원말에 설치된 것으로 보이는 동녕부는 고려의 서경인 평양이 아니라 요동 지역에 위치하였다는 것임을 알 수 있다.

중요한 것은 이러한 원말의 동녕부가 다시 명나라가 진출하면서 북원 세력을 축출하고 고려의 북진을 막기 위해 명나라가 동녕을 비롯한 5개의 천호소를 설치하는 대상지역이 된다는 점이다. 이처럼 명대의 동녕위는 원대의 동녕부에 5개의 천호소를 설치하는 것으로 시작되고 있는 것이다.

2) 東寧 등 5개 千戶所의 遼東都司로의 이전

명나라가 동녕을 비롯한 5개의 천호소를 설치하던 시기에 명은 점차 遼南에서 遼陽을 향해 북원 세력을 축출해 나가고 있었고 서서히 25衛

---

24) 箭內亙, 「元代的滿洲疆域」, 『滿洲歷史地理』 제2권, 367~369쪽.

체제를 구축하던 시기였다. 명 태조시기 목표는 요동의 나하추 세력 등 요동에 분포하고 있는 몽고를 방어하고 북원과 고려의 연합을 차단하며, 여진을 명으로 흡수하는 것이었기 때문에 동녕 등 5개 천호소를 설치하여 요동도사의 힘이 미치지 않는 여진 지역을 명으로 흡수하고자 하였다.[25]

그러나 명초 명군은 몽골의 위협, 교통의 불편, 지리지식의 부족 등으로 길림·흑룡강·두만강·압록강 상류 유역으로는 진출할 수 없었다. 그럼에도 명나라는 원 후기의 동녕부를 재편하여 5곳의 거점을 마련하고 이곳을 중심으로 5개의 천호소(東寧·南京·海洋·草河·女眞)의 설치를 시도하여 압록강과 두만강 유역에 널리 분포하고 있는 고려·여진인을 흡수하고자 하였다. 그렇다면 명대 동녕 등 5개 천호소의 설치대상이 되고 있는 東寧·南京·海洋·草河·女眞 등의 위치는 어디일까. 이들 지명의 위치를 고증해 보면 대략 명 동녕 등 5개 천호소의 설치 목적, 그리고 명초 동녕위의 성격과 특징을 파악할 수 있을 것이다.

우선 東寧은 元 시기 여러 차례의 이전을 거쳐 豆滿江 상류에 설치된 東寧府에 해당하는 지역으로, 元代 역시 당시 豆滿江 유역에 살던 高麗人들로 구성되었다. 5개 천호소를 설치하려 했던 곳 중 南京은 금나라 말기 여진인 蒲鮮萬奴가 건립한 東夏國 남쪽의 한 곳으로 지금의 吉林省 延吉 일대이다. 인적 구성은 開元路를 중심으로 散居하던 女眞人을 중심으로 구성되어 있었다. 이후 동하국은 몽골에 의해 멸망하는데, 이후 南京은 開元路에 소속되어 그 여진인 유민을 통할하는 기능을 하게 된다. 海洋은 咸鏡北道 吉州로, 高麗와 女眞人들로 구성되어 있었다. 이 지역은 조선인과 여진인이 많이 잡거하는 지역이었다.

---

25) 기존의 연구로는 河內良弘, 「明代遼陽の東寧衛について」(『東洋史研究』 44-4, 1986)를 들 수 있는데, 그는 東寧衛의 문제가 明代 遼東都司를 둘러싼 朝鮮과 女眞 문제를 연구하는데 중요한 연구주제가 될 수 있음을 강조하였다. 그러나 조선과 명의 강역과 변경의 관점에서 동녕위 문제를 다루고 있지는 않다.

草河는 압록강에서 가까운 지역으로 지금의 초하 유역을 지칭한다. 이로써 보자면 남경·해양·여진·동녕 등은 주로 길림지역과 한반도 일부와 북부에 위치하며 주로 여진지역·두만강 유역을 관할하기 위해 설치가 시도된 衛임을 알 수 있다. 즉 명초 5개 천호소의 설치는 북원을 축출해 나가면서 이 지역으로 진출할 수 있는 고려와 여진 등을 견제하기 위해 설치한 것임을 알 수 있다. 그리고 5개 천호소 중 4개는 요동에 위치하고 있는데, 이는 주요한 목표가 명이 길림 등의 만주지역을 명의 관할 하에 넣기 위한 토대를 구축하기 위한 것으로 추론할 수 있다.

그러나 이들 동녕을 포함한 5개의 천호소의 운영과 설치는 명의 의지대로 설치될 수 없었다. 당시 명의 요동진출은 몽골의 거센 저항으로 그렇게 순조롭지 못했다. 이 시기 요서지방은 여전히 몽고세력이 장악하고 있었고, 요동의 심양·철령과 그 동쪽 여진지역은 북원의 나하추가 장악하고 있어 명과 북원은 일전을 해야 하는 긴급한 상황에 직면해 있었기 때문이다.

홍무 15년(1382) 요동도사와 가까운 동녕과 초하 천호소에 북원의 合羅城萬戶의 군사들과 압록강 유역의 유민 2,686명이 내귀하는 사건이 발생하였는데, 이들은 동녕과 초하 천호소에 배치되지 않았다. 이들은 모두 요동도사의 치소인 요양으로 보내졌는데, 이러한 상황을 보면 당시 모든 명나라의 역량은 요동도사의 치소인 요양을 중심으로 나하추와 같은 북변의 몽골 방어에 집중되었음을 알 수 있다.[26] 이러한 상황으로 결국 5개의 천호소가 요동도사 소속 25衛를 구성하는 동녕위로 재편되고 그 위치도 요동도사 중심인 요양으로 移置되었다.

원래 5개의 천호소를 설치하려던 길림과 압록강 유역을 포기하고 요동도사 내지로 옮겼다는 것은 무엇을 의미하는 것일까. 당시 동녕을 비롯한 5개의 천호소는 길림지역과 한반도 길주(해양)에 분산되어 있었고,

26) 『明太祖實錄』 洪武 15年 4月 辛丑.

요동도사의 치소인 요양에서 이들 5개 천호소를 관리한다는 것은 현실적
으로 불가능하였다. 오히려 명의 입장에서는 요동도사 내지로 그 치소를
옮겨 요동도사 중앙과 북부를 방어 관리하는 것이 훨씬 더 효율적이고
합리적이라고 판단했던 것이다.

〈지도 2〉 명초에 설치하려고 시도한 압록강변의 鐵嶺衛, 두만강변의 三萬衛
(참조: 박원호, 「鐵嶺衛의 位置에 대한 再考」, 『東北亞歷史論叢』 13, 2006)

이로써 자연스럽게 길림지역과 해양 등에 설치하려했던 초기의 5개의 천호소 설치 대상 지역은 홍무연간 명의 版圖外 지역이 되었던 것이다. 이제 동녕위는 해양·초하·남경·동녕·여진 등의 명칭과 지역을 포기하고 그 명칭도 좌·우·중·전·후의 5개의 천호소로 동녕위를 구성하고 요동도사의 중심 요양을 방어하고 움직이는 중요한 衛로서 그 성격과 위치가 변화되었다.[27] 東寧衛의 전체 호수는 15,634戶로 1호를 평균 5인으로 계산하면 대략 78,000여 명이 된다. 이 숫자가 좀 과장된 것이라 하더라도 원대부터 요동에 살던 상당수의 고려인이 있었으므로 상당수의 조선인이 동녕위에 들어가 명의 위소체제에 편입되었음을 짐작할 수 있다. 이러한 수치는 明代 遼東都司의 인구가 50여만 명 전후라는 연구성과를 참고할 때, 東寧衛의 인구나 고려인(조선인)들이 상당히 많은 비율을 차지하며 요동도사를 구성하는 중요한 인적자원이 되었다는 의미이다.[28]

이처럼 東寧衛는 많은 朝鮮人으로 구성되어 있었기 때문에 遼東都司는 東寧衛의 朝鮮人들을 이용해 對朝鮮 外交와 交涉의 통로로 이용되기도 하였다. 즉 명나라는 東寧衛의 朝鮮人을 百戶·千戶 등으로 임명하여 明의 사절단을 수행하여 통사의 역할을 하게 함으로써 양국 간의 외교적 현안을 푸는 중요한 역할을 하였던 것이다.[29] 곧 明朝의 입장에서 보면 明代의 東寧衛는 明과 朝鮮, 明과 女眞의 문제를 풀기 위해 반드시 유지해야만 하는 遼東都司의 중요한 구성요소였던 것이다. 위에서 언급한 바

---

27) 『明太祖實錄』 洪武 19年 7月 戊午.
28) 東寧衛를 비롯한 상당수의 요동사람들은 몽골 등의 요동침입으로 인해 朝鮮으로 넘어왔으며 그 과정에서 明의 영향력이 미치지 않던 압록강 대안 지역에도 많은 사람들이 숨어들었다. 또한 元末·明初 高麗와 朝鮮에서 과중한 부역을 피해 월경한 경우도 많이 있었으며, 靖難의 變과 같은 혼란기에는 東寧衛에 거주하던 상당수의 朝鮮人들이 鴨綠江을 넘어 朝鮮으로 넘어오기도 하였다. 이것은 당시 변경 지역이 특정한 국가의 행정력이 미치지 않는 완충지대였으며, 국경이 선이 아닌 지역의 개념으로 설정되어 있음을 의미하는 것이라고 할 수 있다.
29) 『遼東志』 卷6 「人物志」.

와 같이 東寧衛의 인구 역시 遼陽을 중심으로 7만여 명에 이르렀기 때문에 이들은 자연스럽게 遼東都司 내에서도 독자적인 高麗·朝鮮 문화를 향유할 수 있었다.

요약하면 명나라는 동녕 등 여진과 조선의 변경에 설치하려던 5천호소를 포기하고 이것을 다시 동녕위와 소속 5개 천호소로 재편하였는데, 이것은 압록강 유역과 여진지역에 대한 포기를 의미하며, 이러한 명초 동녕위의 포기는 명 후기까지 지속되어 명의 경계를 결정하는 중요한 요소가 되었다. 동녕 등 5천호소의 설치 좌절은 조선과 명의 국경이 압록강이 될 수 없으며, 두만강은 조선과 여진 사이에 놓여있는 강역상의 문제라는 관점에서 접근해야 할 것이다.

4. 三萬衛·鐵嶺衛 설치의 좌절과 境界認識의 변화

1) 三萬衛의 설치와 두만강 진출 시도

명대 설치된 三萬衛 역시 그 역사는 원나라 시대로 거슬러 올라간다. 『元史』에 合蘭水達達路 아래에 斡朵憐(斡朵里)·胡里改·桃溫의 3개의 軍民萬戶府를 두고 混同江(松花江) 유역을 관할했다는 기록이 있다.[30] 『龍飛御天歌』에도 斡朵里와 관련된 기록이 나타나는데, 斡朵里는 海西江 동쪽과 火兒阿江(牧丹江)의 서쪽에 위치하며 斡朵里·火兒阿·托溫의 3城이 있는데, 이들을 移闌豆漫이라고 이른다고 기록하고 있다. 移闌은 여진어로 3, 豆漫은 萬을 의미하므로 이것이 곧 三萬의 의미가 된다.[31] 위의 기록으로 볼 때 명나라가 초기에 설치하려 한 三萬衛는 송화강

---

30) 『원사』 卷59 地理志.
31) 『龍飛御天歌』 卷7.

에서 흑룡강으로 연결되는 지역에 설치되었음을 알 수 있고, 이것은 명초에 해당하는 1387년 위소를 정비하면서 동부의 여진인과 관련되어 있음을 알 수 있다.

그러나 명초 설치하려 한 초기의 삼만위 초설지가 정확히 어디인가 하는 위치 문제가 남아 있다. 본 연구에서 초설지에 주목하는 이유는 초설지가 길림과 두만강 설로 나누어지고 있으며, 어느 설을 따르느냐에 따라 명초의 경계와 경계인식이 달라지는 중요한 문제와 관련되어 있기 때문이다. 이 때문에 초설지의 위치―명나라의 삼만위 설치시도와 좌절―요동도사 경내로의 이동 등을 추적해 볼 필요가 있고 마지막으로 이를 통해 원말·명초 북방 경계인식을 추적해 보고자 한다.

즉 만약 명이 설치하려 한 삼만위의 초설지가 길림지역 송화강 유역이라면 이것은 명 홍무제가 길림 내지의 여진을 초무하기 위해 삼만위의 설치를 시도한 것으로 이해할 수 있다. 이와 관련하여 주목해야 할 지명이 바로 斡朶里(알타리)이다. 그러나 알타리라는 지명은 길림에도 존재하고, 한반도의 끝 會寧과 阿木河 부근에도 존재하기 때문에 그 초설지의 문제가 통일되지 않고 있다.

만약 명이 처음 설치하려 한 삼만위의 위치가 길림지역이 아니라 두만강 유역의 회령이라면 이것은 비슷한 시기에 설치된 동녕위·철령위와의 상관성 속에서 살펴보아야 하기 때문에 명초 경계의 개념과 설정이 전혀 달라지므로 삼만위 초설지의 문제는 더욱 중요하다고 할 수 있다. 그런 의미에서 본고에서는 우선 삼만위의 초설지 문제를 정리해 보고자 한다.

이 문제를 풀어나가기 위해 우선 삼만위의 백호인 楊合剌의 다음과 같은 기사에 주목할 필요가 있다.

禮曹參議 安魯生이 京師에서 禮部의 咨文을 가지고 왔다. 자문의 내용은 이러하였다. "兵部에서, 建州衛指揮 망가불화(莽哥不花)의 아룀을

抄出하였는데, '洪武 19년(1386)에 本處의 楊哈刺가 경사에 이르러서 三
萬衛 百戶의 職事를 除授받았는데, 홍무 21년에 根指揮 候史家奴 등이
斡朶里에 衛門을 개설한 뒤에, 三萬衛가 다시 開原으로 돌아와서 衛를
세우고 사람들을 이동시킬 때 百戶 양합라(楊哈刺) 등이 가족[家小]을 데
리고 土門 地面에 가서 살고 있었습니다. 그런데 홍무 33년에 조선국 만
호 鎭矣交納 등이 와서 本官과 家小 30戶를 데려가서 本國의 後門인 阿
漢地面에 살고 있으니, 〈이들을〉 取하여 데려올 것을 갖추어 아룁니다.'
하였다. 병부에서 참고하여 보건대, 양합라는 기왕에 三萬衛百戶로 제수
되었으니 〈이를〉 취하여 本衛로 돌아와서 살게 하는 것이 합당하므로, 永
樂 4년 12월 12일 아침에 兵部의 관원이 奉天門에서 覆奏하여 聖旨를
받들어, 이에 行移하여 禮部에 이르렀다. 생각건대, 朝鮮國 사신 安魯生
이 현재 京師에 있으므로, 咨文을 써서 使臣에게 주어 이를 싸 가지고 本
國에 돌아가게 하여, 前項의 人口를 발송하여 三萬衛로 돌려보내 살게 하
고, 인하여 보낸 人名과 口數를 回咨하여 시행하기 바란다.'[32]

『태종실록』의 이 기사를 통해 우선 양합라가 원 고향에 삼만위 개설
을 요청했고 이에 명 조정이 승인하였음을 알 수 있다. 그러나 후에 삼만
위가 길림의 개원이 아니라 현재 요령성 開原으로 옮겨지게 되자 양합라
는 요령성의 개원으로 오지 않고 오히려 남천하여 가솔들과 土門에 살고
있음을 알 수 있다.

또한 太宗 7년 4월 壬子의 기사를 분석해 보자.

禮部에 자문을 보내기를, "三萬衛百戶 양합라 등의 가족을 起取하라
는 일에 대한 咨文을 받아 보고, 여기에 준하여 議政府에서 鏡城 等處
萬戶 최교납의 狀供을 갖춘 東北面都巡問使 朴信의 呈狀에 의거하여

---

32) 『太宗實錄』 太宗 7年 3月 己巳.

장계한 것을 보면, '양합라는 원래 玄城에 付籍된 사람인데, 洪武 5년에 兀狄哈 達乙麻赤이 玄城地面에 와서 겁략 살해하여, 管下의 양합라 등이 올적합에게 잡혀 갔으므로, 최교납이 원래의 管下 人戶 20戶를 끌고 본국의 吉州 阿罕地面에 와서 살면서, 조심하고 근신하여 倭賊을 막아 功이 있고, 國王께서 위임하신 鏡城 등처의 萬戶의 직책을 공경히 받들었습니다. 그 뒤 洪武 23년에 친히 올적합 지면으로 가서 양합라 등 9戶를 찾아 아한 지면에 데리고 와서 함께 살며, 差役에 이바지하고 있사온데, 지금 조정의 기취를 당하였으므로 狀供하오니, 시행하기를 빕니다.'고 하였습니다. 이 呈文과 장계에 의하여 양합라 등 9호戶는 현재 吉州의 阿罕地面에서 男婚女嫁하여 편히 살고 있는 것을 자세히 알았습니다. 온 자문에 참조하면, '萬戶 鎖矢咬納이 양합라와 가족 30戶를 데려가서 본국의 아한 지면에 살고 있다.'하였는데, 지금 최교납의 장공에 의거하면, 홍무 23년에 올적합 지면에 이르러 양합라 등 9호戶를 찾아서 데려왔다는 것이 자문 안의 戶數와 같지 않습니다.[33]

다시 太宗 8년 2월 丙戌의 기사를 다시 살펴보자.

　　欽差 千戶 陳敬·百戶 李賓 등이 예부의 자문을 가지고 왔다. 자문은 이러하였다. "지금 各件의 事理를 쓴 자문을 진경에게 부쳐 보내어 이자하니, 朝鮮國은 알아서 말한 바 事件에 의하여 속히 모두 回報하고 시행하라. … 일건은 인민을 起取하는 일. 병부의 자문에 准하면, '當該 건주위 지휘 망가불화가 아뢰기를, '삼만위 백호 양합라가 洪武 19년에 가족을 데리고 土門 地面에 살고 있었는데, 33년에 조선국 만호 鎖咬納 등이 本官과 가족 30戶를 起取하여 阿罕 地面에 살고 있다.'고 하였으므로, 갖춰 아뢰고 이미 조선국에 행이하여 取發하게 하였는데, 지금 본국왕의

---

33) 『太宗實錄』 太宗 7年 4月 壬子.

자문에, 鏡城 등처의 만호 崔咬納의 供辭에 의거하면, '楊哈剌 등은 원
래 玄城에 付籍된 사람인데, 지난날 兀狄哈에게 잡혀 갔었던 것을 洪武
23년에 찾아와 阿罕 地面에 함께 살게 하고, 差役을 부과하여 생업을 편
안히 하고 살고 있다.'고 하므로, 이에 回咨한다."하였다.[34]

이상의 기록을 살펴보면 양합라는 훈춘하 유역에 있는 玄城의 알타리
사람으로, 알타리의 수령인 최야오내(혹은 崔咬納, 鎖矣咬納)의 관하의
사람임을 알 수 있다. 당시 여진의 알타리부와 화아아부는 모란강에서
빠져나와 다른 곳에 살고 있었다. 홍무 5년(1372) 알타리부와 화아아부
두 부족은 올적합의 침입을 받았고 조선의 경내로 도망하였다. 최야오내
는 길주의 아한으로 도망하여 조선에 귀부하였고, 경성 등의 만호가 되
었다. 양합라는 잡혀 있다가 토문으로 흘러들어 살게 되었는데, 토문은
두만강의 북쪽이자 경원 북쪽 60리 지점에 있는 곳이다. 대략 지금의 훈
춘 微西電灣子 부근쯤 된다. 이것은 양합라는 원래 모란강 유역에 살던
사람이 아니며 이후 토문에 살다가 이후 명의 경사에 도착하여 3만호의
백호가 되었다는 이야기가 된다.

홍무 20년(1387) 명 황제는 삼만호의 설치를 계획하였고 1388년이 되
자 그는 후사가노를 따라 가서 알타리에 아문을 개설했는데, 이때의 알
타리는 徒門江 유역이라는 이야기로 정리할 수 있다.

이것으로 본다면 삼만위의 초설지인 알타리는 송화강 유역의 알타리
가 아니라 도문강 유역 곧 현재의 두만강 유역임을 알 수 있다. 후에 명이
삼만위를 몽고방어를 위해 지금 요령성의 개원으로 삼만위를 이치하였기
때문에 양합라는 다시 후사가노를 따라왔던 徒門江(즉 두만강)으로부터
두만강의 북쪽이자 경원 북쪽 60리 지점인 土門으로 옮겨갔던 것이다.

당시 유현은 홍무제의 명령으로 철령위 설치를 준비하고 있었다. 철

---

34) 『太宗實錄』 太宗 8년 2월 丙戌.

령위는 이미 연구된 바와 같이 홍무 20년(1387) 12월 26일 철령(현재의 길림성 집안) 이북을 요동에 통합시키자는 논의가 진행되었고,[35] 홍무 21년 초에 이러한 논의를 조서를 통해 철령위 설치를 결정하게 된다.[36] 이와 같은 철령위 설치는 삼만위 설치와 비슷한 시기에 이루어졌음을 알 수 있다. 삼만위 설치 역시 홍무 20년(1387) 12월 24일에 설치 조령이 하달되고 다음해인 홍무 21년 1월과 2월 중에 후사가노를 파견해 알타리에 정식으로 삼만위 설치를 논의하기 때문이다. 이것은 철령위와 삼만위의 문제를 같은 배경하에서 이해해야 함을 의미한다.

그러나 이러한 삼만위와 철령위를 각각 회령과 집안에 설치하려는 명의 초기 계획은 실패할 수밖에 없었다. 이 시기는 북원의 나하추와 명군이 요동의 쟁패를 놓고 격전을 벌이고 있었기 때문에 명나라가 교통이 불편한 회령과 집안에 대규모의 식량과 군사를 파견하여 경영할 여력이 없었다. 철령위와 삼만위는 설치를 시도했을 뿐 모두 좌절되었던 것이다. 곧 삼만위와 철령위는 동녕위와 마찬가지로 요동도사 내지로 옮겨올 수밖에 없었다. 철령위는 지금의 심양 동남쪽 봉집보로, 그리고 다시 개원 북쪽 철령으로 이설됨으로써 집안과 회령을 통해 여진을 흡수하려던 명의 계획은 좌절될 수밖에 없었다. 철령위와 삼만위를 통해 각각 압록강과 두만강 유역으로 진출하려는 명의 계획은 실패했다. 결국 압록강과 두만강은 명의 강역이 될 수 없었고 조선과의 경계도 될 수 없었던 것이다. 압록강과 그 대안지역은 요동팔참 지역으로 사료에 기록되어 국경완충지대로 경계인식을 하게 되었고 두만강은 조선과 명의 경계가 아니라 조선과 여진 사이의 변경지대가 되었던 것이다.

---

35) 『明太祖實錄』 洪武 20年 12月 壬申.
36) 『明太祖實錄』 洪武 21年 3月 辛巳.

2) 鐵嶺衛 설치시도와 압록강에서의 철수

鐵嶺衛는 洪武 21年(1388) 奉集堡(지금의 瀋陽 동남쪽 奉集堡)에 설치되어 遼東의 女眞人·蒙古人·高麗人·漢人 등을 관할하였는데, 洪武 26년 遼東의 鐵嶺衛를 瀋陽과 開原의 경계인 古嵒州(지금의 鐵嶺縣)로 이전하여[37] 시급한 북방의 방어력을 강화하였다.

그러나 이 鐵嶺衛는 명이 처음에는 압록강 유역 집안에 설치하려 하였다. 철령이라는 지명이 여러 곳에 나오기 때문에 철령위의 위치를 놓고 그간 학계에서는 다양한 학설이 있었다. 우선 1913년 津田左右吉은 철령위의 위치에 대해 압록강 방면에 있는 것으로 고찰하였다.[38] 후에 池內宏은 명이 위를 설치하려 한 철령위를 지금의 길림성 집안(集安, 皇城)이라고 고증하였다.[39] 이 두 연구자의 주장은 압록강에 위치한다는 공통점이 있다. 그러나 1934년 和田淸은 「明初の滿洲經略」을 통해 철령위는 모두 함경도 남단의 鐵嶺이라고 주장하였다. 이후 和田淸의 연구에 대해 稻葉岩吉은 신흥 명세력의 판도를 분석하며 강원도 북부·함경도 이남까지는 명이 진출한다는 것은 불가능하다고 판단하고 집안 부근의 강계 정도가 될 것이라고 분석하였다.[40] 이후 국내의 학자들은 대부분 홍무제가 처음 설치하려 한 철령위를 강원도 북부의 철령으로 보려는 경향이 강하였다. 그리고 대만학자 陳文石은 1966년의 「明前期遼東的防禦」라는 논문을 통해 철령위의 초설지를 압록강 대안인 皇城 곧 洞溝로도 추측하였다.

이러한 논쟁 속에서 『明實錄』 등 요동관련 사료를 다각도로 살펴보면, 홍무연간 명이 설치하려 했던 철령위가 강원도 북부가 될 수 없다는

---

37) 『明太祖實錄』 洪武 21年 3月; 洪武 26年 4月 壬午.
38) 津田左右吉, 「高麗末に於ける鴨綠江畔領土」, 『朝鮮歷史地理』 第2卷, 1913, 244쪽.
39) 池內宏, 「高麗禑王朝に於ける鐵嶺問題」, 『東洋學報』 第8卷, 第1號, 247~261쪽.
40) 稻葉岩吉, 「鐵嶺衛位置お疑う」, 『靑丘學叢』 第18號, 121쪽.

사실은 쉽게 드러난다.

> 호부에 명하여 고려왕에게 자문하기를, 철령의 북·동·서쪽은 옛날 개
> 원에 속했으므로 그 토착군민인 여진·달단·고려인 등을 요동이 관할하고
> 철령의 남쪽은 옛날부터 고려에 속했으므로 인민은 모두 고려에서 관할
> 하도록 하라. 이로써 경계와 강역을 바로잡아 각기 지켜 다시는 침범하고
> 넘어서는 안 될 것이다.[41]

위의 내용을 분석해 보면 철령의 북·동·서쪽은 開元에 속했다는 표
현이 있다. 開元에 속했다는 것은 원나라 시대의 開元路에 속했다는 의
미이다. 원대의 開元路는 지금의 길림지방을 말하는 것이다. 그렇다면
여기서 말하는 철령은 개원과 경계를 이루는 지역에 있다. 그렇다면 철
령 이남은 고려의 땅이라고 했으므로 고려의 땅에 철령을 설치할 수는
없는 것이다. 곧 강원도 북부의 철령은 명이 처음 설치하려 한 철령위의
초설지가 될 수 없는 것이다. 적어도 철령위의 초설지는 최소한 압록강
을 넘어 고려의 강역으로 들어올 수 없다는 이야기이다. 압록강 이남은
당연히 고려의 강역임을 인정하는 기사로 볼 수 있다. 압록강 변이 원
후기 동녕부나 요양로에 속하기도 했지만, 철령위를 설치하는 시점 곧
명이 건국한지 20여 년이 지난 시점에서는 고려의 땅이라는 것을 명나라
도 명확히 인식하고 있었던 것이다.

명이 철령위를 설치하려는 시점은 바로 나하추와의 전쟁을 막 끝낸
직후여서 여전히 몽골의 위협을 느끼고 있던 시점이었다. 나하추와의 전
쟁을 승리로 끝낸 다음해 明은 戶部를 통해 鐵嶺衛를 설치하겠다는 咨
文을 高麗에 보내왔다. 鐵嶺衛 설치 소식이 전해지자 高麗에서는 遼東攻
伐論이 대두되었다.[42] 요동 공벌의 대상은 압록강을 건넌 요양 지역과

---

41) 『明太祖實錄』洪武 20年 12月 壬申.

압록강 중하류에 걸쳐있었다. 철령위 설치의 대상지였던 집안도 요동공
벌의 대상지에 포함되어 있었다.

高麗의 遼東攻伐論은 당시 明과 고려 사이에 군사적 긴장감이 있었
음을 의미하기도 한다. 당시 明은 遼東進出을 확대하기 위해 遼東都司를
중심으로 25衛 體制를 만들어가고 있었으며, 이는 遼東에서 明이 군사력
을 강화시키는 것을 의미하는 것으로 高麗에 위협으로 다가올 수밖에 없
었다. 실제로 洪武 17년(1384) 明軍은 北青州 등을 침입하여 高麗軍과
충돌하였으며, 偰長壽 등이 洪武 20년(1387)에 가져온 明 太祖의 咨文에
도 納哈出 세력 평정 이후에 高麗를 군사적으로 위협할 수 있음을 짐작
케 하는 내용도 있었다.[43] 즉 鐵嶺衛 設置에 대한 遼東攻伐論의 대두는
鐵嶺 지역 곧 압록강 유역이 明의 領土로 귀속되어 명과 국경을 접하여
수시로 충돌할 수 있다는 對明危機意識이 우선 자리잡고 있었다. 이외에
도 明 初期 明과 高麗 사이의 군사적 갈등, 明의 貢路閉鎖와 무리한 貢
馬 要求, 禑王 시기의 反明的 態度 등 明과 高麗 사이에 발생한 갈등들
이 응축되어 표출된 사건이라 할 수 있다.

洪武 20년(1387) 崔瑩은 李成桂와 더불어 林堅味, 廉興邦 등의 반대
파를 제거하고 정국을 주도하면서, 明의 鐵嶺衛 設置가 통보되자 崔瑩은
曹敏修와 李成桂를 각각 左·右軍都統使로 삼아 遼東攻伐軍을 조직하였
다. 그러나 禑王과 崔瑩의 遼東攻伐計劃은 李成桂가 '四不可論'을 제기
하고 '威化島回軍'을 단행함으로써 실패하였다. 오히려 李成桂는 崔瑩에
게 遼東攻伐을 강행한 책임을 묻고 무력을 통해 모든 권력을 장악하였
다. 결국 遼東攻伐의 단서가 되었던 明의 鐵嶺衛는 瀋陽 동남쪽의 奉集
堡에 설치된 후 최종적으로 遼東都司 북부 방어선에 해당하는 鐵嶺에 설
치됨으로써 일단락되었다.

---

42) 刁書仁·卜照晶, 「論元末明初中國與高麗, 朝鮮的邊界之爭」, 『北華大學學報』,
　　2001年 第2卷 第1期, 54쪽.
43) 『高麗史』卷136, 禑王 13年 5月.

이러한 사실에서 주목해야 할 사실은 철령위의 초설지가 동녕위·삼만위와 마찬가지로 요동도사 방어 바깥지역, 곧 당시 요동도사 版圖外 지역을 版圖內 지역으로 만들기 위해 시도되었다는 사실이다. 그러나 여진지역과 고려와 접경하고 있는 압록강을 경계로 철령위를 설치하려던 계획은 결국 교통, 식량, 몽고의 성장 등으로 성공할 수 없었다.

이것은 조선과 명의 경계인식을 알 수 있는 중요한 단서가 된다. 곧 압록강변의 철령위 설치가 좌절됨으로써 압록강은 명과 조선의 국경선 곧 界河가 될 수 없었으며, 결국 요동팔참과 같은 국경지대가 형성될 수밖에 없었음을 우선 지적할 수 있다. 둘째로 압록강 대안의 여진지역이 명의 관할 밖에 위치함으로써 차후에 설치되는 명의 여진위소도 형식적인 위소가 될 수밖에 없었다. 실제 명의 대외 팽창기인 영락연간에 수많은 여진위소들이 여진지역에 설치되었지만, 이러한 여진 위소들은 명의 강역 속에 소속된 여진위소들이 아니라 명의 정치적 견제와 여진의 경제적 욕구가 서로 상충하면서 나온 일종의 형식적인 관계였을 뿐이다. 여진지역은 명의 강역이 될 수 없었다는 의미이다.

5. 맺음말

명대사 연구에서 명의 위소제도에 대한 연구는 나름대로 연구성과를 축적하고 있다. 위소제도는 명의 군사력을 유지하는 가장 실질적인 군사제도였다. 명나라가 내지는 물론 요동으로 진출한 후 요동도사를 형성할 수 있었던 것도 위소를 성공적으로 설치할 수 있었기 때문이다.

이 때문에 원말명초 요동에 설치된 위소는 대부분 중국학자에 의해 많이 연구되고 분석되었다. 주로 명의 요동진출과 팽창, 요동방어 등의 관점에서 위소설치의 과정과 배경에 초점을 두고 연구되었다. 그러나 대부분의 위소는 요동도사에 직속된 25위에 초점을 두고 연구되었다. 오히려 25衛가 형성되기 이전의 東寧衛·三萬衛·鐵嶺衛 등은 많은 연구가 축적되지 않았다. 기존의 연구성과물 역시 관점을 달리함으로써 본고에서 다루려고 하는 경계의 관점과 인식에서 접근한 성과물은 찾아보기 힘들다. 본고는 東寧衛·三萬衛·鐵嶺衛에 주요한 초점을 두어 원말·명초 경계인식의 성격을 살펴보고자 하였다.

살펴 본 결과 명초 東寧衛의 설치는 朝鮮과 明의 경계인식상에서 중요한 몇 가지 단서를 제공하고 있다. 동녕위는 내지로 옮겨지기 전 5개의 천호소를 길림과 고려의 길주(해양)·두만강 등에 설치하고자 시도하였지만 모든 것이 좌절되고 결국 요동도사 치소인 遼陽으로 옮겨 흡수·통합하였다. 이것은 군사력의 부족, 교통의 불편, 식량의 부족 등의 원인으로 홍무연간에 이미 요동도사에서 멀리 떨어진 여진지역과 두만강 유역을 관할할 능력을 상실했음을 보여주는 것이다.

동녕 등 5개의 천호소를 내지로 옮겨 동녕위로 재편함으로써 상당수의 고려인과 여진인이 동녕위에 흡수되었고 동녕위는 요동도사의 방어력을 강화시키는 중요한 역할을 하였다. 이것은 동녕위의 관할 범위에서 압록강·두만강·여진지역이 제외되며, 요양 남쪽 연산관이 명으로 들어가는 명초의 책문이 되는 중요한 계기가 되었다. 즉 명이 초설지를 포기하고 동녕위를 요동도사 내지로 옮김으로써 조선·여진·명이 각축을 벌이는 요동팔참과 같은 완충지대가 생김으로써 국경선이 아닌 국경지대가 형성되는 중요한 계기가 되었다.

동녕위가 요동도사의 중요한 위로서의 역할을 함으로써 요동으로 넘어가는 조선인들이 월경 후 동녕위를 구성하는 戶가 되어 조선 변경의 인구가 감소되는 중요한 요인이 되었다. 이러한 고려와 조선 인구의 월경은 다른 한편으로 국경지대의 인구증가를 촉진하여 수많은 사람들이 변경지역에 몰리게 되고, 이들이 명나라 위소 국적을 가지고 다시 조선의 변경으로 밀려와서 조선의 또 다른 변경문제를 야기하는 중요한 요인이 되기도 하였다. 또한 동녕위가 요동도사의 중심으로 이동했다는 것은 여진지역에 명의 영향력이 미치지 못했음을 의미하기도 한다.

삼만위 역시 초기의 설치시도가 좌절되었다. 金山 전투가 끝난 이후 遼東都司의 영향력은 松花江 유역으로도 확대·정비되었다. 松花江과 黑龍江 지역은 元 시기 開元路·合蘭府·水達達路, 그리고 5개의 萬戶府를 설치하였는데, 洪武 20년(1387) 元朝와 같은 방식으로 黑龍江 지역을 관할하기 위하여 黑龍江 중하류 유역에 兀者·乞列迷·野人 등의 三萬衛를 설치하고, 千戶侯 史家奴를 指揮僉事로 임명하여 관할하고자 하였다. 그러나 遼東都司로부터 거리가 멀고 식량 보급이 어려워 洪武 21년(1388) 三萬衛는 현재 遼寧省 북부의 군사도시 開原으로 이전하였다.

즉 三萬衛는 두만강 유역의 斡朵里 유역에 처음 설치하였으나, 곧 식량부족과 교통의 불편 등과 같은 기본적인 문제에 직면해 遼東都司 북부에 해당하는 開原으로 옮겨졌다. 洪武 25년(1392) 5월 朱元璋은 朱松을 韓王으로 삼아 開原城을 지키도록 하고 三萬衛와 遼海衛, 그리고 自在州와 安樂州 등의 治所를 모두 開元城에 둠으로써 女眞과 몽골인을 끌어들여 衛所體制에 편입시키고 효율적으로 북변을 방어하고자 하였다. 두만강과 여진지역에 설치하려 한 삼만위의 설치시도와 좌절, 그리고 내천은 명초 두만강 유역과 여진지역에 대한 관할권 포기를 의미하며 두만강 유역의 여진이 명의 관할이 될 수 없었음을 의미한다. 이것은 명대 두만강 유역은 고려(조선)와 여진의 문제이지, 명과 조선의 변경문제가 될 수 없다는 경계인식에서 접근해야 한다는 의미이다.

결국 명초 삼만위의 설치 시도와 좌절은 명 후기까지 여진지역이 명의 강역이 될 수 없었고 명 후기에 여진이 후금을 세우게 되는 명확한 경계인식을 보여주는 사건이라 할 수 있다. 나아가 두만강 유역이 조선과 명의 문제가 아니라 조선과 여진의 관점에서 국경과 경계의 문제를 재검토해야 한다는 새로운 문제를 던져주고 있는 동시에 명대의 여진지역이 명의 판도외 지역임을 잘 보여주는 명확한 증거라고 할 수 있을 것이다.

우왕 14년 최영의 요동공벌을 촉발한 鐵嶺衛는 그 설치과정과 배경이 조선과 밀접한 관련을 맺고 있다. 우선 최근의 연구에 따라 철령위의 위치가 압록강 대안의 集安이라는 설이 유력하게 제기됨으로써 鐵嶺衛는 명이 三萬衛의 두만강 설치와 더불어 압록강을 명의 경계선으로 삼으려는 시도였음을 알 수 있다. 그러나 이 集安에 설치하려던 鐵嶺衛 역시 동녕위·삼만위와 마찬가지로 그 설치시도가 좌절됨으로써 조선과의 국경으로 압록강을 삼으려는 명의 계획이 실패하였음을 의미한다 하겠다. 1衛는 기본규정상 5,600명의 군사단위로, 철령위의 설치시도는 5,600명의 군사를 통해 압록강을 군사적으로 선점한다는 의미를 가지고 있다. 그러나 이러한 철령위 설치의 실패와 그에 따른 요동도사 북부로의 이전은 곧 압록강이 명의 군사적 점거 대상과 행정력에서 벗어남을 의미한다. 결국 압록강이 명과 조선의 국경선이 될 수 없음을 명확히 보여주는 하나의 분명한 사례가 철령위의 설치 실패라고 할 수 있다.

현재 중국은 본고에서 다루고 있는 3衛의 설치시도와 좌절을 인정하지만 경계인식의 관점에서 접근하고 있지 못하다. 오히려 영락연간 진행된 노아간도사와 여진위소의 설치를 통해 이러한 초기의 상황이 회복되었고 명대 여진지역이 명의 강역이 되었으며, 압록강과 두만강이 조선과 명의 국경이라는 주장을 펴고 있다.

그러나 영락연간 대외팽창의 상징인 노아간도사 역시 이미 연구성과에서 밝히고 있듯이, 상설화된 상주기구도 아니었고 이미 정통연간 그 기능을 정지하고 요동도사로 편입되었음이 밝혀졌다. 여진지역에 설치된 여진위소 역시 명과 형식적인 관계에 있었을 뿐 명의 군대가 여진지역을 점령하거나 행정구역화시킨 것은 아니었다. 나아가 명대 여진의 성장과정과 명과 조선의 변경을 위협하는 여진의 모습을 보면 여진세력이 나라에 종속되고 여진지역이 명의 강역이었다는 주장은 더 이상 설득력을 가질 수 없다.

결론적으로 明은 洪武年間에 東寧衛·三萬衛·鐵嶺衛 등을 통해 압록강과 두만강을 경계로 고려를 견제하고 여진 지역으로 진출하려는 시도를 진행하였으나 이러한 시도는 모두 좌절되었다. 鴨綠江과 豆滿江에 세우려했던 鐵嶺衛와 三萬衛 등은 遼東都司로 흡수되었고, 영락연간에도 豆滿江 유역의 10處 女眞人을 둘러싸고 벌어진 朝鮮과 明의 갈등 역시 10處 女眞人이 朝鮮의 호적에 편입되는 등 朝鮮의 관할이 될 수밖에 없었다. 결국 豆滿江 유역을 비롯한 여진지역을 자국의 판도로 귀속시키려는 明의 계획은 실현될 수 없었다. 明初부터 女眞 지역에 영향력을 발휘하려고 설치가 시도된 東寧衛, 영락연간의 自在州·安樂州 등도 모두 遼東都司로 흡수되었다.

여진지역에 奴兒干都司와 180여 개의 女眞衛所를 설치하고 黑龍江 유역으로 진출하고자 하였으나 역시 지속적으로 시도되지 못하고 그 한계에 직면하였다. 이러한 한계 상황은 이미 명초 3개의 위 설치시도와 좌절에서 그 단서를 발견할 수 있었다. 조선·명·여진 사이의 경계인식에서 압록강은 오히려 조선이 영향력이 미치는 지역으로, 그 대안지역은 양국의 국경중립지대로, 두만강 유역은 조선과 명의 문제가 아니라, 조선과 여진 사이의 관점에서 경계와 국경 문제를 인식해야 한다고 보아야 할 것이다.

명초 3衛의 설치시도는 결국 원대 요양행성의 강역을 명의 영역으로 끌어들이려는 야심찬 홍무제의 계획이자, 요동에서 몽고족을 축출하고 여진족을 흡수하려는 장기적 군사전략의 목적에서 시작했지만 모두 좌절된 것으로 이후 명대 조선과 명, 조선과 여진 사이의 경계인식을 결정 짓는 중요한 사건이었으며 이후 중국 중심의 경계인식을 재검토해야 한다는 단서를 제공하고 있다고 할 것이다.

참고문헌

1. 사료

『明太祖實錄』,『元史』,『高麗史』,『朝鮮王朝實錄』,『北巡私記』,『遼東志』,『牧隱集慈悲嶺羅漢堂記』,『龍飛御天歌』.

2. 저서

南義鉉,『明代遼東支配政策研究』, 江原大學校出版部, 2007.
張博泉 外,『東北歷代疆域史』, 吉林人民出版社, 1981.
張士尊,『明代遼東邊疆研究』, 吉林人民出版社, 2002.

3. 논문

奇文瑛,「論明代開原的地位和作用」,『滿族研究』, 2002年 第3期.
박원호,「鐵嶺衛의 位置에 대한 再考」,『東北亞歷史論叢』13, 2006.
張士尊,「高麗與北元關系對明與高麗關系的影響」,『綏化師專學報』, 1997年 第1期.
_____,「元末紅巾軍遼東活動考」,『松遼學刊』, 1996年 第2期.
刁書仁·卜照晶,「論元末明初中國與高麗,朝鮮的邊界之爭」,『北華大學學報』, 2001年 第2卷 第1期.
津田左右吉,「高麗末に於ける鴨綠江畔領土」,『朝鮮歷史地理』第2卷, 1913.
河內良弘,「明代遼陽の東寧衛について」,『東洋史研究』44-4, 1986.

제1부 주제연구

제4장 일본지역

중·근세 일본인의 조선에 대한 경계인식 고찰

김 보 한*

1. 머리말

국가 간의 영역을 구분하는 경계를 국경이라고 부른다. 그리고 국가
의 주권이 적용되는 그 경계선을 국경선이라고 한다. 국가 간의 고정된
국경 개념은 서양 근대 이후 주권국가가 형성되는 과정에서 설정되기
시작하였다. 그리고 일본의 경우에는 19세기 이후 근대적인 국경 개념
을 갖기 시작하였다. 현재 모든 나라는 국경선이 명확하게 존재하고, 이
것을 기준으로 나라 안(國內)과 나라 밖(國外)을 구분하는 경계선이 존
재한다고 믿고 있다.1) 그런데 국경이라는 단어는 어원적으로 '경계
(Boundary 혹은 Border)'로부터 나왔다.2) 따라서 경계란 어떤 영역에 속
하는 지역과 그 영역에 속하지 않는 지역 사이에 존재하는 선형의 테두
리를 의미한다.

그런데 전근대의 국가 간에는 근대적 개념의 경계와 같은 명확한 경

---

* 단국대학교 교양기초교육원 교수.
1) 국가 간의 국경에 관한 인식의 차이는 주변국과 정치적 갈등과 물리적 충돌을
   일으키고 있다. 작금 국가 간에 발생하는 이러한 충돌을 '영토분쟁'이라고 한다.
2) 사전적 의미에서 '경계(boundary)'는 지도나 도면에 명기된 경계선으로 조약이
   나 계약에 따라 변경될 수 있는 정치적 요소를 포함하고, '경계(border)'는 산이
   나 강이 경계를 이루고 있어서 변경되기 어려운 지리적 요소를 포함하고 있다.

계 개념이 존재하지 않았다. 따라서 전근대 국가 간의 경계에 관한 연구는 '경계인식'에 대한 관념적 연구로부터 시작되었다. 먼저 경계인식을 관념적으로 접근한 연구자가 오야마 교헤이(大山橋平)이다. 오야마는 고대 말 도시구조와 신분의 연구를 통해서 '皇都=淨(キヨメ)의 공간', 그 주변의 '死穢 지역=穢(ケガレ)의 공간'으로 설정하고, 시대가 흐르면서 '淨의 공간'이 확대되어 가는 것으로 이해하였다.[3]

그리고 무라이 쇼스케(村井章介)는 '淨'-'穢'의 이분법적 공간 구분을 더욱 세분하여, 일본의 중심에 西國, 그 바깥에 周緣·境界·異域이라는 용어를 단계적으로 사용하였다.[4] 그리고 그는 국가 영역을 크게 중심부와 외연부로 구분하고, 일본의 주변에는 외연부가 존재한다고 보았다. 그 외연부는 內에서 外로, 외에서 내로 연속하는 공간이 존재하는데, 이러한 공간이 국가영역 사이에 존재하는 '경계'라고 규정하였다. 또 경계인식의 요소로서 사람(人), 국가(國), 지역 등을 설정하였다.[5] 그런데 그가 정의하는 연결공간으로서의 경계는 일본을 구심점으로 해외에서 활발히 활동했던 일본인과 이들의 지역 확장을 염두에 두고 있었다.

한편 역사적으로 경계를 결정하는 요소에서 정치적 요소가 비중 있게 다루어졌다. 왜냐하면 국가의 본질은 정치적으로 경계 안에서 영토 지배를 충족시켜야 하기 때문이다. 따라서 부르스 바턴(Bruce Batten)의 경우 정치지리학적 경계로서 '경계(Boundary)'와 '변경(Frontier)'을 언급하면서, 경계는 구심적인 것이며 外와 內를 격리시키는 기능을 가지고 있고, 변경은 원심적인 것이며 內와 外를 결합하는 역할을 담당한다고 주장하였다.[6] 따라서 바텐이 바라보는 변경(Frontier)이 무라이가 설정한 공간

---

3) 大山喬平, 「中世の身分制と國家」, 『岩波講座 日本歷史』 8, 1976.
4) 村井章介, 『アジアのなかの中世日本』, 校倉書房, 1988.
5) 村井章介, 『中世日本の內と外』, 筑摩書房, 1999.
6) ブルー·バートン, 『日本の境界-前近代の國家·民族·文化-』, 靑木書店, 2000.

개념의 경계(Boundary)와 유사한 개념으로 이해된다.

다시 말해 일반적으로 국경, 즉 선형 개념의 경계(Boundary)와 무라이가 언급했던 연결 공간으로서 경계(=바텐의 내/외의 결합 공간으로서 변경)는 선과 공간이라는 절대 개념의 차이가 존재한다. 따라서 일반적인 선형 개념의 경계, 무라이의 연결 공간으로서 경계, 바텐의 외와 내를 격리시키는 경계 등에는 서로 미묘한 개념의 차이가 내재한다. 이처럼 학자들이 주장하는 경계의 정의가 제각각이어서 혼란스럽기까지 하다.

그렇다면 현재 선형적·공간적 의미를 혼용해서 사용하고 있는 경계(Boundary)를 어떻게 재정립할 것인가. 오히려 무라이의 경계(Boundary)와 바텐의 변경(Frontier)의 개념은 기하학의 위상공간론에서 개념화한 공간 개념으로서의 '경계 근방(近傍)'[7]과 유사하다. 경계 근방은 경계의 내·외에 형성된 폭넓은 공간적 개념을 담고 있다. 이것과 관련하여 필자는 국가 간의 영역을 구분하는 경계의 주변 공간을 '경계영역'이라고 부르고 싶다. 따라서 무라이가 정의한 (연결 공간의) 경계와 바텐이 주장한 (결합 공간의) 변경이 경계영역과 동질적 의미를 갖는 것이다.

한편 일본뿐 아니라 모든 나라는 예외 없이 중심부에 동질의 정치·사회·문화 등을 공유하는 자기중심적 공간을 가지고 있었다. 그리고 그 중심부의 바깥에 위치한 경계영역은 인적·물적 교류가 빈번하고, 상호인식이 분명하게 드러나는 공간이다. 따라서 경계영역에서 살아가는 일본인들이 조선과 어떤 관계를 갖고, 조선을 어떻게 인식하였는지 밝히는 일은 의미 있는 작업이다. 그리고 이 작업은 일본인이 갖는 조선에 대한 경계인식을 파악하는 단초가 될 것이다.

따라서 본고에서는 먼저 중세 일본인의 관념적 경계인식을 살펴보고, 경계영역에서의 일본인의 활동(교역과 왜구), 인적·물적 왕래, 그리고

---

7) 기하학의 위상공간론(位相空間論)에서는 어떤 부분집합의 내점도 외점도 아닌 점들을 그 부분집합의 경계 근방(近傍, neighborhood)이라 한다. 본고에서는 국가 경계의 주변 공간을 '경계영역'이라고 설정하였다.

대마도인의 조선 정책 수용과 그 대응 등을 분석하여, 중·근세 일본인이
갖는 조선에 대한 경계인식을 고찰해 보고자 한다.

2. 일본인의 관념적 경계인식의 성립과 그 전개

1) '淨(キヨメ)'과 '穢(ケガレ)'의 관념적 경계인식

중세 일본 막부법에는 사회적으로 다양하게 신분을 구분하고 있었다.
국가권력의 중추를 장악하고 있는 최상층부의 侍, 百姓·凡下, 下人·所從
(노비) 등이 중세 사회의 기반을 이루는 세 가지 신분 계층이었다. 그
아래에 非人·河源者·坂者·エタ·カワタ·聲聞師·猿樂·乞食 등의 차별
적 신분이 중세 신분제의 아래에 자리잡고 있었다.8) 이들은 고대 말부터
不潔觀의 대상으로 차별받는 신분계층이었으며, 거주와 皇都의 출입 등
에서 제한을 받는 신분이었다.

마찬가지로 죽은 자를 기피하는 '死穢'의 인식이 '穢(ケガレ)'의 대
표적인 관념으로 자리 잡고 있었다. 고대 율령국가는 일찍부터 死穢를
국가가 관리하는 것으로 되어 있었다. 율령국가는 천황이 기거하는 皇都
를 중심으로 皇都에서 각 지방으로 연결되어 있는 公行의 도로, 더욱이
그 도로를 에워싸고 있는 諸國에 死穢가 지나가는 것을 기피하였다.

반대로 '淨(キヨメ)'의 정점에는 천황이 위치해 있었다. 그리고 천황
이 기거하는 皇都는 청정한 지역이라는 인식을 함께 갖고 있었다. 皇都
와 그 연장에 있는 도로, 더 나아가 畿內로 부터 諸國에 이르는 國들로,
천황을 중심으로 內에서 外로 순차적으로 밖으로 넓혀져 가는 국가의 淨
(キヨメ)의 구조가 명료하게 의도되어 있었다.9) 따라서 천황이 거처하

---

8) 大山喬平, 「中世の身分制と國家」, 278쪽 참조.

는 淨의 황도로부터 죽은 자를 추방함으로써, 황도의 바깥에 있는 畿內
는 穢라는 인식을 명확하게 대비시켰다. 그리고 淨과 穢의 대비적 관념
에서 황도는 淨의 지역이므로 신불의 보호를 받는 성스런 공간이라는 인
식을 갖고 있었다. 따라서 고대의 차별적 신분에서 나타나는 불결관은
황도를 중심으로 '청결(淨)', 그 바깥의 지역은 '불결(穢)'이라는 지역적
차별 인식10)으로 확대되었다.

　그리고 시간이 흐르면서 淨 관념의 중심지는 皇都에서 畿內로 확대
되었고, 상대적으로 穢는 東國, 그리고 西國의 주변부와 九州로 이동하
기에 이르렀다. 그리고 淨과 穢 경계의 메커니즘은 가마쿠라 시대에 접
어들어 바깥으로 더욱 확대되어 갔다. 이것에 대해서 村井는 皇都→畿內
→그 바깥의 國이 淨에서 穢로 단계적으로 이행하는 동심원적 구조라고
이해하였다.11) 그리고 淨·穢의 구분은 고정적인 공간의 개념이 아니며,
때로는 안과 밖으로 축소되거나 확대되는 경향을 보이고 있었다.

2) 신국관에서 본 일본인의 경계인식

　중세 일본인의 '穢'에 대한 인식은 몽골의 침입과 그 대응과정에서 잘

---

9) 서민이 죽었을 때 하루도 지체하지 않도록 하고, 또 畿內와 諸國에서 葬地를
정해두는 것은 死穢의 확산을 피하려는 율령귀족의 마음을 명확하게 반영하고
있다(大山喬平,「中世の身分制と國家」, 281쪽).
10) 大山는 신분적 '淨(キヨメ)'과 '穢(ケガレ)'의 차별을 도시 구조 속에서 찾았
다. 즉 皇都를 キヨメ로 파악하고 동쪽에 위치한 河源과 鴨川의 바깥 지역을
ケガレ 지역으로 분석하였다. 그리고 キヨメ가 점차 皇都→畿內→諸國의 순
서로 밖으로 확대되는 구조라고 주장하였다.
11) 村井章介,『アジアのなかの中世日本』, 112쪽. 아울러 村井은 '淨'과 '穢'의 동
심원적 구조 속에서 중세 일본의 중심은 西國, 周緣은 동국과 남九州, 境界는 동
쪽으로 外ヶ浜와 서쪽으로 鬼界ヶ島(혹은 壹岐와 對馬), 그리고 異域은 蝦夷島
와 琉球(혹은 고려와 조선)로 보았다(村井章介,『アジアのなかの中世日本』,
116쪽 참조).

나타나 있다. 몽골의 1차 침입(1274) 이전에 모두 5차례의 일본 초유의
몽골사신이 일본에 도착하였다.[12] 그 중에서 1269년(文永 6) 9월 고려의
金有成이 몽골의 첩장을 가지고 이전에 잡아갔던 대마도인 두 명과 함
께[13] 다자이후에 도착하였다. 이 때 일본 조정은 반첩을 보내기로 결정
하고, 유학자 스가와라노 나가나리(菅原長成)에게 반첩의 초안을 작성
하도록 지시하였다. 그런데 반첩 초안을 막부로 보내 의향을 물었지만
막부로부터 반첩을 거절당하였다.[14] 결국 외교 교섭을 통해 난국을 극복
하려는 조정의 노력이 막부에 의해 가로막혀 버린 것이다.

그리고 1271년(文永 8) 9월 조양필(趙良弼)이 다자이후에 도착하여
일본 초유를 위한 몽골의 첩장과 고려의 국서를 일본 국왕과 장군에게
직접 전달하고 싶다고 요청하였을 때,[15] 다시 조정은 일전에 막부가 억
류해 놓았던 '日本國太政官牒' 초안을 수정하여 보내는 것으로 결정하였
다.[16] 일본 태정관의 반첩에는 '아마테라스 오오미카미의 빛이 천하를 통
일한 이래 오늘까지 이어져서 성스런 광명이 미치는 고로, 이 皇土를 오
래도록 신국이라고 부르고 있는데, 지혜로 겨룰 수도 없고 힘으로도 싸울
수 없다'[17]고 하여, 일본 우월적 신국관이 묘사되어 있었다. 또 다시 몽골

---

12) 1274년까지 몽골은 일본 초유의 사신을 총 6차례 파견하였는데, 1266년의 첫 번
째 사신은 일본에 도착하지 못하였고, 이후 5차례의 사신이 일본에 도착하였다.

13) 1269년 3월 두 번째 일본 사행이었던 흑적과 은홍은 다자이후에 가지 못하고
쓰시마에서 주민 2명을 붙잡아서 귀국하였다(『高麗史』 권26 세가26 원종 10년
(1269) 3월조).

14) 『師守記』 貞治 6년(1367) 5월 9일조, '文永六年(1269)四月卄六日於院有評
定 異國間事. …(중략)… 件度連年牒狀到來之間 有沙汰 被淸書下 反牒無相
違者 可遣大宰府之由 雖被仰合關東 不可被遣反牒之旨 計申之間 被略畢.'

15) 『新元史』 권250 열전 제147 外國2 日本條, "(至元) 八年(1271)九月 高麗使
通事別將徐稱吉 偕良弼 至日本之筑前今津 津吏欲擊之 良弼舍舟登岸喩旨
乃延良弼等入板屋 嚴兵守之 …(중략)… 良弼曰 國書宜獻於王所 若不允 則
傳之大將軍,"

16) 『古續記』 文永 8년(1271) 10월 24일조.

17) 『鎌倉遺文』 14권 〈10571〉「日本國太政官牒」, "凡自天照黃大神耀天統 至日

사신을 통해 보내기로 한 반첩이 막부에 의해 좌절되었지만, 반첩의 내용
에는 신손(神孫)과 황손이 통치한다는 신국관념과 皇土 관념이 주제어로
자리잡고 있었다.[18] 이것은 寺社權門을 통한 '天神地祇'와 '神明擁護'에
의지해 보겠다는 천황의 새로운 결단을 반영하고 있었다. 마침내 조정은
막부의 독단적인 무반첩 결정을 대신해서 '異國降伏' 기도를 올리도록 寺
社權門에 명령하였다. 그리고 조정의 기도 명령이 각 지역의 사사로 하달
되고, 異國 패퇴의 기도가 전국에서 빠르게 행해졌다.

　　1271년(文永 8) 9월에 작성한『山城正傳寺文書』에서는 일본이 '天神
地祇'로서 법도를 바로 세우고 나라를 다스려 왔는데, '垂迹和光'으로 비
추지 않은 곳 없이 곳곳에 위엄을 떨치고 덕을 밝혀서 怨賊들이 엎드려
굴복하였다고 서술하고 있다.[19] 또 불교설화집인『沙石集』에서도 '我朝
는 신국으로서 천하의 권세를 물려받았다. 또 우리들 모두 그 후예이다'
라고 말하고 있다.[20] 이러한 사사의 신국관념은 異域의 몽골을 항복시킬
수 있다는 '超勝他國'의 우월관이었다. 다시 말해서 타국에 대한 절대적
우월감으로 포장된 차별화된 관념이었다. 또 1차 침입을 물리친 직후인
1274년(文永 11)『兼仲卿曆記』에서는 일본이 신국이고 반드시 宗廟에
신불의 가호가 있을 것이라는 내용으로 시작하고 있다.[21] 이처럼 조정의

　　本今黃帝受日嗣 聖明所覃 …(중략)… 故以黃土永號神國 非可以智競 非可以
　　力爭".
18)　졸고,「중세일본의 신국사상과 그 역사적 변천」,『동아시아세계 일본사상－일
　　본 중심적 세계관 생성의 시대별 고찰』, 동북아역사재단, 2009, 92쪽.
19)『鎌倉遺文』14권〈10880〉「東嚴慧安願文」, "一心啓白八幡大士六十余州一
　　切神等 今日本國天神地祇 以於正法治國以來 部類眷屬充滿此間 草木土地山
　　川叢擇水陸處空 無非垂迹和光之處 各々振威 各々現德 可令斫伏他方怨賊
　　…(하략)"
20)『沙石集』(日本古典文學大系),「興福寺の貞慶(解脫上人)の詞」"我朝ハ神
　　國トシテ大權アトヲ垂レ給フ、又、我等ミナ彼後孫也".
21)『兼仲卿曆記』1274년(文永 11) 10월 22일조, "我朝は神國なり、定めて宗
　　廟の御冥助あるか …(下略)".

공경들까지도 異國에 대한 우월적 신국관념으로 철저하게 무장해 나갔던 것이다.

따라서 조정과 寺社의 우월적 신국관은 '신불의 가호=淨', '異國=穢'로 바라보는 시각을 갖게 하였다. 즉 일본은 神明의 옹호를 받는 神國이고, 일본을 침입한 세력(몽골과 고려)은 異國(=敵國, 異域, 穢)이라는 이분법적 관념을 정형화시켰다.

그렇다면 중세 몽골 침입 시기에 淨과 穢의 경계영역은 어디일까. 1274년(文永 11) 10월 몽골군은 대마도에 상륙하여 전투를 끝내고 壹岐에서 천여 명을 전사시키고 섬 전체를 초토화시킨 다음, 松浦 반도 연안의 섬에 상륙하여 전투를 벌였다.[22] 이 시기 조정의 대응은 사사권문에 이국항복의 기도를 올리라는 명령뿐이었다. 그리고 대마도와 壹岐가 적국의 수중에 있었을 때, 막부는 이곳을 직접 구원하려고 하지 않았다. 이렇게 대마도·壹岐·松浦의 위기에서 보여준 조정과 막부의 태도는 경계영역에 대한 조정과 막부의 인식을 잘 보여주고 있다. 이를테면 壹岐에서 전승되어 내려오는 '무쿠리 고쿠리(ムクリコクリ)'가 말해 주듯이, 몽골과 고려군은 이 지역 사람들에게 공포의 대상으로 오랫동안 기억될 수밖에 없었다.

따라서 몽골의 일본 침입을 전후한 시기에 일본에서 淨의 지역은 西國과 東國·九州였으며, 경계영역으로는 대마도와 壹岐·松浦 등지와 이곳 주변에 흩어져 있는 다수의 섬들을 설정할 수 있다. 이 같은 사실은 1272년 2월부터 막부가 九州의 경비태세를 강화하기 위해서 異國警固番役을 공포하였지만, 주로 大宰府의 외항이라고 할 수 있는 博多 방어에 몰두했다는 점에서도 잘 드러난다.

---

22) 『八幡愚童記』(上), 『日本思想大系』20, 岩波書店, 1975; 『고려사』 권28 세가 28 충렬왕 즉위년(1274) 10월 기사조.

3. 중·근세 일본인의 '경계영역' 활동과 경계인식

1) 교역과 왜구에서 본 '경계영역'

고대 일본에서 동아시아의 교역의 담당자는 송상인들이었다. 중국의 송과 일본의 九州 사이를 왕래하던 송상인의 출입이 허가된 장소는 大宰府의 鴻臚館이었다. 송상인 중에서 博多 등지에 장기 거주하거나 귀화하는 자들이 생겨났다. 따라서 당시 博多는 세계적인 상품이 운집하고 외국의 상인들의 왕래가 빈번한 국제화된 상업 도시였다.

그리고 12세기 중반 송상인 蘇 船頭가 松浦 지역의 平戶島에서 일본 여인과 결혼하여 아들을 낳고 재산을 상속했던 예에서도 알 수 있듯이,[23] 이미 이전부터 송상인은 不輸不入權을 가진 九州 장원의 항구에 입항해서 장원영주나 莊官과 공공연히 밀무역을 행하고 있었다. 따라서 九州에는 博多 이외에 平戶·坊津·肥前 神崎莊 등의 항구가 밀무역항으로 새롭게 등장하였다.[24]

그런데 博多 상인과 北九州 지역의 영주들은 송상인의 무역 독점에 대해 불만을 갖게 되었다. 11세기 후반에 접어들자 이들은 그동안 수동적 교역 자세에서 벗어나 직접 무역에 뛰어드는 적극성을 갖기 시작하였다. 그래서 동중국해를 횡단하는 직항로를 포기하는 대신 직접 만든 열악한 무역선을 타고 미숙한 항해술로 고려의 섬들을 징검다리 삼아 북상하는 고려 연안 항로를 선택하였다. 그 결과 博多 상인과 九州의 영주들이 對고려 교역에 나설 수 있었다.

그러면 九州의 어느 지역에서 對고려 무역을 적극적으로 추진하였을까. 먼저『고려사』에는 1073년(문종 27)부터 일본 무역선이 고려에 입국

---

23)『青方文書』安貞 2년(1228) 3월 13일.
24) 森克己, 「鎌倉時代の日麗交渉」,『朝鮮學報』34, 1965, 64쪽 참조.

하는 것으로 기록되어 있다.25) 일본인의 첫 번째 고려 입국에서 王則·
貞松·永年 등 42명이 여러 가지 물품을 바치고, 壹岐의 藤井安國 등 33
명이 와서 토산물을 바치는 것으로 되어 있다.26) 이때 王則 등은 출신지
가 기록되어 있지 않지만, 藤井安國은 출신지가 壹岐로 되어 있다.

한편 1266년 11월 일본 초유를 목적으로 파견되었던 몽골 사신 黑的
과 殷弘, 그리고 고려의 金贊과 宋君斐 등이 거친 풍랑에 놀라서 다음해
1월 거제도의 松浦邊에서 되돌아갔다. 그리고 몽골 황제에게 고려와 일본
이 통호하지 않지만 때때로 대마도인이 무역을 위해서 金州에 왕래하고
있다고 보고하고 있다.27) 마찬가지로 조선 실학자 안정복의『順庵集』에
서도 대마도인들이 고려 금주에 왕래한 기록이 남아있다.28)

그리고 대마도는 자신들의 생존과 관련된 고려와의 교역을 지속적으
로 유지하기 위해서 고려 조정의 관심을 끌 필요가 있었다. 당시 고려
표류민의 송환은 고려 조정의 환심을 사기 위한 매우 유용한 소재였다.
문종 시기에 모두 세 차례(1049, 1051, 1060) 대마도로부터 고려 표류민
의 송환이 이루어지고 있다.29) 문종 시기에 표류민 송환이 대마도를 중
심으로 가장 활발하게 이루어지는데, 이것은 문종 시기 일본 상선의 고
려 입국 횟수와 밀접한 관련성이 있었다. 이것을 통해서 일본 중심에서
떨어진 壹岐·대마도 등의 경계영역에 거주하던 영주들이 고려와의 교역
을 주도하고 있었음을 알 수 있다.

---

25) 이후 일본 상인이 고려에 입국하는 횟수에 대해서 문종代(1046~1083) 14회,
　　선종代(1083~1094) 6회, 예종代(1105~1122) 2회, 의종代(1146~1170) 2
　　회, 총 24회로 나타난다(森克己,「鎌倉時代の日麗交涉」, 65쪽 참조).
26)『고려사』권9 세가 권9 문종 27년(1073) 7월조.
27)『高麗史』권26 세가26 원종 7년(1266) 11월조 ; 高麗史』권26 세가26 원종
　　8년(1267) 정월조, "日本素與小邦未嘗通好 但對馬島人時因貿易 往來金州."
28)『順庵集』,「倭館始末」, "高麗時對馬島人常往來金州 開市貿易 有館接之所
　　而未聞有留館本朝之制也."
29)『고려사』권7 세가 권7 문종 3년(1049) 11월조; 권7 세가 권7 문종 5년(1051)
　　7월조; 권8 세가 권8 문종 14년(1060) 7월조.

한편 13세기 중반부터 고려를 대상으로 왜구의 활동이 시작되었다. 왜구 활동의 뿌리는 근본적으로 일본열도에 존재했던 일본 해적의 활동과 밀접하게 관련되어 있었다. 1232년(貞永 원년) 가마쿠라 막부가 공포한「御成敗式目」에는 해적 금지와 관련된 조항이 실려 있다. 이 법령에서 가장 무거운 중죄는 大犯三箇條(大番催促·謀叛·殺害)였다. 그리고 해적 행위는 謀叛·殺害와 함께 중죄로 취급되고 있었다.30) 막부의 강력한 해적 규제법은 이후에 공포되는「追加法」에서도 여러 차례 등장하고 있다.31) 그러나 세토내해와 九州에서 활동하던 해적을 규제하고자 했던 막부의 단호한 의지는 쉽게 실현되지 않았다.

일본 해적의 활동 범위가 확대되고 행동 양식이 대범해져 감에 따라 점차 일본열도 밖으로 그 약탈 영역이 넓혀져 갔다. 이들의 고려 약탈 기록은『고려사』뿐만 아니라, 일본 사료인『明月記』에도 나타난다.『明月記』에는 1226년(嘉祿 2) 松浦黨이 수십척 병선을 이끌고 고려의 別島에 가서 민가를 습격하고 재물을 약탈하였다고 기록하고 있다.32) 또 막부의 기록인『吾妻鏡』에는 1232년(貞永 원년) 鏡社의 住人이 고려에 건

---

30)『中世法制史料集』第1卷「御成敗式目」3條(貞永 원년(1232) 8월),「諸國守護人奉行事」, "右右大將家御時所被定置者大番催促·謀叛·殺害人 付夜討·強盜·山賊·海賊等…"; 11條(貞永 원년(1232) 8월),「依夫罪過妻女所領被沒收否事」, "右於謀叛殺害幷山賊海賊夜討強盜等重科者可懸夫咎也…."

31)『中世法制史料集』第1卷「追加法」252條(寬元 4년(1246) 12월 7일),「可仰諸國守護地頭等, 令禁斷海陸盜賊, 山賊, 海賊夜討, 強盜類事」;「追加法」282條(建長 5년(1253) 10월 1일),「重犯山賊海賊夜討強盜輩事」;「追加法」320條(正嘉 2년(1258) 9월 21일);「追加法」368條(弘長 원년(1261) 12월 30일),「可仰諸國守護地頭等, 令禁斷海賊次山賊等事」;「追加法」531條(弘安 7년(1284) 5월 27일),「夜討奸盜山賊海賊殺害罪科事」;「追加法」705條(乾元 2년(1303) 6월 12일),「夜討強盜山賊海賊等事」;「追加法」19條(貞和 2년(1346)),「山賊海賊事」;「追加法」30條(貞和 2년(1346) 12月13일),「山賊海賊事」.

32)『明月記』嘉祿 2년(1226) 10월 17일, "高麗合戰一定云云, 鎭西凶黨等(號松浦黨), 構數十艘兵船, 行彼國之別嶋合戰, 滅亡民家, 掠取資財".

너가 도적질을 일삼고, 다수의 값진 재화를 약탈하였다고 기록하고 있다.[33] 鏡社는 肥前國 東松浦郡 唐津에 위치해 있는 신사로 松浦黨의 근거지였다.

여기에서 松浦黨은 헤이안 말기부터 가마쿠라 초기에 松浦郡의 도서 지역을 중심으로 활동하던 해상무사단을 지칭하는 용어이며, 고려와 조선을 대상으로 약탈을 자행하던 왜구 집단이었다. 또 이들은 일본열도의 해양성에 기반을 두고 활동하던 특수 해상 집단이며 조정이나 막부의 교역담당자와 약탈자라는 이중적인 활동을 하는 약탈집단이었다. 당시 비법을 행하는 집단을 '악당(惡黨)'으로 불렀던 것처럼, 일본 중앙에서는 松浦의 무사단에 대해서 멸시의 의미로 '松浦黨'이라는 호칭을 사용하고 있었다.[34] 『해동제국기』에서 왜구의 근거지로 묘사하고 있는 三島(대마도·壹岐·松浦) 중의 한 지역이기도 하다. 따라서 松浦 지역은 淨과 穢의 관념적 구분에서, 穢에 인접한 경계영역이었다.

그 이외에도 南九州의 大隅國에서 고려에 건너가 해적질을 일삼던 '惡黨人'이 있었다.[35] 이곳은 松浦 지역처럼 고려에 출현한 왜구의 근거지와 일맥상통하는 지역이었다. 막부 권력의 입장에서 이들도 松浦黨처럼 통제 불능의 왜구 집단으로 판단하였을 것이다. 즉 大隅國의 惡黨人은 松浦黨의 해상무사단과 마찬가지로 '淨'의 지역에서 거주하는 일본인과는 차별되는 존재였다. 이들은 비법적인 행위를 자행하며 일본열도를 뛰어넘어 異域(=穢 지역)에서 약탈을 자행하던 존재였다. 따라서 南九州의 大隅 지역은 대마도·壹岐·松浦 지역 등지와 마찬가지로 淨과 穢사이의 경계영역으로 설정이 가능한 것이다.

---

33) 『吾妻鏡』 貞永 元년(1232) 윤9월 17일(여기서 鏡社는 肥前國 東松浦郡 唐津의 '鏡神社'를 의미한다고 볼 수 있다).
34) 瀬野精一郎, 『鎮西御家人の研究』, 吉川弘文館, 1974, p.459 참조.
35) 『禰寢文書』 永德 원년(1381) 8월 6일(『南北朝遺文』 九州編 5卷 「5673」).
　　"當國惡黨人等渡高麗致狼藉由事, 嚴密可加制止, 若猶不承引者, 爲有殊沙汰可注申候, 右之狀依仰執達如件."

이상에서 살펴본 바와 같이 고려와의 교역과 왜구의 배후지였던 대마도·壹岐·松浦·大隅 등지가 九州의 영주와 연결된 일본 해적의 근거지이며 경계영역이었다. 그러면 앞에서 언급한 여러 곳의 경계영역 중에서 조선과의 해협 사이에 맞대고 있던 대마도가 조선의 대외정책을 어떻게 수용했고, 어떠한 삶을 영위했는지 구체적으로 살펴보도록 하겠다.

2) 대마도인의 조선에 대한 경계인식

앞 절에서 살펴보았듯이 11세기 중반부터 13세기 중반까지 일본 상인의 고려 입국이 지속적으로 이루어지고 있었다. 13세기 중후반 두 차례 몽골의 일본 침입이라는 일본 초유의 대사건이 발생한 이후 약 1세기 동안 일본 상인의 고려 왕래, 혹은 일본인의 고려 내 거주가 거의 단절된 상태였다. 그리고 몽골의 충격이 사라지는 14세기 중반부터 일본인의 왕래와 고려 내 거주가 다시 등장하기 시작하였다.

그런데 일본인의 고려 거주는 이전에 상호공존과 교류와는 전혀 다른 대결적 구도가 자주 나타난다. 예를 들어서 1369년(공민왕 18) 7월 거제 남해현에 살던 왜인들이 배반하여 돌아갔고,[36] 11월에는 영원히 화친할 것을 약속하며 거제도에 거주하던 왜인이 오히려 도적이 되어 寧州·溫水·禮山·沔州 침입하여 조운선을 약탈하였다고 기록하고 있다.[37] 한편 1375년(우왕 원년) 5월 왜인의 우두머리 藤經光이 무리를 거느리고 와서 양식을 요구하며 고려를 위협하였고, 고려 조정이 金先致로 하여금 그를 유인해서 살해하려다가 미수에 그치는 사건이 발생하였다.[38] 또 같

36) 『고려사』 권41 세가41 공민왕 18년(1369) 7월조, “辛丑 巨濟南海縣投化倭叛歸其國.”

37) 『고려사』 권41 세가41, 공민왕 18년(1369) 11월조 “倭掠寧州溫水禮山沔州漕船 初倭人願居巨濟 永結和親 國家信而許之 至是入寇.”; 『동국통감』 공민왕 18년(1369) 11월조.

38) 『고려사』 권114 열전27 김선치전, “辛禑初倭藤經光率其徒來聲言將入寇恐愒

은 해 6월에는 왜인 公昌 등 16인이 투항하여 온다.[39]

이처럼 고려는 평화적으로 투항해 오는 일본인을 받아들이고 거주를 인정해 주면서 우호적인 대왜인 정책을 펴고 있었다. 따라서『고려사』의 기록에 한계가 있지만, 앞에서 제시한 몇 개의 사료를 통해서 일본의 경계영역에서 상당수의 일본인들이 고려에 들어와 생활하고 있었던 것으로 짐작할 수 있다. 그런데 때로는 이들이 해양적 기질을 발휘하여 고려 연안을 침입하는 왜구로 둔갑하기도 하였던 것이다. 따라서 이들이 일본에서는 경계영역의 일본인이었지만, 고려에서는 약탈을 자행하는 왜구로 취급당하기도 하는 존재였다.

14세기 말 건국한 조선은 고려와 마찬가지로 조선에 거주하기를 희망하는 일본인(투항왜인·향화왜인), 그리고 교역을 목적으로 조선에 들어오는 일본인(흥리왜인)까지 다양한 정책을 통해서 경계영역의 일본인을 적극 수용해 나갔다. 조선은 초기에 일본인을 적극적으로 수용하기 위하여 몇 가지 기본적인 정책의 틀을 유지하고 있었다.

첫째, 일본인에게 관직을 하사하는 적극적인 수용정책(受職人制)을 실시하고 있었다.[40] 이를테면 1407년(태종7) 平道全이 투화해 오자 員外司宰少監의 벼슬을 주고 銀帶를 하사하고 있다.[41] 또 1413년(태종 13) 林溫이 보낸 객인을 시켜서 土物을 바치고 투화해 오자 將軍職을 하사하는 경우도 있었다.[42] 이외에도 조선에는 관직을 하사받는 상당수

之因索粮 朝議分處順天燕歧等處官給資糧尋遣密直副使金世祐諭先致誘殺 先致大九州食欲因餉殺之.";『고려사절요』 권30, 우왕 원년 5월조 참조.

39)『고려사』 권46 열전46, 신우 원년(1375) 6월조 "六月 倭公昌等十六人 來降".

40) 이들은 본래 한성 등의 조선 안에 머무르는 것이 원칙이었지만, 15세기 중기부터 대마도 등지의 거주가 허가되었다. 그 대신에 매년 1회 한성에 와서 국왕을 알현하여 토산물을 바치고 회사품을 받아갔다.

41)『태종실록』 권14 태종 7년(1407) 7월 15일조, "以平道全爲員外司宰少監 賜銀帶 道全 日本人之投化者也."

42)『태종실록』 권26 태종 13년(1413) 8월 8일조, "宗貞茂使送客人及林溫使送客人等 來獻土物. 溫投化來仕, 受將軍之職 後還入對馬島 爲倭萬戶."

의 경계영역 일본인, 즉 대마도인이 존재하였다.

둘째, 삼포를 개항하여 정책적으로 일본인을 수용하고 있었다. 조선은 1407년 이전부터 부산포와 내이포에 포소를 운영하였고,[43] 일본인의 유입이 더욱 증가하자 1418년(태종 18) 염포와 가배량에 왜관을 설치하고 거주를 허가하여,[44] 기존의 부산포·내이포 등과 함께 포소를 모두 4곳으로 확대하였다.

이러한 일련의 유화정책에서 대마도인이 갖는 조선에 대한 경계인식에 변화가 오는 계기는 대마도 정벌(己亥東征)이었다. 1418년(태종 18) 조선의 왜구 금압에 적극 협조하던 대마도 도주 宗貞茂가 죽자 그의 어린 아들 都都熊丸(宗貞盛)이 그 뒤를 이었지만, 대마도의 정치질서는 매우 불안정하였다. 한편 1419년(세종 1) 5월 왜선 50여 척이 庇仁縣 都豆音串에 난입해서 백성을 살해하고 조선의 병선을 불태우는 사건이 발생하였다.[45] 그러자 세종에게 왕위를 물려주고 상왕 자리에서 병권을 장악하고 있었던 태종은 이 사건을 계기로 왜구의 소굴이면서 경유지였던 대마도 정벌을 결정하였다.[46] 그리고 같은 해 6월 9일 教書에서 태종은 대마도에 대한 군사적 정벌과 관련해서 다음과 같이 자신의 의지를 밝히고 있다.

43) 부산포와 내이포에 포소를 운영과 관련하여, 1407년에 설치되었다고 보는 설이 있고(이현종, 『朝鮮前期對日交涉史研究』, 한국연구원, 1964; 김의환, 「부산왜관의 변천과 日本 專管居留地」, 『朝鮮近代對日關係史研究』, 1979; 한문종, 「조선전기 한일관계와 1407년의 의미」, 『지역과 역사』 22, 2008), 1409년 설치로 보는 설(나종우, 「조선초기 대일본 통제책에 대한 고찰」, 『如山柳炳德博士華甲紀念韓國哲學宗教思想史』, 1990; 장순순, 「조선전기 왜관의 성립과 조·일외교의 특질」, 『한일관계사연구』 15, 2001)로 크게 대별해 볼 수가 있다. 그런데 1407년 경상도 병마절제사 姜思德의 상소문 내용을 보면 1407년 이전으로 보는 것이 타당하다고 생각한다(『태종실록』 권14 태종 7년(1407) 7월 27일조 참조).
44) 『태종실록』 권35 태종 18년(1418) 3월 2일조.
45) 『세종실록』 권4 세종 원년(1419) 5월 7일조, "本月初五日曉 倭賊五十餘艘 突至庇仁縣之都豆音串 圍我兵船焚之 烟霧曚暗 未辨彼我."
46) 『세종실록』 권4 세종 원년(1419) 5월 14일조.

"대마도는 본래 우리나라 땅인데, 다만 궁벽하게 후미지고 비좁아 누추하므로 倭奴들이 거류하게 두었다. 개같이 도적질하고 쥐같이 훔치는 버릇을 가지고 경인년으로부터 변경에서 날뛰기 시작하여 마음대로 군민을 살해하며, 부모형제를 잡아가고 그 집에 불을 질러서 고아와 과부가 바다를 바라보고 우는 일이 해마다 그칠 날이 없다. 志士와 仁人이 팔뚝을 걷어 부치고 탄식하며, 그 고기를 씹고 그 가죽 위에서 잠자고 생각함이 여러 해이다."[47]

여기에는 처음으로 대마도가 조선의 땅이었다고 주장하는 내용이 등장한다. 이것과 관련하여 대마도가 조선의 땅이라는 보는 태종의 주장은 대마도 정벌을 정당화하는 논리로서 창출되었다고 보는 견해가 있다.[48] 그러나 일차적인 대마도 정벌에 대한 정당성은 대마도를 근거지 혹은 경유지로 삼아 조선을 침입하여 '군민을 살해하고 부모 형제를 잡아 가고 집에 불을 지르는' 왜구의 그칠 줄 모르는 만행 때문이었다. 즉 대마도 정벌의 가장 큰 이유는 오랫동안 베풀어준 조선의 은혜를 잊고 배은망덕하게 행동하는 대마도 일본인을 질타하기 위해서 취한 군사적인 정벌이었다고 보아야 할 것이다. 그 다음에 대마도에 대한 조선의 영토인식을 공고히 하려는 의도가 있었다고 보는 것이 타당할 것이다.

곧이어 6월 17일 三軍都體察使 이종무는 65일분의 식량과 병선 227척과 1만 7,285명의 병사를 거느리고 대마도로 향하였다.[49] 6월 20일에 대마도의 豆知浦에 상륙한 이종무는 宗貞盛에게 서신을 보냈지만 답장

47) 『세종실록』 권4 세종 원년(1419) 6월 9일조. "上王教中外曰, … 對馬爲島 本是我國之地 但以阻僻隘陋 聽爲倭奴所據. 乃懷狗盜鼠竊之計 歲自庚寅 始肆跳梁於邊徼 虔劉軍民 俘虜父兄 火其室屋 孤兒寡婦 哭望海島 無歲無之. 志士 仁人扼腕歎息 思食其肉而寢其皮 蓋有年矣…."
48) 關周一, 「アジアから見た日本の境界」, 『古代·中世の境界認識と文化交流』, 勉誠出版, 2011, 125쪽.
49) 『세종실록』 권4 세종 원년(1419) 6월 17일조.

이 없자, 섬을 수색하여 크고 작은 배 1백 29척 중에 사용할 만한 것 20
척을 고른 다음 나머지는 모두 불태워 버렸다. 또 가옥 1천 9백 39호를
불사르고 밭에 있는 벼 곡식을 모두 베어버렸다. 그런데 대마도에 잡혀
있던 중국인으로부터 대마도에 가뭄이 심하고 대마도인이 한두 말의 양
식만을 가지고 달아났다는 말을 듣고 訓乃串에 柵을 세워 장기전에 대비
하였다. 그리고 그 후 宗貞盛의 修好 요청에 응해서, 이종무는 7월 3일
거제도로 철군하였다.50) 다시 설명하자면 왜구 근거지의 가옥을 불태우
고 약탈 활동에 반드시 필요한 선박을 소각시키거나 나포함으로써 대마
도를 엄중하게 문책하고 왜구를 근절시키는 것이 대마도 정벌의 제일 목
표였다고 할 수 있다.

대마도 원정을 끝낸 다음 7월 17일 태종은 병조판서 趙末生에게 명하
여 宗貞盛에게 서계를 보내어, '대마도가 경상도의 鷄林에 예속하고, 본
래 조선 땅이란 것이 文籍에 실려 있다'고 하면서 '卷土來降' 할 것을 요
구하였다.51) 이에 대해 1420년(세종 2) 윤1월 10일 宗貞盛이 보낸 사신
時應界都가 조선을 찾아와서 宗貞盛의 의사를 전달하였다.

> "대마도는 토지가 척박하고 생활이 곤란하오니, 바라옵건대 섬사람들
> 을 加羅山 등 섬에 보내어 밖을 호위하게 하고, 귀국 백성들이 섬에 들어
> 가서 안심하고 농업에 종사하게 하여 그 땅에서 세금을 받아서 우리에게
> 나누어 주십시오. 나는 일족 사람들이 守護의 자리를 빼앗으려고 엿보는
> 것이 두려워 나갈 수가 없습니다. 만일 우리 섬을 귀국 영토 안의 州郡의
> 예에 따라서 州의 명칭을 정하여 주고, 印信을 하사해 주면 마땅히 신하
> 의 도리를 지키고 명령하는 대로 따르겠습니다."52)

---

50) 『세종실록』 권4 세종 원년(1419) 7월 3일조.
51) 『세종실록』 권4 세종 원년(1419) 7월 17일조, "對馬爲島 隷於慶尙道之鷄林
本是我國之地 載在文籍 昭然可考.";"若能飜然悔悟 卷土來降 則其都都熊瓦
錫之好爵 頒以厚祿."
52) 『세종실록』 권7 세종 2년(1420) 윤1월 10일조, "禮曹啓 對馬島都都熊瓦使人

그 결과 조선은 대마도 守護 宗貞盛의 요청을 받아들여 대마도의 조
선 속주화가 진행되었다. 같은 해 윤1월 23일 예조판서 허조가 宗貞盛에
게 보낸 서한의 내용을 보면 그 사실을 알 수 있다.

"또한 대마도는 경상도에 예속되어 있으니 모든 보고나 또는 문의할
일은 반드시 본도의 관찰사에게 보고하여 그를 통하여 보고하게 하고, 직
접 本曹에 올리지 말도록 할 것이다. 아울러 요청한 인장의 篆字와 하사
하는 물품을 귀국하는 사절에게 보낸다. 근래에 귀하의 관할 지역에 있는
代官과 萬戶가 각기 제 마음대로 사람을 보내어 글을 바치고 성의를 표
시하니, 그 정성은 비록 지극하나 체통에 어그러지는 일이니, 지금부터는
반드시 귀하가 친히 서명한 문서를 받아 가지고 와야만 비로소 예의로
접견함을 허락한다고 하였다. 그 인장의 글자를 '宗氏都都熊瓦'라고 하
였다."53)

여기에서 대마도가 경상도에 예속되었고, 이후에 대마도주는 경상도
관찰사를 통해서 조선에 서계를 전달하도록 하는 행정상의 계통을 통보
해 주고 있다. 그런데 1421년(세종 3) 4월 6일 宗貞盛이 仇里安을 보내
예조에 전한 서신에서, '금년 정월에 보낸 書契에서 대마도가 경상도에
예속되었다고 했는데, 史籍을 조사해 보고 노인들에게 물어보아도 사실
근거할 만한 것이 없다.'고 전하고 있다.54) 이에 대해 조선 조정은 문서

時應界都來傳熊瓦言曰 對馬島土地瘠薄 生理實難. 乞遣島人 戍于加羅山等島
以爲外護. 貴國使人民入島 安心耕墾 收其田稅 分給於我以爲用. 予畏族人窺
奪守護之位 未得出去 若將我島依貴國境內州郡之例 定爲州名 賜以印信 則
當効臣節 惟命是從."
53) 『세종실록』권7 세종 2년(1420) 윤1월 23일조. "且對馬島隷於慶尙道 凡有啓
稟之事 必須呈報本道觀察使 傳報施行 毋得直呈本曹. 兼請印篆竝賜物 就付
回价. 近來 足下所管代官 萬戶各自遣人 奉書來款 其誠雖至 甚乖體統. 自今
須得足下所親署書契以來 方許禮接. 其印文曰 宗氏都都熊瓦"

의 내용을 문제 삼아 사절을 예법대로 접대하지 않고 돌려보낸다.

宗貞盛이 보낸 仇里安의 전언과 관련해서 關周一은 다음과 같이 주장하고 있다.

> "결국 '印信'을 받았던 것뿐이고 대마도의 속주화는 결정되지 않았다. 한편 '卷土來降'이 관철되지 않아서 대마도의 내국화는 실현되지 않았다. 대마의 귀속에 관한 교섭은, 宗貞盛과 早田左衛門太郎과 같은 대마도주 또는 실력자, 때로는 그 뜻을 받든 사절에 의한 것이고, 무로마치 막부는 어떤 것도 관여하지 않았다."[55]

그런데 조선과 宗貞盛 사이에 오고 간 문서와 관련하여 다른 각도에서 생각해 볼 필요가 있다. 예를 들어 1420년(세종 2) 윤1월 10일 '조선 영토 안의 州郡의 예에 따라서 州의 명칭을 정해 주고 印信을 하사한다면, 마땅히 신하의 도리를 지키고 명령하는 대로 따르겠다'고 전한 宗貞盛의 서신은 중요한 의미가 있다. 무로마치 막부 체제에서 살펴보면 상신문서 중에서 '解狀'이나 '請文'[56]에 해당하지 않을까. 같은 해 윤1월 23일에는 조선의 예조에서 대마도에 보낸 '대마도는 경상도에 예속되어 있으니, … (경상도)관찰사에게 보고하고, … 요청한 인장의 篆字와 하사하는 물품을 보낸다.'라는 내용의 문서는 막부에서 하부조직에 직접 하달하는 '下知狀' 혹은 '封書'·'御教書' 등에 해당하는 문건이 아니었을까.

물론 조선과 무로마치 막부에서 하달하는 문서 형식을 놓고 그 내용

---

54) 『세종실록』 권7 세종 3년(1421) 4월 6일조, "又得崔公今玆正月之書云 對馬島隷於慶尚道. 考之史籍 訊之父老 實無所據."

55) 關周一, 「アジアから見た日本の境界」, 126쪽.

56) '解狀'은 하급 기관에서 상급 기관에 제출하는 문서 양식, 또는 개인이 소속관리나 일반의 상급자에게 제출하는 문서 양식이다. '請文'은 어떤 일을 확실하게 이행하는 것, 혹은 장래에 이것을 확실하게 이행할 것이라고 상대에게 전하는 문서 양식이다(佐藤進一, 『(新版)古文書學入門』, 法政大學出版局, 1997, 187·209쪽).

만 가지고 비교하는 것은 무리일지도 모른다. 그러나 15세기 초는 조선과 무로마치 막부가 안정기에 접어들던 시기이다. 특히 두 국가의 체제에서 비교해 보면, 조정과 막부라는 최상위의 중앙권력이 하달하는 문서는 대단히 강력한 집행력을 행사하고 있었다. 그리고 막부 체제에서 상부 명령에 대한 하부조직의 추종은 주종관계의 유지와 밀접하게 연관되어 있었다.

따라서 조선의 문서에서 보이는 대마도 속주화는 분명하게 실현되었다고 볼 수 있다. 이것은 조선의 국왕의 명령에 따라 대마도주가 자발적인 의사결정으로 주종관계가 형성된 속주화였다. 그리고 이것은 무로마치 막부의 허락이 필요하지 않은 대마도의 권한 사항이었다. 반면에 대마도주의 자의적 폐기로 속주화가 해지되는 것은 아니었다.

이러한 대마도의 조선 속주화는 이제까지 일본의 경계영역에 속하던 대마도가 조선의 경계영역으로 탈바꿈하는 중대한 결정이었다. 이것은 대마도인을 적극 수용하여 대마도를 속주화하고, 대마도를 조선 중심의 경계영역으로 끌어들인 조선 외교전략의 성과였다.

그리고 대마도 정벌 이후 조선은 이전보다 더욱 적극적으로 대마도인을 지원하는 정책을 실시하였다. 먼저, 이전과 같이 관직뿐만 아니라 본향까지 하사하는 유연한 포용정책을 실시하고 있었다. 1456년(세조 2) 신숙주가 信沙也文과 三甫難灑毛에게 관직을 내리도록 상소하였다.[57] 이처럼 왜인에게 관직을 하사하는 정책을 상당기간 지속적으로 유지하고 있었다. 특히 1462년(세조 8) 平順에게 昌原, 皮尙宜에게 東萊를 본향으로 내려 주었는데, 이 둘은 조선에서 나서 태어나고 자라서 3품의 벼슬에 오른 자들이었다. 그런데 평순의 아버지 平原海와 皮尙宜의 아버지 皮沙古는 이미 조선으로부터 관직을 하사받은 바 있었다.[58] 이처럼

---

57) 『세조실록』 권5 세조 2년(1456) 10월 21일조, "且信沙也文 三甫難灑毛皆除司直 而信沙也文 則招來侍衛爲可 請竢上裁."
58) 『세조실록』 권28 세조 8년(1462) 4월 24일조, "吏曹據投化倭人行大護軍平順

2대에 걸쳐서 조선에서 관직을 하사받는 왜인도 나타나게 되었다. 일본인에게 관직과 재물, 그리고 본향을 하사하는 것은 조선의 기본적인 왜인 포용정책이었다.

다음에는 조선에 사는 일본인에게 안정된 생활까지 배려하는 정책을 실시하였다. 어느 시기부터 실시했는지 정확히 알 수는 없지만, 조선은 전례에 따라서 투화해서 사는 일본인들에게 3년 동안 관직의 유무를 불문하고 사계절 의복을 지급해 주고 있었다. 그리고 1423년(세종 5)에는 갓·신 이외에 의복에 대해서 1인당 봄·여름에 苧布 2필, 縣麻布 각 1필과 가을·겨울에 綿紬 4필, 苧布 2필, 縣布 1필, 縣子 3근 7냥을 항상 주도록 재차 결정하고 있다.59) 한편 1448년(세종 30) 일본인 藤九郞에게 쌀·술·소금·간장·魚肉 등을 하사하고 있다.60) 또 1469년(성종 원년) 신숙주가 벼슬을 받은 平茂續이 지금은 매우 궁핍하므로 쌀과 먹을 것을 하사하여 우대할 것을 권유하고 있다.61) 이처럼 조선은 일본인을 적극적으로 끌어들이고, 장기간 거주하는 일본인들의 생활이 안정적으로 유지되도록 세심하게 배려하고 있었다.

마지막으로, 삼포를 계속 개방하여 일본인의 수용을 안정적으로 유지

等狀告啓 平順父中樞院副使原海 則去丙子年 皮尙宜父副司直沙古則去己卯年出來 侍衛身死. 後臣等生長於此 特蒙上恩 官至三品 但無本鄕 至于子孫 以日本稱鄕未便. 乞依梅佑 唐夢璋例賜鄕. 臣等照得平順 尙宜等生于本國 侍衛已久 請賜鄕. 命賜尙宜東萊 順昌原."

59) 『세종실록』권20 세종 5년(1423) 5월 13일조, "禮曹啓 前例 投化人等限三年 勿論有無職 給春秋袷衣一襲 夏節單衣一襲 冬節襦衣一襲. 今濟用監事煩 製造爲難 請笠靴外衣服 每一名給春夏等苧布二匹縣麻布各一匹 秋冬等綿紬四匹 苧布二匹 縣布一匹 縣子三觔七兩 以爲恒式 從之."

60) 『세종실록』권122 세종 30년(1448) 12월 23일조, "乙亥 賜投化倭護軍藤九郞 米酒鹽醬魚."

61) 『성종실록』권1 성종 즉위년(1469) 12월 "癸酉/禮曹兼判書申叔舟啓曰 今來倭人平茂續 自其父在時 國家歲有賜米. 茂續投化來 其時亦賜米 今無所賜. 臣聞茂續家甚窘乏 請賜米及食物 以示優待之意. 乃命賜米 豆幷十碩及食物."

하고 있었다. 1419년 대마도 정벌로 외교관계가 단절되고 포소가 폐쇄되었지만, 1423년(세종 5) 부산포와 내이포를 다시 개항하고,[62] 1426년(세종 8) 염포를 추가로 개항되면서[63] 삼포(三浦) 시대가 열리게 되었다.

그러나 조선은 장기 거주하는 일본인을 정부의 관할 하에서 철저하게 관리하고 있었던 것으로 판단된다. 1437(세종 19) 대마도주 宗貞盛이 대마도 백성 馬三郎 등 26명이 배를 훔쳐 가지고 도망하여 조선 山達浦에 정박하고 있으니 속히 돌려보내 달라고 조선 조정에 요청하고 있다.[64] 이것은 조선이 국내의 일본인의 동태를 세세하게 파악하고 있음을 보여주는 반증하기도 한다. 또 1497년(연산군 3)에는 왜인 승려 雪明이 일본에 돌아가는 것을 허락받고자 하자, 그가 8도를 돌아다니며 산천의 지형과 민간의 사소한 일까지 두루 알고 있으므로 일본으로 도로 들어가는 것은 지극히 이롭지 못하므로 투화인의 전례에 따라서 한성에 살도록 종용하고 있다.[65] 이러한 결정의 배경에는 만일에 일어날 수 있는 치안의 문제를 염려하여 결정된 것이다. 따라서 당시 조선에서 장기간 거주하던 일본인은 조선 조정의 입장에서 지속적인 통제 관리의 대상이었음을 알수 있다.

그리고 조선에 거주하는 일본인의 대다수가 대마도인이었다. 이것은 조선의 주도하에 대마도인을 조선으로 끌어들인 적극적인 회유책의 결과였다. 그렇다면 대마도인들은 조선 중심의 경계영역에서처럼 자유로운 활동성을 보장받고 있었는가? 결론적으로 조선에서의 일본인은 항상 감시당하고 통제받는 존재였다. 따라서 일본인에게 있어서 조선은 일본 내의 자신들의 삶의 터전과는 사뭇 다른 편견과 차별이 존재하는 불평등한

---

62) 『세종실록』 권20 세종 5년(1423) 4월 16일조.
63) 『세종실록』 권31 세종 8년(1426) 1월 18일조.
64) 『세종실록』 권76 세종 19년(1437) 3월 3일조, "宗貞盛請刷還本島逃來人 其書略曰 本島百姓馬三郎等二十六名 去年偸船逃出 到泊山達浦 請速遣還."
65) 『연산군일기』 권21 연산군 3년(1497) 1월 7일조.

삶의 공간이었다. 조선에서 거주가 허가되었지만, 대마도인에게 조선은 삶이 부자유스런 '異域'에 해당하는 지역이었다.

4. 맺음말

이상에서 살펴본 바와 같이, '경계'는 고대의 관념적인 구분, 즉 '淨'과 '穢'의 이분법적 구조에서 출발하였다. 그리고 국가 간의 경계(Boundary)는 字意的으로 선형 개념을 갖기 때문에 경계영역이라는 공간 개념의 새로운 용어가 필요가 있다. 따라서 경계영역은 경계(Boundary) 주변의 공간 개념이다.

중근세 일본의 경계영역은 고려·조선과의 교역이나 왜구 활동과 밀접하게 관련되어 있었다. 이곳은 인적·물적 유통의 중심지이며, 아울러 왜구의 근거지이기도 하였다. 따라서 중세 일본인이 인식하는 경계영역의 범위는 대마도·壹岐·松浦 지역을 포괄하는 北九州와 大隅를 포함하는 南九州 지역이었다.

고려는 평화적으로 투항하는 일본인의 거주를 허락해 주는 우호적인 일본인 수용 정책을 펴나갔다. 그리고 경계영역에서 상당수의 일본인이 고려에 들어와서 생활하고 있었다. 하지만 때로는 해양적 기질을 발휘하여 고려를 약탈하는 왜구로 둔갑하는 경우가 많았다. 따라서 이들이 일본에서는 경계영역의 일본인이었지만, 고려에서는 약탈을 자행하는 왜구로 취급당하는 존재였다.

마찬가지로 조선은 거주를 희망하는 경계영역의 일본인을 적극적으로 수용해 나갔다. 조선은 일본인을 적극적으로 수용하기 위하여 몇 가지 정책을 실시하였다. 첫째는 일본인에게 관직을 하사하는 적극적인 포용정책(受職人制)을 실시하고, 둘째는 삼포를 개항하여 정책적으로 일본인을 적극 수용하는 것이었다.

이러한 조선의 유화정책에서 대마도인이 조선에 대해 갖는 인식의 변화를 가져온 계기는 대마도 정벌(己亥東征)이었다. 조선의 대마도 정벌은 오랫동안 베풀어준 은혜를 잊고 배반한 대마도인을 질타하기 위해서 취한 군사적인 정벌이었다. 그 외에도 대마도에 대해서 조선의 영토인식을 공고히 하려는 의도가 있었다.

한편 조선과 宗貞盛 사이에 오고 간 문서를 중심으로 일본인의 조선 경계인식을 살펴볼 필요가 있다. 15세기 초는 조선과 무로마치 막부가 안정기에 접어들던 시기이다. 특히 두 국가의 체제에서 조정과 막부라는 최상위의 중앙권력이 하달하는 문서는 대단히 강력한 집행력을 행사하고 있었다. 그리고 막부 체제에서 상부 명령에 대한 하부조직의 추종은 주종관계의 유지와 밀접하게 연관되어 있었다. 이런 점에서 조선의 문서에서 보이는 대마도 속주화는 실현되었다고 볼 수 있다. 이것은 조선의 국왕의 명령에 따라 대마도주가 자발적으로 결정하여 주종관계가 형성된 속주화였다. 그리고 이제까지 일본의 경계영역에 속하던 대마도가 조선 중심의 경계영역으로 탈바꿈하는 중대한 결정이었다. 이것은 대마도인을 적극 수용하여 대마도를 속주화하고, 대마도를 조선의 경계영역으로 끌어들인 조선 외교전략의 큰 성과였다.

조선에 거주하는 일본인의 대다수가 대마도인이었는데, 이것은 조선의 주도하에 대마도인을 적극 끌어들인 회유책의 결과였다. 일본에서의 대마도인은 경계영역에서 자유로운 활동성을 보장받고 있었지만, 조선에서의 일본인은 항상 감시당하고 통제받는 존재였다. 따라서 일본인에게 있어서 조선은 일본 안의 자신들의 삶의 터전과는 사뭇 다른 편견과 차별이 존재하는 불평등한 삶의 공간이었다. 조선에서 거주가 허가되었지만, 대마도인에게 조선은 삶이 부자유스런 '異域'이었다.

참고문헌

1. 사료

『고려사』, 『고려사절요』, 『태종실록』, 『세종실록』, 『세조실록』, 『성종실록』, 『연산군일기』, 『順庵集』, 『師守記』, 『古續記』, 『鎌倉遺文』, 『沙石集』, 『兼仲卿曆記』, 『八幡愚童記』, 『靑方文書』, 『明月記』, 『禰寢文書』, 『南北朝遺文』, 『新元史』

2. 단행본

이현종, 『朝鮮前期對日交涉史硏究』, 한국연구원, 1964.

瀨野精一郞, 『鎭西御家人の硏究』, 吉川弘文館, 1974.

佐藤進一, 池內義資, 『中世法制史料集』 第1卷, 岩波書店, 1969.

_____, 『(新版)古文書學入門』, 法政大學出版局, 1997.

村井章介, 『アジアのなかの中世日本』, 校倉書房, 1988.

_____, 『中世日本の內と外』, 筑摩書房, 1999.

ブルー・バートン, 『日本の境界-前近代の國家·民族·文化-』, 靑木書店, 2000.

3. 논문

김보한, 「중세일본의 신국사상과 그 역사적 변천」, 『동아시아세계 일본사상 - 일본 중심적 세계관 생성의 시대별 고찰』, 동북아역사재단, 2009.

김의환, 「부산왜관의 변천과 日本專管居留地」, 『朝鮮近代對日關係史硏究』, 1979.

나종우, 「조선초기 대일본 통제책에 대한 고찰」, 『如山柳炳德博士華甲紀念韓國哲學宗敎思想史』, 1990.

장순순, 「조선전기 왜관의 성립과 조·일외교의 특질」, 『한일관계사연구』 15, 2001.

한문종, 「조선전기 한일관계와 1407년의 의미」, 『지역과 역사』 22, 2008.

關周一,「アジアから見た日本の境界」,『古代·中世の境界認識と文化交流』, 勉誠出版, 2011.

大山喬平,「中世の身分制と國家」,『岩波講座日本歷史』8, 1976

森克己,「鎌倉時代の日麗交涉」, 朝鮮學報 34, 1965.

에도시대(江戸時代) 후기 일본 經世論家의 에조치(蝦夷地)에 대한 침탈적 인식 고찰

신 동 규*

1. 머리말

에도시대(江戸時代) 에조치(蝦夷地, 현재 北海道와 주변지역)가 일본과의 관계 속에서 커다란 변화가 있었던 것은 말할 것도 없이 1669년 6월에 발생한 '샤크샤인의 전투(シャクシャインの戰い)'1)라는 아이누의 봉기이다. 이것은 시베챠리(シベチャリ, 현재의 新ひだか町. 본고의 모든 지명의 위치는 본문에 수록한 〈지도 1〉 참조)를 거점으로 아이누 추장이었던 샤크샤인이 일본 측(=마츠마에 번[松前藩])의 부당한 무역거래에 대해 일으킨 아이누 민족 최대의 무력 봉기로서 마츠마에 번은 봉기를 진압한 후에 에조치 무역에 대한 절대적 주도권을 장악하게 되었다. 이후 마츠마에 번은 아이누에 대한 일종의 복속의례로서「7개조 起請文」을 작성하는 등 마츠마에 번의 아이누에 대한 정치적·경제적 지배를 강화해나갔고,2) 商場知行制라는 아이누 교역의 수탈시스템이 에조치

* 동아대학교 국제학부 일본학전공 교수.

1) 菊池勇夫,『蝦夷地と北方世界』, 吉川弘文館, 2003, 62~66쪽 참조; ブレット・ウォーカー著/秋月俊幸譯,『蝦夷地の征服1590-1800』, 北海道大學出版會, 2007, 63~92쪽 참조.

전역에 퍼져나감과 동시에 나카마 데이리(仲間出入)라는 마츠마에 번의 강제력이 논쟁 조정자로서 아이누 사회내부까지 침투해가는 전환점이 되었다[3]는 평가를 받고 있다.

다만 막번제 국가의 성립 이후, 막부는 마츠마에 번에 아이누 교역의 독점을 인정하는 대신에 '鎭狄의 役'을 부담시키기는 했지만, '샤크샤인의 전투'와 같이 하타모토(旗本)였던 마츠마에 야스히로(松前泰廣)를 파견하는 등 막부에 의한 '征夷'를 제외하고는 막부권력 자체가 에조치에 직접적으로 개입하는 일은 없었다.[4] 물론 1669년 '샤크샤인의 전투'로 인해 막번 권력의 개입이 이루어지기는 했지만, 가미야 노부유키(紙屋敦之)가 "1682년 막부는 마츠마에 아이누의 에조치 왕래를 금지하고, 에조치와 일본인 거주지역(=和人地)에 대해 아이누 민족의 분담지배를 법제화했다. 그러나 에조치·카라후토(樺太 : 사할린)·山丹(연해주 부근)의 통행이 금지된 흔적은 없다. 에조치는 막번제 국가의 '異域'이었다."[5]라고 말한 바와 같이 '샤크샤인의 전투' 이후에도 에조치는 일본인 거주지역의 일부를 제외하고 막부에 의해 직접 지배되지 않은 아이누 민족의 자립적 영유지였다.

그러나 18세기 후반에 들어와 러시아의 남하로 인해 에조치는 일본의 외교문제로서 또 다시 혼란의 소용돌이에 빠져들었다. 이러한 상황에 일본 지식인 중에서 쿠도 헤이스케(工藤平助, 1734~1801)는 『赤蝦夷風說考』(1781)를 저술하여 이에 대한 위기감을 표출하였고, 이에 따라 막부도 에조치에 대한 개발계획과 함께 탐사대를 파견하는 등의 대책을 수립하기도 하였다. 쿠도의 견해에 따라 막부가 움직였다는 것은 중요한 사실이고, 이에 대해서는 이미 필자도 졸고에서 언급한 사실이지만,[6] 쿠도를 전

---

2) 紙屋敦之, 『大君外交と東アジア』, 吉川弘文館, 1997, 118~122쪽.
3) 菊池勇夫, 앞의 책, 2003, 66쪽.
4) 菊池勇夫, 「海防と北方問題」, 『岩波講座日本通史』 14, 岩波書店, 1995, 225쪽.
5) 紙屋敦之, 앞의 책, 126~127쪽.

후한 시기부터 러시아의 남하에 대한 위기감과 에조치 진출에 대한 견해를 피력한 지식인들은 상당수 있었다. 『三國通覽圖說』(1785)과 『海國兵談』(1791)을 저술한 하야시 시헤이(林子平, 1738~1793), 『經世秘策』(1789~1801)과 『赤夷動靜』(1791)을 저술한 혼다 토시아키(本多利明, 1743~1821), 『宇內混同秘策』(1823)의 사토 노부히로(佐藤信淵, 1769~1850), 『幽囚錄』(1868)을 저술한 요시다 쇼인(吉田松陰) 등 당대의 海防論家 내지는 經世家라고 할 수 있는 많은 지식인들이 에조치에 대한 북방인식을 표출하여 위기감의 극복을 주장하면서 각종 문헌을 출판하고 있었다. 당시의 북방 관련 서적의 대대적 출판 상황에 대해 와다 토시아키(和田敏明)는 "(이 저서들은) 당시 世論의 계발에 도움이 되었고 幕閣의 북방경영에도 크게 공헌했다. 우리들의 흥미를 끄는 것은 이들 저자가 친구, 친족, 사제관계로 깊게 연결되어 있다는 점으로 상호 가르침을 받고 장려·자극을 받아 바야흐로 諸家가 일체를 이루어 '북방문헌의 붐'이 출현한 것처럼 보인다."[7]고 평가하고 있는 점에서도 당시의 에조치에 대한 경세론가들의 관심을 짐작해볼 수 있다.

이렇게 '북방문헌의 붐'이 시작된 시기의 에조치에 대한 선행연구를 보면, 일본에서는 마쓰마에 번(松前藩)의 진출과 관련된 和人地 형성 및 막번권력으로의 편입과정과 내국화 과정을 취급한 것이 대부분이고,[8] 이

---

6) 신동규, 「『赤蝦夷風說考』와 에도막부[江戶幕府]의 북방인식」(『東北亞歷史論叢』 30, 2010).

7) 和田敏明, 「鎖國の夢を破った古典的三名著」, 『北方未公開古文書集成(第3卷)』, 叢文社, 1978, 7~8쪽; 신동규, 앞의 논문, 168쪽 참조.

8) 高倉新一郎, 『蝦夷地』至文堂, 1959; 高倉新一郎, 『北海道史の歷史』, 改訂版, みやま書房, 1964); 海保嶺夫, 『日本北方史の論理』雄山閣, 1974; 榎森進, 『北海道近世史の研究』, 北海道出版企劃センター, 1982; 海保嶺夫, 『近世蝦夷地成立史の研究』 三一書房, 1984; 菊池勇夫, 『幕藩体制と蝦夷地』, 雄山閣出版, 1984; 大場四千男, 「近世蝦夷地の內國植民經營と場所請負制」, 『北海學園大學經濟論集』 45-4, 1998; 菊池勇夫, 『蝦夷島と北方世界』, 吉川弘文館, 2003; 谷本晃久, 「貢納と支配-幕末期小笠原諸島と蝦夷地の'內

외에는 막말의 에조치 막령화 정책이나 혼슈 북부지역과 아이누·에조치 관계에 대한 논고가 주류를 이루고 있다.[9] 한국에서는 최근에 들어와 일본의 독도 영유권 주장에 대한 비판과 대응이라는 측면에서 일본의 영토문제에 깊은 관심을 가지게 되었고, 이에 따라 에조치 개발과 북방인식에 대한 연구가 시작되고 있다. 대표적으로는 쿠도 헤이스케와 하야시 시혜이의 에조치 개발과 관련된 북방인식을 비교·고찰한 변정민의 「18세기 후반 막부의 에조치 개발정책」[10]과 에도시대의 국제정세 인식 속에서 해양방어론이 형성된 과정을 고찰한 이규배의 「德川시대 일본의 국제정세 인식과 대응전략에 관한 一考察」[11] 등이 있다. 또한 「18세기 말~19세기 전반 일본의 대외관 연구」라는 특집논문의 일환으로서 앞에서 언급한 졸고, 「『赤蝦夷風說考』와 에도막부[江戶幕府]의 북방인식」, 러시아 남하에 즈음해 에조치의 경제적 개발이라는 관점에서 혼다 토시아키의 북방인식을 고찰한 류미나의 「'식민사상의 선구자 혼다 토시아키'의 재발견-'속도개업' 논의를 중심으로」, 사토 노부히로(佐藤信淵)의 일본 방어적 대외인식을 고찰한 최은석의 「사토 노부히로의 대외관-구제와 침략」, 강렬

國化'を事例に」, 『北海道·東北史硏究』 4, 2007.

9) 長谷川伸三, 「幕府の蝦夷地直轄と生產·流通政策」, 地方史硏究協議會1979年度大會特集, 『地方史硏究』 2·9-4, 1979; 杉谷昭, 「安政年間における蝦夷地政策」, 佐賀大學敎育學部硏究論文集』 33(2-1), 1986; 尾崎房郞, 「蝦夷地第1次幕領政策の論理」, 『北大史學』 27, 1987; 麓愼一, 「幕末における蝦夷地政策と樺太問題-1859(安政6)年の分割分領政策を中心に」, 『日本史硏究』 371, 1993; 麓愼一, 「蝦夷地第二次直轄期のアイヌ政策」, 『北大史學』 38, 1998; 寺崎仁樹, 「第一次幕領期の蝦夷地政策と箱館-場所經營方法の變化への對應を中心に」, 『論集きんせい』 27, 2005; 寺崎仁樹, 「第一次蝦夷地幕領政策の破綻-經營收支の檢討を中心に」, 『日本歷史』 712, 2007.

10) 변정민, 「18세기 후반 幕府의 蝦夷地 개발정책」, 부산대학교대학원석사학위논문, 2008. 본 논문은 이후 「18세기 후반 幕府의 蝦夷地 개발정책」(『역사와 세계』 33, 효원사학회, 2008)으로 발표.

11) 이규배, 「德川시대 일본의 국제정세 인식과 대응전략에 관한 一考察」, 『東아시아硏究論叢』 9, 제주대학교동아시아연구소, 1998.

한 배외주의와 아시아 침략주의를 주장했던 요시다 쇼인의 대외관을 고찰한 박훈의 「吉田松陰의 대외관-'敵體'와 팽창의 이중구조」 등이 있다.[12] 또한, 일본사상가들의 해외팽창론을 고찰한 박훈의 「18세기말-19세기초 일본에서의 '戰國'적 세계관과 해외팽창론」[13]도 당시 경세가들의 에조치 인식을 살펴볼 수 있는 성과 중의 하나로서 이들 논고들은 한국에서 그다지 명확히 언급되지 않았던 막말 지식인의 대외관을 총체적으로 고찰하고 있다는 점에서 그 의의가 크다고 판단되지만, 상기의 논문들은 막말의 위기의식 속에서 일본의 대외관이나 해외팽창 인식의 전체상을 파악하기 위한 것으로 에조치만을 대상으로 한 것은 아니다.

따라서 본고에서는 막말의 지식인으로서 經世論家,[14] 즉 위에서 언급한 쿠도·하야시·혼다·사토를 중심으로 이들이 가지고 있던 에조치에 대한 침탈적 인식의 실체를 밝혀보고자 한다. 구체적으로 첫째는 본고에서 대상으로 삼은 경세론가들의 저서를 통해 에조치 인식에 대한 각자의 언설과 이들 인식의 공통점을 비교·검토하여 어떠한 침탈적 인식이 내재되어 있었는가를 규정해보는 것이며, 둘째는 에조치에 대한 침탈적 인식이 언제부터 시작되어 어떠한 과정 속에서 확대 생산되었는가를 고찰하는 것이 본고의 목적이다. 이를 통해 근대 이후 일본의 팽창주의와 침략주의 정책이 明治維新으로 갑작스럽게 탄생한 것이 아니라 이미 전근대시기에 잉태되어 있었다는 논증의 기초적 언설을 제시해보고 싶다.

---

12) 이들 논문은 『東北亞歷史論叢』 30호(동북아역사재단, 2010)의 특집 2: 「18세기 말~19세기 전반 일본의 대외관 연구」에 수록된 논문들이다.

13) 박훈, 「18세기말~19세기초 일본에서의 '戰國'적 세계관과 해외팽창론」, 『동양사학연구』 104, 2008.

14) 본고에서 經世論家는 海防論家를 포함하여 에도시대에 經世의 논리를 주장한 지식인 전체를 일컫는 것으로 한다.

2. 침탈적 에조치 인식의 시원과 전개

1) 工藤平助의 에조치 인식

에도시대 18세기 중후반부터 19세기 초두는 막번체제의 위기가 심각화 된 시기로 주요 원인은 크게 두 가지 점에 있었다. 첫째는 경제적 위기로서 이전의 농촌을 중심으로 한 자연경제에서 도시를 중심으로 한 화폐경제와 상품경제로 변화되어 농촌에 경제기반을 두고 있던 막부와 諸藩은 적자를 거듭할 수밖에 없었다는 점이다. 둘째는 대외적 위기로서 러시아의 남하정책에 따른 북방지역의 위기감이 고조되고 있었다는 점이다. 특히, 18세기 후반 이후 러시아의 남하로 시작된 서구 이국선의 일본 근해 출몰은 일본 지식인들에게 커다란 위기의식을 초래했고, 이러한 대외적 위기에 대한 방비책으로 대두된 논의가 바로 海防論이다. 여기에는 쿠도 헤이스케(工藤平助)와 하야시 시헤이(林子平)를 중심으로 한 北方防備論과 사토 노부히로(佐藤信淵)·사쿠마 쇼잔(佐久間象山) 및 미토학(水戶學)의 해방론 등이 포함되는데, 이들 지식인들은 혼다 토시아키(本多利明)와 같이 당시 막말의 제 문제를 정치·경제·외교정책으로 해결하려고 한 경세론가이기도 했다. 특히, 후술하는 사토는 국제정세 인식의 영향을 수용한 해방론가인 동시에 해외 식민지의 획득과 개발을 위해 침략론을 주장했던 경세론가이기도 했다.

우선, 침탈적인 에조치 인식과 관련해서 그 누구보다도 먼저 언급해야할 지식인은 쿠도 헤이스케이다. 물론, 쿠도보다도 앞선 시기의 나미카와 텐민(幷河天民, 1679~1718)이 "(에조국을) 일본국과 하나로 만들어야만 하고 그렇게 된다면 大日本國을 더더욱 증가시켜 大大日本國으로 될 수 있을 것이다."라고 주장한 '蝦夷地開闢'論이 등장했었고,[15] 광산업

---

15) 桂島宣弘, 「華夷思想の解體と自他認識の變容」, 島薗進他編, 『岩波講座—近

자로도 유명한 사카쿠라 겐지로(坂倉源次郎)가 막부의 명령을 받아
1736년과 37년에 걸쳐 에조치의 金銀山 채굴조사 당시의 기록을 정리한
『蝦夷隨筆』(1739)에도 에조치에 대한 金銀山 개발 의지가 엿보이고 있
으나,16) 이때는 러시아의 본격적인 남하 이전으로 쿠도 이후의 에조치
진출론과는 약간 성격을 달리하며, 에조치 진출의 구상도 구체적이지 못
했다.

쿠도는 러시아의 남진에 대한 위기감을 『赤蝦夷風説考』(1781)17)로
작성하였는데, 이러한 위기감은 네덜란드인으로부터 입수한 러시아의 일
본에 대한 음모설이 하나의 원인을 제공하고 있었다. 물론, 쿠도가 러시
아의 일본 진출이라는 이 음모설을 완전히 믿고 있었던 것은 아니었다고
보이지만, 당시 에조치 주변에는 러시아 선박이 자주 출입하여 문제를
일으킴과 동시에 해안과 수심에 대한 측량을 행하고 있었다. 때문에 "아
카에조(赤蝦夷)가 일본에 음모를 꾸미고 있다는 설에 대해서는 납득할
수 없는 부분도 있지만, 의심해야할 제일 첫 번째의 것으로 삼겠다."18)고
러시아에 대한 위기감을 표출시켰던 것이다. 특히, "(러시아의 남하) 이
전까지는 통상의 상대라고 해야 섬의 야만인으로 한정되어 있었고, 에조
사람들과 마찬가지로 방치해두어도 좋았지만, 러시아와 같은 대국이라고
한다면 그렇게는 안 된다. 그 어떤 나라보다도 두려운 나라이며, 어떤 문
제로 발전해나갈지 예측하기 어렵다."19)고 하여 대국 러시아의 에조치

代日本の文化史』第2卷, 岩波書店, 2001.
16) 新井白石·坂倉源次郎·松前廣長, 『蝦夷地·蝦夷隨筆·松前志: 北方未公開古
文書集成－第1卷』, 叢文社, 1979, 76~77쪽.
17) 본고에서 참고한 『赤蝦夷風説考』는 다음과 같다. 工藤平助外著, 『赤夷動靜·赤
蝦夷風説考·三國通覽圖說: 北方未公開古文書集成－第3卷』(叢文社, 1978. 이
하 『北方未公開古文書集成－第3卷』으로 약칭); 井上隆明, 『赤蝦夷風説考』,
教育社新書, 1979.
18) 工藤平助, 『赤蝦夷風説考』(『北方未公開古文書集成－第3卷』), 32쪽; 井上隆
明, 『赤蝦夷風説考』, 54쪽.
19) 工藤平助, 『赤蝦夷風説考』(『北方未公開古文書集成－第3卷』), 33쪽; 井上隆

진출에 대한 일단의 두려움도 느끼고 있었다.

그러나 쿠도의 이런 위기감과 두려움은 에조치에 대한 일본의 적극적
利權 방어에 눈을 돌리게 했다. 그것은『赤蝦夷風說考』에 상세히 서술되
어 있는데, 이에 대해서는 에도막부(江戸幕府)의 북방인식을 고찰하기
위해 이미 필자의 논고에서도 일부 이용한 것이지만, 이하 쿠도의 침탈
적 인식의 존재 여부를 살피기 위해 다시 검토해 보도록 하겠다.

> 〈사료 1〉
> ⓐ에조치에는 金山이 많다고 전해지고 있다. … 옛날에는 잔디 밑에도
> 金이 있었다고 하는데 지금은 수중에서의 砂金이다. … 金銀銅이 있다고
> 한다면, 채굴해서 오로샤(러시아)와 교역을 행하고, 상당한 이윤이 생긴
> 다면, 얼마나 많은 비용이 들더라도 興産의 수단을 강구해야만 한다. 자
> 세하게 말하자면, ⓑ오로샤(러시아)에서 오는 産物, 藥種類는 에조치의
> 金銀銅으로 교환할 수 있는 것이기 때문에 나라를 윤택하게 한다. 또한,
> 唐과 紅毛와의 교역은 오로샤의 일본과의 통상에 의해 자극받고 경쟁에
> 의해 싼 가격을 초래할 것이며, 거기에다 나가사키를 경유한 銅도 그다지
> 일본에서 유출하지 않아도 괜찮다.[20]

즉, 위의 〈사료 1〉의 밑줄 ⓐ부분에서 쿠도는 에조치에 금이 많이 매
장되어 있다는 것을 전제한 후, 이 금을 채취하여 러시아와의 교역을 통
해 상당한 이윤을 창출할 수 있기 때문에 비용이 많이 들더라도 개발해
야만 하고, 밑줄 ⓑ에서는 에조치에서 산출된 金銀銅을 가지고 러시아에
서 수입하는 産物이나 藥種과 교환할 수 있으며, 이 교역은 나가사키에

明,『赤蝦夷風說考』, 56쪽.
20) 工藤平助,『赤蝦夷風說考』(『北方未公開古文書集成–第3卷』), 34쪽; 井上隆
明,『赤蝦夷風說考』, 58쪽. 이후 사료 인용문의 괄호 '[ ]'는 필자에 의한 번역
이거나 첨가임.

서의 중국과 네덜란드에게 가격 경쟁을 일으켜 싼 가격으로 물품을 구입
할 수 있기 때문에 나가사키에서 銅의 유출도 줄일 수 있다고 주장한 것
이다. 당시 일본은 18세기 중엽부터 최대의 수출품이었던 銅 생산이 상
당히 불안정한 상태였고 銅 생산의 감소에 따라 당해 연도의 무역량이
감소하는 사태까지 발생하고 있었기 때문에 銅의 유출을 막기 위한 의도
가 쿠도에게 있었던 것이다.21)

　결국, 이러한 쿠도의 주장은 러시아의 남하에 대한 위기감이 일본의
에조치에 대한 利權, 즉 이전에는 당연하기도 한 동시에 그다지 관심을
끌지 못했던 에조치의 실리적 자원과 무역의 이권에 대한 방어적 권리로
전환되었다는 것을 보여주는 것으로 에조치 개발의 선구적 위치에 서있
었다고 평가할 수 있는 부분이다. 그렇기 때문에 그의 주장은 당시 老中
이었던 타누마 오키쓰구(田沼意次)에 의해 수용되었고, 막부 내부에서
도 에조치에 대한 개발계획이 수립되어 탐험대가 파견될 정도였다.22) 한
마디로 이전 시대와는 다른 북방진출의 토대를 만들었다는 점, 에도시대
에 전통적으로 유지되고 있던 일본인들의 에조치 인식에 변화를 초래했
다는 점에서 쿠도는 막말의 시대적 분기점에 서있던 최첨단의 경세가로
평가할 수 있는 인물이었다.

　한편, 코우케츠 아츠시(纐纈厚)의 연구23)에서는 에도시대 후기부터
막말기까지 침략사상의 시원을 하야시 시헤이의 『三國通覽圖說』(1785)
과 『海國兵談』(1791)으로 보고 있다. 여기서 말한 하야시의 침략사상이
라는 것은 후술하겠지만, 러시아의 위협과 중국의 잠재적 위협에 대항한
해방론으로서 에조치는 물론 대륙에 대한 침탈을 의미하고 있다. 하지만,

---

21) 신동규, 앞의 논문, 181~183쪽 참조.
22) 신동규, 앞의 논문, 168~169쪽.
23) 纐纈厚, 『大陸侵略思想の構造と系譜』(『情況』 第二期 5~11, 情況出版,
　　1994), 21~24쪽. 후에 情況出版編集部編, 『ナショナリズムを讀む』(情況
　　出版, 1998)에 수록.

하야시의『三國通覽圖說』과『海國兵談』보다도 먼저 저술된 쿠도의『赤蝦夷風說考』에도 에조치에 대한 침탈적 인식이 다음과 같이 내재되어 있었다.

〈사료 2〉

ⓐ에조치에서 산출된 金銀銅을 가지고 우리나라에 필요한 약종 등으로 바꾸어 가는 것이다. 이것에 의해 매년 나가사키(長崎)로부터 수출하고 있는 銅을 줄이고 또한 누케니 금제의 법령이 두루 미친다면, 수십 년 안에 나라가 부유하게 될 것은 손바닥을 보듯이 명확하게 될 것이다. 대체로 나라를 다스리는 첫 번째는 나라의 힘을 쌓는 것에 있다. 국력을 두텁게 하는 것에는 외국의 귀중한 것을 우리나라에 들여오는 것이다. … ⓑ개발과 교역의 힘을 빌려 에조(蝦夷) 一國에 대책을 세운다면 금·은·동뿐만이 아니라, 모든 산물 전부가 우리나라(我國, 일본)의 需用을 도와주는 것이 될 것이다. 위의 교역 장소는 에조치 만에 한정되지 않는다. 나가사키를 시작으로 모든 요해지, 좋은 항구에서 받아들여도 좋다. ⓒ위에서 언급한 대로 일본의 국력을 늘리기 위해서는 에조치에 (이러한) 생각을 전하는 것이다. 이대로 방치해 둔다면, 카무사스카(캄차카)의 사람들이 에조치와 하나가 되어 에조치가 오로샤(러시아)의 지시를 따르게 되는 것으로 변하여 더 이상 우리나라의 지배를 따르지 않을 것이다. 이렇게 된다면, 후회해도 돌이킬 수 없다. … 앞에서 기술한 바와 같이, ⓓ 우리의 국력을 증강하기 위해서 에조치 대책에 필적할 만한 것은 없다. 주의해야 한다. 그 어떠한 國益策이라 하더라도 국내적 상황만으로 수단을 궁리하는 것에 그친다면 일이 순조롭게 진행될 수 없다.[24]

---

24) 工藤平助,『赤蝦夷風說考』(『北方未公開古文書集成－第3卷』), 35~37쪽; 井上隆明,『赤蝦夷風說考』, 58~62쪽.

즉, 〈사료 2〉의 밑줄 ⓐ에서 쿠도는 에조치의 광산 자원인 金銀銅으로 일본에 필요한 藥種과 교환하여 일본 국내의 銅 수출을 줄이게 한다면, 이것은 일본을 부유하게 만들고 나아가 국력을 강화시키는 일이라고 주장하고 있다. 또, ⓑ에서는 '에조(蝦夷) 一國', 즉 에조치에 대한 개발과 교역을 강조함과 동시에 에조치의 모든 산물이 일본(＝我國)에 도움이 된다는 것을 강조하고 있다. 이것은 물론 에조치의 金銀銅 개발과 산물의 중요성을 언급한 부분이기는 하지만, 쿠도 스스로가 '에조(蝦夷) 一國'과 '我國'이라고 하여 일본을 에조치와 구별하고 있다는 점에서 보면, 쿠도에게 에조치는 일본이 아니었으며, 이점에서 일본이 아닌 이역에 대한 침탈적 인식의 일단을 엿볼 수 있다. 그야말로 아이누의 생존터전이었던 에조치는 아이누의 상황 인식과 관련 없이 밑줄 ⓒ에서 쿠도가 말한 바와 같은 일본의 국력을 늘리기 위한 대상지였고, 러시아가 에조치를 장악하는 등의 후회가 있기 이전에 일본이 지배해야할 일종의 침탈적 식민지로서 인식되고 있었던 것이다. 그렇기 때문에 밑줄 ⓓ에서 일본의 국력증강에 절대적인 요소가 에조치에 대한 대책이며, 주의를 기울일 것을 재차 강조하고 있는 것이다.

다시 말하면, 에조치의 金銀銅 광산 개발을 통해 일본의 부를 이끌어 내야 한다는 쿠도의 주장에는 서구열강의 제국주의적인 성격이 잠재되어 있었고, 이것은 에조치에 대한 침탈적 인식 속에서 마치 에조치가 일본의 식민지와도 같은 단계에 설정되어 있음을 말해주는 것이다. 이점은 그간 막말기 침략사상의 시원을 하야시로 평가해왔던 선행연구에 일단의 문제성이 있었음을 보여주는 것이다.

3. 林子平의 에조치 인식

그렇다면 해방론가인 동시에 경세가로서 유명한 하야시 시헤이의 에

조치 인식은 어떠했을까. 하야시는 幕臣이었던 오카무라 겐고베(岡村源
五兵衛)의 차남으로 1738년 에도(江戶)에서 태어났으나, 숙부인 하야시
쥬고(林從吾)에 의해 키워졌기 때문에 이후 하야시의 성을 이어받았다.
이후 에도와 나가사키(長崎) 등에서 학문을 익혀 병학과 지리학, 난학을
익혔으며, 오츠기 겐타쿠(大槻玄澤), 카츠라가와 호슈(桂川甫周), 우다
가와 겐스이(宇田川玄隨), 쿠도 헤이스케 등과 친분을 다지게 되었다.[25]
특히, 쿠도와는 상당히 절친한 사이로 하야시가 저술한『海國兵談』의 서
문을 쿠도가 작성했다는 사실로부터도 쿠도의 영향력을 짐작할 수 있다.
　하야시의 에조치 인식이 가장 잘 살펴볼 수 있는 것은 1785년에 저술
한『三國通覽圖說』이다.『三國通覽圖說』은 일본에 인접한 삼국, 즉 조
선, 류큐, 에조 및 그 부근의 섬들에 대한 설명과 풍속을 파악한 일종의
經世書로서「三國通覽輿地路程全圖」5매를 포함하고 있다. 특히, 海防
의 필요성과 에조치 개발을 역설하면서 에조치에 대해서는 상세히 언급
하고 있는데, 우선『三國通覽圖說』의「蝦夷」항목 초두에 나타난 인식
을 보면 다음과 같다.

〈사료 3〉
　그 나라는 문자가 없고, 재화도 없으며, 곡식과 비단(穀帛)이 없고, 銅
鐵에 익숙하지 않다. 다만, 해산물을 채취하고, 또한 조류를 잡아먹으며
生을 이어가고 있을 뿐이다. 그 나라는 의약이 없고, 병이 걸렸을 때는
단지 기도만 할 뿐이다. 그렇지만 어떠한 神에게 기도를 하는지 알 수 없
지만, 생각건대 하늘에 기도한다고 한다.[26]

　즉, 〈사료 3〉의 밑줄 내용으로부터 일본과는 달리 에조치에는 문자,

---

25) 和田敏明, 앞의 논문, 15~16쪽.
26) 林子平,『三國通覽圖說』(『北方未公開古文書集成-第3卷』), 71쪽.

재화, 곡식과 비단이 없고, 그리고 銅鐵에 익숙하지 않으며, 병이 걸려도
의약품이 없어 기도만 할뿐이라는 하야시 자신의 아이누에 대한 차별 인
식의 단상을 엿볼 수 있다. 더욱이 하야시는 네덜란드 상관장 헤이트27)
로부터 들은 정보를 인용해 다음과 같이 언급하고 있었다.

〈사료 4〉

ⓐ에조(蝦夷, 아이누)의 성품은 어리석지만 착하다. 아이누 사람과 접
촉한 오로샤(러시아) 사람에게 들었는데, ⓑ"이전부터 병기를 사용하지
않았고, 역모를 도모하지 않으며, 에조치는 추운 지방이기 때문에 胡椒를
먹어 추위를 이겨내게 하고, 솜옷을 입혀서 한기를 막게 하였다. 또는 달
콤한 설탕을 먹이거나 혹은 독하고 좋은 술을 마시게 하여 夷人(아이누)
의 입을 기쁘게 한다. 또는 대포소리로 놀라게 하여 위엄을 보이며, 문무
를 겸하여 夷人으로 하여금 자신에게 순종케 하는 술수를 피고 있다."고
한다. 오로샤 사람들은 대체로 알고 있을 것이라고 헤이트는 말했다.28)

위의 밑줄 ⓐ를 보면, 역시 아이누가 어리석다는 차별인식이 보이고
있으며, 밑줄 ⓑ에서는 헤이트의 말을 인용하여 에조치가 전쟁이나 역모
를 도모하지 않은 유순한 지역임을 설파하고 있다. 다만, 러시아로부터
胡椒나 솜옷, 또는 설탕과 술을 얻어 생활하고 있으며, 한편에서 러시아
는 무력을 과시하여 아이누인들을 순종시키고 있다는 위기의식을 표출
하고 있는데, 이것은 말할 것도 없이 러시아의 남하를 막아야 한다는 하

---

27) 헤이드(Arend Willem Feith)는 1771년부터 1781년까지 네덜란드 상관장으로
    5차례 근무하면서 江戶參府를 6차례 행하였고, 수많은 일본인들과 접촉하면서
    해외정보와 서구의 신지식 등을 제공한 인물이다. 하야시 시헤이도 나가사키 데
    지마(出島)를 방문하여 많은 정보를 획득하고 있었으며, 특히 『三國通覽圖說』
    과 『海國兵談』에는 헤이트로부터 세계지리 지식과 무인도, 에조치와 에조치 대
    책, 러시아의 남하 등에 관한 많은 정보를 얻고 있음을 밝히고 있다.
28) 林子平, 『三國通覽圖說』(『北方未公開古文書集成－第3卷』), 74쪽.

야시의 에조치에 대한 해방론가로서의 문제 제기였다.

더욱이 에조치에는 상당한 金銀銅 자원이 매장되어 있다는 것을 하야시는 중히 여기고 있었다. 물론, 이러한 인식은 전술한 쿠도의 에조치 개발론과 마찬가지이지만, 쿠도보다는 더 구체적인 상황파악이 이루어지고 있다.

〈사료 5〉

ⓐ그 나라에는 첫째로 金山이 매우 많다. 그렇지만, 채굴하는 방법을 몰라 헛되이 묻혀있다. 銀山, 銅山 또한 마찬가지이다. 또한, 砂金이 산출되는 곳이 많다. 쿤누이(國縫), 운베츠(樣似町 해변), 유바리(夕張), 시코츠(支笏), 하보로(羽幌) 등이다. 이 砂金은 강물에서 흘러나오는 것만이 아니다. 사금이 있는 땅은 10里나 20里도 되는 땅 전체에서 나고 있다. 하보로의 砂金은 해저에서 올라온다고 생각된다. 서북의 큰 벌판 뒤에는 해변 40리 사이의 일대가 금색을 띠고 있다고 한다. ⓑ이러한 금은을 취하지 않고 헛되이 버려두는 것은 아까운 일이다. 은밀하게 생각건대 지금 취하지 않으면, 후세에 반드시 모스코비아(莫斯哥未亞, 러시아)가 이것을 빼앗을 것이다. 모스코비아에 이것을 빼앗기고 나면 후회해도 늦을 것이다.[29]

위의 〈사료 5〉의 밑줄 ⓐ에 의하면, 에조치에는 金銀銅山이 많을 뿐만 아니라, 다량의 砂金이 쿤누이, 운베츠, 유바리, 시코츠, 하보로 등에 있고, 10리·20리나 되는 넓은 땅에 분포하고 있으며, ⓑ에서는 이렇게 수많은 金銀을 채취하지 않고 내버려두는 것은 아까운 일로서 지금 취하지 않으면 러시아가 먼저 에조치의 金銀을 취할 것이라고 경고하고 있다. 즉, 에조치의 金銀銅 광산 개발의 주장과 에조치로의 경제적 침탈을

---

29) 林子平, 『三國通覽圖說』(『北方未公開古文書集成-第3卷』), 74쪽.

주장하고 있는 것이다. 다만, 金銀銅 광산의 개발만을 전제로 한 침탈론
은 아니다. 〈사료 5〉의 뒤를 이어 "에조국(蝦夷國)의 산물에는 좋은 재
료가 많다."30)고 서술하면서 수많은 동식물과 약종을 열거하고 있어 에
조치가 자원의 보고임을 설파하여 침탈의 정당성을 부여해주고 있다.

그러나 위와 같은 하야시의 에조치 인식은 종국적으로 일본 국경의
확장에 있었다고 생각된다. 그것은 하야시가 일본과 에조치의 국경에 대
해서 다음과 같이 언급하고 있었기 때문이다.

〈사료 6〉
은밀하게 생각해보니, 에조의 가장 북쪽에 있는 소야(宗谷), 시라누시
(白主) 등으로써 일본 풍토의 한계로 삼아야 한다. 이것은 에조국(蝦夷
國)을 일본으로 보는 식견이다. 그렇기 때문에 어떻게 되든지, 옛날의 에
조는 실로 에조라고 할 수 없다.31)

〈사료 7〉
ⓐ에조국(蝦夷國)에 王으로 불리는 자도 없고, 大名이라는 자도 없
다. 단지, 한 마을마다 취락을 이루어 그 가운데에서 가문에 유서가 있고,
인망이 있는 老年의 사람이 그 부족장이 되어 일을 꾸려나간다고 한다.
그때에는 누가 에조國의 주인이라고 하는 것도 없다. 그 위에 ⓑ夷人[아
이누]의 성품이 어리석고 착해서 그 나라 사람은 모두 上國[일본]의 풍속
을 바라는데, 어린아이가 부모를 흠모하는 것과 같다고 들었다. ⓒ이에
따라 생각해보면, 그 나라에 들어가 상인과 선원들이라도 夷人을 깨우치
게 하여 上國(일본)의 풍속으로 바꾸어 쉽게 해두면, 공적으로서도 충의
를 지키는 것이다.32)

---

30) 林子平, 『三國通覽圖說』(『北方未公開古文書集成-第3卷』), 75~76쪽.
31) 林子平, 『三國通覽圖說』(『北方未公開古文書集成-第3卷』), 78쪽.
32) 林子平, 『三國通覽圖說』(『北方未公開古文書集成-第3卷』), 81쪽.

위 〈사료 6〉의 밑줄 부분을 보면, 일본의 가장 북쪽 경계를 에조의 북쪽에 있는 소야(宗谷)와 시라누시(白主)로 삼아야 하며, 이것은 에조국(蝦夷國), 즉 에조치를 일본의 영토로 보는 식견이라고 주장하고 있다. 여기서 말하는 소야라는 곳은 아래의 〈지도 1〉에 보이는 바와 같이 에조치의 최북단, 즉 현재 홋카이도의 소야군(宗谷郡) 지역을 말하며, 시라누시는 카라후토(樺太, 사할린)의 최남단에 위치해 있다. 하야시의 『三國通覽圖説』이 나오기 이전의 에도시대에는 이 두 지역을 경계로 삼아 에조치를 일본의 영토로 보는 인식이 존재하지 않았으나, 하야시에 의해서 카라후토의 최남단에 위치한 시라누시까지가 일본의 경계로서 확장된 것이다. 다시 말하자면, 당시 에조치는 일본의 영토가 아니었음에도 불구하고, 하야시에 의해서 에조치 전체가 일본에 포함되어 버린 북방경계인식의 팽창이 이루어진 것이다.

한편, 하야시의 에조치에 대한 멸시적인 인식은 전술한 〈사료 3〉와 〈사료 4〉에도 보이고 있지만, 『三國通覽圖説』의 마지막 부분인 〈사료 7〉의 밑줄 ⓑ에서도 마찬가지로 '어리석고 착해서', "상국(=일본)의 풍속을 바라는데, 어린아이가 부모를 흠모하는 것과 같다."는 표현으로 일본 우위의 멸시적인 차별인식을 보이고 있다. 『三國通覽圖説』의 내용 중에는 이러한 인식이 많이 보이고 있는데, 마츠마에 사람으로부터 "夷人(아이누) 등은 일본을 떠받들었는데 지금에는 夷人 모두가 일본인이 되고자 하는 마음이 많다."[33]고 한다거나, 네덜란드 상관장 헤이트로부터는 "일본이 조금만 招諭하면, 일본의 풍속을 바라고 있기 때문에 순식간에 변화할 것이며, 그 풍속이 변화되면, 그 나라는 모두 일본의 영토가 될 것이다."[34]라는 에조치에 대한 사적인 정보의 영향도 많이 받고 있었다.

---

33) 林子平, 『三國通覽圖説』(『北方未公開古文書集成－第3卷』), 79쪽.
34) 위와 같음.

카라후토(樺太)
현 사할린

시라누시(白主)

소야(宗谷)

쿠나시리토
(國後島)

에토로후토
(擇捉島)

하보로(羽幌)

에조치(蝦夷地)
현 홋카이도(北海道)

유바리(夕張)

아케시
(厚岸)

하보마이 群島
(齒舞群島)

시코츠[支笏]

쿤누이(國縫)

신히타카쵸
(新ひだか町)

운베츠(樣似町)

마츠마에(松前)

혼슈(本州)

0 50 100   300km

〈지도 1〉 에조치의 지명 위치도

【참고사항】
· 본 지도는 Craft MAP (http://www.craftmap.box-i.net)의 「日本·世界の白地圖」
  를 필자가 임의로 편집·작도한 것임.
· 본문 중의 센다이후(仙台府)에 소재한 6개 지명은 생략.

　　그러나 여기서 더 중요한 것은 바로 〈사료 7〉의 밑줄 ⓐ부분으로 에
조치에는 王이나 大名도 없고 단지 노년의 부족장이 있을 뿐, "에조국의
주인이 없다."고 하는 인식이다. 이것은 에조치에 정치적 지배자나 국권
이 존재하지 않는다는 것을 언급한 것으로 이른바 에조치가 '無主의 땅'
으로서 일본이 진출해도 어떠한 지장이 초래되지 않는다는 논리를 내포
하고 있다. 결국, 하야시는 〈사료 7〉의 밑줄 ⓒ에 보이는 바와 같이 상인
이나 선원이라 하더라도 에조치에 들어가 夷人(아이누)을 깨우치게 하

고, 夷人의 풍속을 일본의 풍속으로 바꾸면, 일본을 위해 충의를 지키는 것이라고 하여 '無主의 땅'으로서 에조치에 대한 교화를 일본의 에조치 진출과 결부시킴으로서 자신의 주장을 합리화하고 있다. 이것이 바로 하야시의 에조치에 대한 멸시적이고 침탈적인 에조치 인식의 실상이었던 것이며, 쿠도의 에조치 인식의 연장선상에서 에조치에 대한 식민지적 위치부여가 전개되고 있었다고 평가할 수 있다.

4. 침탈적 에조치 인식의 강화와 정착

1) 本多利明의 에조치 인식

혼다 토시아키(本多利明)는 난학과 다양한 경제론을 체계화한 경세론가이다. 혼다도 역시 하야시 시헤이와 마찬가지로 『赤蝦夷風說考』의 저자인 쿠도 헤이스케에게 많은 영향을 받았다. 이점은 혼다의 저서인 『赤夷動靜』과 『蝦夷拾遺』 속에 쿠도의 주장을 그대로 수용하거나 약간 수정하여 가필한 부분이 상당수 수록되어 있고, 두 사람 모두 수록된 내용의 전거 내지는 근거가 네덜란드 상관 내지는 북방 견문자들에 의한 정보로서 북변의 국방강화 및 개국과 교역이라는 측면에서 극히 유사한 점이 많기 때문이다. 하지만 와다 토시아키(和田敏明)는 혼다의 북방경영론에는 수학, 천문학, 지리학, 항해론, 경제학 등에 토대를 둔 주장들이 많으며, 그의 경영론은 막부의 祖法을 준수해왔던 또 다른 경세론가들에게는 위협적인 동시에 최첨단의 주장이 표출되고 있어 쿠도의 추종자라고는 볼 수 없다고 평가한다.[35]

아무튼 경세론가로서 혼다의 주장들은 그가 생존해 있었을 당시에는

---

35) 和田敏明, 앞의 논문, 20~21쪽.

그다지 주목을 받지 못했지만, 메이지시대(明治時代) 이후 '경제부흥책의
선각자'란 시각에서 관심을 얻게 되었고, 나아가 '근대 일본의 아시아 진
출을 위해 기반을 닦은 지식인'으로 평가되고 있다.[36] 더욱이 혼다의 경
세론가적인 진취성은 1785년에 자신의 제자 모가미 토쿠나이(最上德內)
를 당시의 노중 타누마 오키츠구(田沼意次)가 파견한 에조치 탐사대에
참가시키고 있었다는 점[37]에서도 어느 정도 느낄 수 있지만, 과연 혼다
의 에조치 인식의 실체는 어떠했을까. 여기서 우선 『經世秘策』(1789~
1801)을 토대로 검토해 보겠다.

『經世秘策』은 상·하권과 『經世秘策(補遺)』로 구성되어 있는데, 대부
분이 경세론적인 입장에서 일본의 부국화를 위한 '四大急務'에 관한 내
용이다. '四大急務'라는 것은 "第一 焰硝, 第二 諸金, 第三 船舶, 第四 屬
島의 開業"[38]을 말하며, 그 내용은 첫째로 군비의 충실(焰硝는 화약의
재료), 둘째로 광산의 개발, 셋째로 선박의 충실과 교역 진흥, 넷째로 에
조치 등을 屬島로 보는 북방개척을 의미한다. 결국, '四大急務'라는 것은
국방문제, 국내개발과 경제의 정비, 에조치 진출과 개발의 문제였다. 본
장에서 관심을 두고 있는 것은 '四大急務' 중에서 네 번째의 屬島 문제로
이른바 '屬島開業論'[39]이라고도 하는데, 일본의 주변에 인접한 섬들에

---

36) 류미나, 「식민사상의 선구자·혼다 도시아키'의 재발견-'속도개업' 논의를 중
   심으로」, 『동북아역사논총』 30호, 2010, 217~218쪽.
37) 折原裕, 「江戸期における重商主義論の成立: 海保靑陵と本多利明」, 『敬愛
   大學硏究論集』 43, 敬愛大學經濟學會, 1993, 67쪽.
38) 本多利明, 『經世秘策』(塚谷晃弘·藏並省自 校注, 『日本思想大系44-本多利
   明·海保靑陵』, 岩波書店, 1970). 이하, 『日本思想大系44-本多利明·海保靑
   陵』은 '『日本思想大系44』'로 약칭함.
39) 혼다 토시아키의 '屬島開業論'과 경제론에 대해서는 다음의 논고를 참조. 池田喜
   義, 「本多利明の經濟說について」, 『宮崎大學學藝學部硏究時報』 1-3, 1957;
   平田厚志, 「本多利明の經濟思想小論-特に重商主義論を中心として」, 『龍谷
   史壇』 59, 1968; 宮田純, 「本多利明の北方開發經濟思想-寬政三年成立『赤夷
   動靜』を中心として」, 『日本經濟思想史硏究』 4, 2004; 류미나, 앞의 논문.

대한 적극적 진출과 교역을 주장한 것으로 이들 屬島 중에 가장 많은 부분을 차지하는 것이 바로 에조치였다. 『經世秘策(補遺)』의 전체가 바로 에조치 관련 내용으로 그 서두에는 다음과 같이 기술되어 있다.

〈사료 8〉

ⓐ네 번째로 屬島의 개업이라는 것은 일본 부근의 섬들을 열어 良國으로 만드는 것을 말한다. ⓑ일본 주변의 섬들을 열어 良國으로 만들면, [일본 국내] 60여주와 같은 쿠니(國)들이 많이 출래할 것이고, ⓑ일본의 요해지가 될 뿐만이 아니라, 여러 金山도 열리고, 여러 곡과들도 생기며, 그 외의 여러 산물도 생겨 윤택하게 되어 크게 일본의 국력을 증식할 수 있을 것이다.40)

위의 밑줄 ⓐ에서 屬島라는 것은 일본 주변의 섬들, 특히 에조치를 가리키고 있는데, 그 지역을 良國으로 만드는 것이라고 하며, 밑줄 ⓑ에서는 일본 국내의 여러 쿠니(國)들이 에조치에 출래하면 에조치는 일본의 요해지가 될 것이고, 에조치의 金 광산을 채굴하거나 에조치의 많은 산물들이 일본 국내로 들어오게 되어 일본의 국력이 크게 신장할 것이라고 주장하고 있다. 이와 같은 쿠도의 인식은 "원래 屬島이기 때문에 隣國에 거리낄 것이 없다. … 점차 사람도 증식시켜 일본에서 자연스럽게 들어와 앞에서 말한 금산, 은산도 개척하고, 인삼도 자연스럽게 독식하여 재배하며 윤택하게 산출시켜 일본국용으로 쓰고, 이국 교역에까지 나갈 수 있다면, 일본의 광휘를 더해 풍요를 돕게 될 것이다."41)라고 한 것에서도 알 수 있는 바와 같이 에조가 원래 屬島라는 것은 혼다의 에스노센트리즘적인 관점이지만, 에조치의 자원침탈과 경제적 수탈을 염두에 둔

---

40) 本多利明, 『經世秘策』(『日本思想大系44』), 44쪽.

41) 本多利明, 『蝦夷道知邊』(本莊榮治郎, 『近世社會經濟學說大系－本多利明集』, 誠文堂, 1935), 334쪽.

인식이기도 했다.

또한, 혼다는 에조치 개발안을 언급한 『赤夷動靜』이라는 저서의 맺음말 부분에서 에조치를 개발해야 하는 다섯 가지의 이유에 대해서 말하고 있는데, 이것은 바로 혼다의 에조치 인식이 결정체와도 같은 것이다.

〈사료 9〉

ⓐ에조치를 방치해두는 것은 국가의 대사가 걸린 일이기 때문에 정말로 개발을 꾀하지 않으면 안 된다. 그렇다면, ⓑ첫째로 異國과 日本國과의 경계도 자연히 세워져 북방의 적을 막는 요해지가 되고, 오로시야(러시아)인이 일본의 경내에 들어와 함부로 배회하는 일이 없을 것이며, 邪宗門(그리스도교)의 무리도 들어올 수 없을 것이다. ⓒ둘째로 일본 국내의 죄를 지은 사형수도 살려주고 추방인, 源流人도 모두 국가의 일에 사용케 하는 것은 국익인 동시에 仁政이 될 것이다. 셋째로 金銀銅·鉛鐵을 채굴하여 일본에 들여와 국력을 강하게 하며, ⓓ넷째로 개발의 공에 의해 온갖 곡식과 과일 및 강과 바다의 토산물이 해마다 많이 들어와 일본 米穀을 위한 보조가 되어 기근이 있는 해의 대비도 될 것이다. 또한 일본 국내의 세금도 점차 줄어들면 潰子의 폐단도 그쳐 농민도 늘어날 것이고, 그 위에 만들어지는 德政의 35년을 부여해 그저 지금까지 다루기 힘들었던 거친 땅도 신불의 가호로서 되돌려 놓으면, 토지의 인민도 옛날로 되돌릴 수 있을 것이다. ⓔ다섯째로 큰 나무의 좋은 목재가 많은 토지이기 때문에 운송을 위한 긴 선박을 새롭게 만들 수 있는 목재를 얻고, (목재) 3개를 이어 만든 돛대 3개를 가진 큰 선박을 제작하여 태풍을 만나더라도 영구히 파손이나 전복 없이, 또 표류 없이 안전하게 해양을 건널 수 있어 운송의 뜻을 이룰 수 있다. 국가안전의 기본으로서 경사스러운 일이 될 것이다. 이렇게 좋은 일에 좋은 일이 겹쳐 경사로움의 중첩이라고 할 수 있으며, 더 이상 있을 수 없는 좋은 것일 뿐이다.[42]

혼다는 〈사료 9〉의 밑줄 ⓐ에서 에조치를 개발은 국가의 대사라고 강조하며, 에조치를 개발하면 다섯 가지의 목적을 이룰 수가 있다고 주장하고 있다. 그 첫 번째 목적은 밑줄 ⓑ에서 異國과 日本國의 경계가 만들어져 에조치가 북방의 적을 방어하는 요충지가 될 것이며, 러시아인들이 남하하여 함부로 배회하지 못할 것이라는 점을 강조하고 있다. 즉, 에조치를 일본의 영토로 인식한다는 것이고, 이것은 하야시 시헤이가 전술한 〈사료 6〉에서 "에조의 가장 북쪽에 있는 소야(宗谷), 시라누시(白主) 등으로써 일본 풍토의 한계로 삼아야 한다."는 경계인식과 궤를 같이 하고 있다. 더욱이 ⓒ에서는 두 번째로 일본 본토에서의 사형수나 추방인, 또는 먼 곳으로 유배되는 자들을 에조치에 정주시켜 에조치를 개발하고, 세 번째로 金銀銅·鉛鐵의 광산을 개발해 국력을 강화시켜야 한다는 것이다. 혼다의 이러한 에조치 이주개발론은 본토의 죄인들을 에조치 이주시킴으로써 에조치를 개발함과 동시에 북방의 경비, 일본 본토의 범죄해결이라는 3가지 목적을 동시에 이룰 수 있다는 개발론으로서 에조치 문제가 본토의 내부적 문제 해결의 차원에서도 인식되고 있었다는 것을 의미한다.43) 밑줄 ⓓ에서는 에조치를 개발하면 온갖 곡식과 과일, 그리고 토산물을 일본으로 들여올 수 있고, 이것으로 기근에 대비할 수도 있다는 것이며, ⓔ에서는 에조치의 좋은 목재를 이용해 대형 선박을 만들면 태풍과 해난사고 등에 관계없이 안전하게 해양을 건널 수 있다는 경제적 목적을 드러내고 있다.

그런데, 여기서 흥미를 끄는 것은 에조치 개발의 첫 번째 목적인 이국과의 경계 설정과 그리스도교 금지를 제외하면, 나머지 네 개의 목적은 전부 일본 부국화를 위한 경제적 목적에 뜻을 두고 있다. 그것은 바로 혼다의 에조치 개발이 국내의 경제적 위기 극복에 주안점을 두고 있다는

---

42) 本多利明, 『赤夷動靜』(『北方未公開古文書集成-第3卷』), 132~133쪽.

43) 신동규, 앞의 논문, 194~196쪽 참조. 혼다의 에조치 이주개발론에 대해서는 『赤夷動靜』(『北方未公開古文書集成-第3卷』, 126~129쪽)에 상세히 기술되고 있다.

것을 의미하는 것이지만, '四大急務'의 첫 번째가 '焰硝'로 국방의 강화에 있다는 것도 염두에 두지 않으면 안 된다. 하지만 혼다의 일본 부국화는 다음과 같은 침탈적 인식도 내재되어 있었다.

〈사료 10〉
　일본은 海國이기 때문에 渡海, 運送, 交易은 물론이고, 國君의 천직이 가장 첫 번째 國務이므로 萬國에 선박을 보내 나라에 필요한 산물과 金銀銅을 빼내 일본에 들어와서 국력을 두텁게 하는 것은 海國을 갖추기 위한 수단이다.[44]

　즉, 〈사료 10〉의 밑줄 부분에서 알 수 있는 바와 같이 萬國에 선박을 보내 각종 산물과 金銀銅을 빼내서 일본의 국력을 갖추어야 한다는 제국주의적 침탈인식을 표출하고 있었고, 에조치 역시 그 침탈의 대상으로서 인식되고 있었음을 말해주는 것이다. 결국, 혼다에게 에조치는 개화의 대상이 아니라, 일본의 부국강병을 위한 침탈의 대상으로서 일종의 식민지적 위치로 상정되고 있음을 확인할 수 있다. 여기서 또 한 가지 중요한 점은 밑줄 ⓐ에서 혼다가 '國君의 천직이 가장 첫 번째'라고 언급한 점이다. 이것은 '國君'이 모든 정치권력을 장악한 통일국가로의 전망을 혼다가 가지고 있었다는 것이며, 중앙집권적인 근대국가로의 맹아를 엿볼 수 있는 부분이기도 하다. 이러한 침탈적 인식은 『西域物語(下)』에서도 "일본국의 國號를 캄차카의 토지로 옮겨 古日本이라고 국호를 개혁하고, 임시의 館을 설치해 신분이 높고 낮은 사람 중에서 뛰어난 재능과 영재를 겸비한 인물을 뽑아 郡縣에 임명하여 살게 하고, 開業에 정성을 다하게 하면, 시간이 흘러 良國이 되어 머지않아 번영을 이룰 것이다. 결국에는 세계 제일의 大良國이 될 수 있다."[45]고 한 것에서 알 수 있는 바와 같이 보다

───────────
44) 本多利明, 『經世秘策』(『日本思想大系44』), 32쪽.

적극적인 구체성을 띠고 표출되고 있다. 다만, 당시로서는 혼다의 경세론과 에조치에 대한 침탈적 인식은 당시로선 너무나 선진적이었고, 이른바 '鎖國祖法'을 굳건히 고수하고 있던 당시 막번체제의 입장에서는 기피될 수밖에 없었던 이상론에 불과했지만, 쿠도와 하야시의 에조치 인식보다는 강렬하게 각인된 침탈적 인식이 내재되어 있음을 확인할 수 있다.

2) 佐藤信淵의 에조치 인식

사토 노부히로(佐藤信淵, 1769~1850)는 에도말기 절대주의적 사상가인 동시에 經世論家·兵學家·農學家로서 널리 알려져 있지만, 한편으로서는 사상의 剽竊家로서도 유명해 일본 학계에서도 지금까지 평판이 엇갈리는 특이한 인물이다. 어린 시절부터 일본 각지를 편력하였고, 에도에 정착한 이후에는 유학과 난학, 히라타 아츠타네(平田篤胤)의 국학을 익혔으며, 이를 토대로 文化期(1804~18) 이후에는 병학과 대외관계에 관한 상당한 저술을 남겼다.[46] 일본의 팽창론을 주장한 『宇內混同秘策』(1823), 農政·農學을 중심으로 한 『農政本論』(1829)을 시작으로 『天柱記』(1825)·『經濟要錄』(1827)·『垂統秘錄』(1823) 등 경세가적 입장에서 우주론에 이르기까지 활발한 저작활동을 펼친 인물이다.

이러한 사토에 대해 이미 카와카미 하지메(河上肇)는 1903년부터 그를 제국주의와의 관련성에서 언급하기 시작했는데, 러일전쟁에 승리한 후인 1907년에는 "『宇內混同秘策』이라는 것은 생각건대 이른바 제국주의라는 것이다. 그는 명치유신이 시작되기도 이전에 이미 제국주의 필요성을 주장하였고, 이것을 실행하기 위해서 크게 육해군을 양성하고, 사단

---

45) 本多利明, 『西域物語(下)』(『日本思想大系44』), 160쪽.
46) 사토에 대한 편력은 森銑三, 『佐藤信淵 : 疑問の人物』(今日の問題社, 1942); 稻雄次, 『佐藤信淵の虛像と實像−佐藤信淵研究序說』(岩田書院, 2001); 碓井隆次, 『佐藤信淵−思想の再評價』(タイムス, 1977)을 참조.

을 각지에 설치할 것을 논하였다."47)라고 하여 사토를 제국주의자로 규정하고 있다. 이와는 달리 긍정적인 측면에서의 평가도 이루어졌는데, 타카쿠라 신이치로(高倉新一郎)는 "拓植의 선각자·지도자들에 의해 기술적·경제적 참고서로서 채용되었고, 그 이론적·실제적 지식의 근거가 되었다는 것은 의심할 여지가 없다."48)고 평가하고 있으며, 카츠라지마 노부히로(桂島宣弘)는 사토가 剽竊家이기는 하지만, 막말 국학의 사상사적인 측면, 즉 국학적 우주론의 轉回 속에서 일정의 영향을 끼친 공인된 사상가였다고 평가하고 있다.49) 한편, 한국에서는 사토의 대외인식을 雄飛論敵인 해외팽창론으로 규정하여 그를 '해외침략론자'로서 평가한 박훈과 최은석의 연구50)도 있는데, 본고에서도 이들 연구에 시사 받은 점이 많다.

이에 본장에서는 사토의 대외인식을 에조치에 한정하여 과연 그가 에조치에 대해 어떠한 침탈인식을 가지고 있었는지 고찰해보고자 한다. 특히, 일본이 萬國의 근본이라는 입장에서 세계를 속령으로 삼기 위해 국내적으로는 에도(江戶)를 東京, 오사카(大阪)를 西京으로 삼아 일본 전국을 14省으로 구분하고, 대외적으로는 만주, 중국, 조선, 남방제국으로의 침략정책을 주장한 『宇內混同秘策』51)를 중심으로 에조치에 대한 어

---

47) 碓井隆次, 「佐藤信淵と河上肇:帝國主義思想と社會主義思想」(『社會問題研究』 21-1·2, 1971), 9쪽 재인용.

48) 高倉新一郎, 「佐藤信淵と蝦夷地開拓」(『社會經濟史學』 5-4, 1935), 457쪽.

49) 桂島宣弘, 『思想史の十九世紀-「他者」としての德川日本』(ぺりかん社, 1999), 第5章 「幕末國學の轉回と佐藤信淵の思想-『天柱記』と『鎔造化育論』を中心に」 참조.

50) 박훈, 앞의 논문(「18세기말-19세기초 일본에서의 '戰国國'적 세계관과 해외팽창론」), 285~289쪽; 최은석, 「사토 노부히로의 대외관-구제와 침략」(『東北亞歷史論叢』 30, 동북아역사재단, 2010) 251~260쪽.

51) 佐藤信淵, 『混同秘策』(『日本思想大系45-安藤昌益·佐藤信淵』, 岩波書店, 1977) 이하, 『日本思想大系45-安藤昌益·佐藤信淵』은 '『日本思想大系45』'로 약칭함.

떠한 침탈적 인식이 나타나 있는지 그 실체를 검토해보겠다. 원래 사토 가문의 에조치에 대해 관심은 조부 사토 노부카게(佐藤信景) 때부터라고 알려지고 있는데,[52] 사토의 에조치 인식은 "일본의 토지가 절묘하다는 것은 남방에 적국이 명확하게 없었기 때문에 그 뜻을 한결같이 북방 개척에 둘 수 있었다."[53]고 한 점에서 알 수 있듯이 에조치라는 공간은 그의 대외인식에서 다른 무엇보다 중요한 사상적 공간이기도 했다.

한편, 사토의 에조치 인식에는 앞에서 살펴본 경세론가들과 마찬가지로 전통적 토지개발론이 그 근저에 내재되어 있었다. 즉, "에조國 전 지역의 땅은 개벽 이래 토인들이 모두 어로와 사냥만을 業으로 삼아 농경에 종사한 적이 없었다. 때문에 寬政·享和 무렵에 官府에서는 히가시에조치(東蝦夷地)를 개발하겠다는 명령을 내려 다수의 농부 등을 그 지역에 파견하여 큰 들판의 토지를 개척하고 곡물류를 경작케 하였지만, 원래 우매한 농민들이었기에 땅의 성질을 조화시키거나 전환하는 방법도, 기후를 헤아려 변통하는 기술도 없어 아는 자가 없었으며, 태고 이래 일찍이 농사를 진적도 없는 토지에 곧바로 곡물을 경작했기 때문에 애를 썼음에도 성과가 없어 결국에는 개발의 業을 그만두었다."[54]고 언급하면서, 이에 대한 대책으로서 "죄인뿐만이 아니라 메아카시(目明し)와 오캇피키(岡っ引)까지도 파견하고, 악행을 거듭한 지독한 악인이 세상의 정교를 깨는 것은 가장 큰 일이기 때문에 모두 쫓아 몰아내 에조국으로 보내 보리밭을 개척하게 해야 한다."[55]고 언급한 것에 보이는 바와 같이 에조치의 토지개발에 대한 인식이 강하게 내재되어 있었다. 때문에 에조

---

52) 高倉新一郎, 「天明以前の蝦夷地開拓意見(上)」, (『社會經濟史學』 3-1, 社會經濟史學會) 62~64쪽.
53) 佐藤信淵, 『混同秘策』(『日本思想大系45』), 430쪽.
54) 佐藤信淵著/瀧本誠一編, 『佐藤信淵家學全集(上)』 岩波書店, 1925, 792쪽.
55) 佐藤信淵著/瀧本誠一編, 『佐藤信淵家學全集(中)』 岩波書店, 1926, 372쪽. 메아카시(目明し)와 오캇피키(岡っ引)는 에도시대 町奉行의 與力과 同心에게 사적으로 고용되어 범죄인의 조사나 체포에 종사했던 자를 말한다.

치의 강력한 개발을 위해 일본 국내에서 사형 처벌을 받은 자들을 모아 에조치로 보내 개발할 것을 주장하고 있다.[56] 물론, 일본 본토의 사형수 를 에조치로 보내 이용하자는 것은 사토의 생각이 아니라, 이미 전술한 바와 같이 혼다 토시아키가 주장한 내용들이며, 거의 동시대의 도쿠가와 나리아키(德川齊昭)도 자신이 마츠마에·에조 일대의 영지를 배령 받을 것이라는 전제하에 본토 낭인들의 에조치 이주를 가정해 집필한 『北方 未來考』(1833)에서도 피력하고 있었다.[57]

다만, 사토의 에조치에 대한 인식은 이전의 경세론가보다 더욱 강렬 한 침략성이 내재되어 있었다. 즉, 그가 저술한 『宇內混同秘策』에는 만 주, 중국, 조선, 남방제국을 비롯해 북방루트로의 침략이 구체적으로 상 세하게 표출되고 있는데, 이에 대해서는 박훈의 연구[58]가 상세히 언급하 고 있어 생략하지만, 사토의 침략적 사상의 기저를 짐작할 수 있는 부분 에 대해서는 여기서 간단히 살펴보도록 하겠다.

〈사료 11〉

지금 만국의 형세를 자세히 살펴 우리 일본 전국의 형세를 보니, 적도 의 북쪽 30도에서 시작해 45도에 이르고, ⓐ기후가 온화하고, 토양이 비 옥하여 만 종류의 물산이 심히 넘쳐나지 않는 것이 없고, 사방이 모두 大 洋에 면해 있어 바다에 배를 대거나 해운하는데 그 편리함이 만국에 비 할 대가 없으며, 땅에 靈氣가 있고 人傑의 용감함이 다른 나라에 비해 유난히 뛰어나다. 그 形勝의 기세는 스스로 온 세상에 당당하니 자연히 宇內[천하 또는 세계]를 鞭撻할만한 요소(實微)를 모두 가지고 있다. ⓑ

---

56) 佐藤信淵著/瀧本誠一編, 『佐藤信淵家學全集(下)』岩波書店, 1927, 827쪽.
57) 德川齊昭, 「北方未來考(抄)」(高須芳次郎編, 『水戶學大系』第5卷(水戶義 公·烈公集), 水戶學大系刊行會, 1942). 신동규, 앞의 논문, 196~198쪽 참조.
58) 박훈, 앞의 논문(「18세기말―19세기초 일본에서의 '戰國國'적 세계관과 해외팽 창론」), 286~287쪽.

이러한 神州의 雄威를 가지고 벌레 같은 蠻夷를 정벌한다면, 세계를 混
同하여[하나로 합쳐서] 만국을 통일하려는 것에 무슨 어려움이 있겠는
가.[59]

즉, 밑줄 ⓐ에서는 만물이 넘쳐나고 해운에 편리하여 일본만큼 좋은
나라가 없다는 에스노센트리즘적 인식을 표출함과 동시에 일본의 형세
가 세계를 지도할 만한 요소를 모두 가지고 있다고 주장하고 있다. 또한
사토는 여기서 한 발 더 나아가 밑줄 ⓑ에 보이는 바와 같이 神州, 즉
일본의 雄威로 벌레 같은 이민족들을 정벌하여 세계를 하나로 합쳐 통일
하는데 그 어떤 어려움도 없다고 주장하며 망상적 침략주의자의 일면을
적나라하게 드러내고 있다.

이와 같은 침략주의적 사상의 단면은 일본 중심적 국학사상과 결부된
것으로서 그의 저서 『天柱記(上)』에서 "皇國은 이자나기·이자나미의 두
신이 일찍이 皇祖天神의 詔를 받아 만든 곳으로 大地를 최초로 만들고
天孫이 하늘에서 내려온 이후, 황위가 무궁하게 대대로 이어져 천지와
함께 오래되었다. 실로 萬國의 기본으로서 더할 말이 없다."[60]라고 일본
황국론을 주장한 것으로부터도 사토의 경세론이 모토오리 노리나가(本
居宣長)·히라타 아츠타네(平田篤胤)의 국학으로부터 상당한 영향을 받
고 있었음을 보여주는 것이다.

한편, 사토의 위와 같은 침략주의적 인식은 에조치에 대해서도 예외
없이 다음과 같이 적용되고 있었다.

〈사료 12〉

ⓐ센다이부(仙台府)는 이와키(岩城), 소마(相馬), 센도(仙道), 오사

---

59) 佐藤信淵, 『混同秘策』(『日本思想大系45』), 426쪽; 박훈, 앞의 논문(「18세기
　　 말－19세기초 일본에서의 '戰国國'적 세계관과 해외팽창론」), 288쪽 참조.
60) 佐藤信淵, 『天柱記』(『日本思想大系45』), 366쪽.

키(大崎), 난부(南部) 및 히가시에조치(東蝦夷)의 6주를 관령하고 있다. 이 鎭에는 아부쿠마(阿武隈) 북쪽에 2개의 큰 강이 있어 화물의 운송이 심히 편리하다. … ⓑ미야코(宮古)항에서부터는 히가시에조치(東蝦夷地) 및 북해의 쿠나시리(國後), 에토로후(擇捉) 등의 여러 섬을 개척하여 곳곳에 성읍을 구축하고, 다량의 병량을 저축하여 무기를 精利하게 제작함과 동시에 군졸을 훈련시켜 일이 있을 때는 러시아의 屬島로부터 카모사츠카(加謨沙都葛, 캄차카), 오호츠크 등의 시베리아(止白里) 지방을 경략해야 한다.[61]

위 사료의 밑줄 ⓐ에서는 센다이부(仙台府)가 히가시에조치를 포함한 6개주를 관령하고 있으며, 북쪽의 큰 강을 통해 물자의 운송이 편리하다는 사실을 언급하고 있는데, 이러한 위치적 조건을 토대로 밑줄 ⓑ에서는 센다이번(仙台藩)으로 하여금 미야코항에서부터 히가시에조치와 쿠나시리 에토로후 등에 진출하여 무기와 군졸을 정비해 러시아의 캄차카와 오호츠크를 시작으로 시베리아지역까지 침략할 것을 주장하고 있다. 어디까지나 군사적 침략을 염두에 둔 이와 같은 사토의 주장은 에조치를 대륙침략의 발판으로 삼으려 한 것으로 다음과 같은 내용에서도 확인할 수 있다.

〈사료 13〉

(일본 및 에조國의 산물을 수송하여 그로써) 互市의 이득을 취하고, 또한 더욱 더 에조치를 개발하며, 우선은 카모카츠카(葛模佐都加, 캄차카)를 공격해 빼앗아 러시아(魯西亞) 國에서 설치한 鎭兵을 사로잡아 이쪽에서(일본에서) 강건한 병사를 파견하고 성곽을 구축해 일본의 영지로 만들어야 한다.[62]

---

61) 佐藤信淵, 『混同秘策』(『日本思想大系45』), 476~477쪽.
62) 佐藤信淵著/瀧本誠一編, 『佐藤信淵家學全集(下)』, 岩波書店, 1927, 822쪽.

즉, 〈사료 13〉의 밑줄 부분은 일본과 에조치 사이에서 무역을 행해 이득을 취함과 캄차카를 무력으로 공격하여 성곽을 구축한 후 일본의 땅으로 만들어야 한다는 침략적 진출방안이었다. 물론, 이것은 러시아에 대한 남하방지와 군사적 침략을 의미한 것이기도 하지만, 이점과 함께 사토의 대륙침략의 루트, 즉 일본 동북부 → 에조치 → 흑룡강 주변부와 연해주 → 만주 → 조선·중국이라는 침략루트63)와 일본 동북부 → 에조치 → 쿠나시리·에도로후 → 캄차카·오호츠크 → 시베리아라는 침략루트(〈사료 12〉 참조)64)를 염두에 두고 볼 때, 에조치의 주변부에 대한 장악은 대륙침략을 위한 발판으로서의 성격을 가지고 있었다고 볼 수 있다. 일견 황당무계한 공상에 지나지 않지만, 코우케츠 아츠시(纐纈厚)에 의하면, 이러한 사토의 침략론은 훗날 러시아의 위협이라는 위기설정과 중국에 대한 침략이 천황제국가의 지배원리에 합치되고 있었다는 점에서 일본육군의 만주점령계획의 동기부여와 유사하며, 실제적으로 1920년대 후반부터 30년대 초두에 걸쳐 군부와 우익들을 중심으로 한 대륙침략 행동의 획책 속에서 사토 노부히로의 침략 사상이 반복되어 차용되고 있었다는 점65)을 볼 때 금후의 과제로서 보다 면밀한 검토가 요구된다.

한편, 〈사료 12〉와 〈사료 13〉보이는 에조치를 발판으로 한 캄차카로의 침략은 사토 고유의 주장으로 볼 수 없다. 전술한 바와 같이 일본국을 캄차카로 옮기자는 혼다 토시아키의 주장을 계승한 것이었으며, 이것은 바로 사토의 표절자로서의 일면을 드러낸 한계성이기도 했다. 하지만, 혼다와 사토의 에조치를 거점으로 한 대륙침략론은 이후 근현대를 거치면서 계속적으로 성장해나갔다. 막말의 사상가인 동시에 존왕론자로서 아시아 침략론을 적극적으로 주장했던 요시다 쇼인(吉田松陰)도 "에조(蝦夷)를 개간하여 諸侯를 봉하고, 틈을 타서 캄차카(加摸察加)와 오호츠크

---

63) 佐藤信淵, 『混同秘策』(『日本思想大系45』), 430~436쪽.
64) 佐藤信淵, 『混同秘策』(『日本思想大系45』), 476~477쪽.
65) 纐纈厚, 앞의 논문, 23쪽.

(隩都加)를 빼앗을 것이며, 류큐(琉球)를 타일러 조정에 와서 會同하게 하여 내지의 제후와 같게 한다."[66]고 말하여 캄차카와 오호츠크에 대한 침략을 주장했기 때문이다. 이러한 점에서 볼 때, 에도시대 후기의 침탈적 에조치 인식은 서양에 대한 위기의식의 고조와 더불어 시간을 거듭할수록 제국주의적 성격을 더욱 강렬하게 발현하면서 일본의 경세론가들에게 일반화되어 갔음을 상정해 볼 수 있다. 이러한 사상적 굴곡이 메이지유신 이후 일본을 제국주의 국가로, 나아가서 침략국으로 규정할 수밖에 없는 역사관을 고착시켰다고 생각된다.

5. 맺음말

이상 에도시대 후기의 경세론가들, 즉 쿠도 헤이스케부터 시작해 하야시 시헤이·혼다 토시아키·사토 노부히로에 이르기까지 이들이 지니고 있던 침탈적 에조치 인식을 고찰해보았는데, 여기서 몇 가지 점으로 나누어 정리해보면 다음과 같다.

우선, 첫째는 쿠도의 에조치 인식과 침탈적 에조치 인식의 시원과 관련된 문제이다. 18세기 중후반 이후 러시아 남진으로 인한 위기감은『赤蝦夷風說考』에 보이는 바와 같이, 쿠도에 의해 에조치 利權에 대한 방어적 논리 속에서 에조치 개발론으로 전개되어 막부도 이를 수용하여 개발에 착수하였지만, 어디까지나 에조치는 아이누의 생활 터전으로서 독자적 공간이었다. 그럼에도 쿠도는 金銀銅 광산 개발 등을 통한 일본의 부를 위해, 또 러시아보다 먼저 지배하기 위해 침탈해야할 대상으로서 에조치를 인식하고 있었다. 그러한 점에서 쿠도는 침탈적 에조치 인식의

---

66) 吉田松陰,『幽囚錄』(松本三之介編,『日本の名著(31)−吉田松陰』, 中央公論社, 1984), 227쪽.

시원이라고 할 수 있으며, 그간 선행연구에서 하야시라고 평가되어 왔던 점은 재고해야만 한다.

둘째는 하야시의 에조치 인식에 대한 평가인데, 하야시는 쿠도의 에조치 인식에 상당한 영향을 받아 에조치의 금은동 광산 개발 등의 침탈적 주장에 대해서는 궤를 같이 하고 있다. 다만, 쿠도와 달리 일본의 가장 북쪽 경계를 현재 홋카이도의 최북단에 있는 소야(宗谷)와 현재 사할린의 최남단에 있는 시라누시(白主)로 삼아야 할 것을 주장하여 에조치를 일본의 영토로 보고 있었다. 여기에는 에조치가 '無主의 땅'이라는 에조치에 대한 멸시관과 에조치에 대한 일종의 식민지적 위치부여가 밑바탕에 깔려 있고, 결국 이러한 점은 하야시의 팽창적이고 침탈적인 경계인식 확장을 보여주는 것으로 쿠도에서 시작된 침탈적 인식이 하야시에 의해 적극적으로 전개되는 양상을 엿볼 수 있다.

셋째는 혼다의 에조치에 대한 침탈적 인식의 강화에 관한 문제이다. 혼다는 『經世秘策』을 비롯해 『赤夷動靜』의 '四大急務'에서 일본의 국력강화와 부국화를 위해 군비의 충실과 경제부흥을 주장했는데, 특히 경제적인 측면에서 에조치를 대상으로 '屬島開業論'을 펼쳐 금은광산과 농경 및 삼림의 개발을 제안했다. 경제적 개발과 자원의 침탈이라는 측면에서는 이전의 경세론가와 유사하지만, 군비의 강화와 경제적 침탈을 구체적으로 드러내고 있으며, 『西域物語』에 보이듯이 일본국을 캄차카로 옮기면 세계 제일의 大良國이 될 수 있다고 하는 제국주의적 침탈의식의 강화라는 차별성을 가지고 있다. 한마디로 혼다에게 에조치는 일본의 부국강병을 위한 발판인 동시에 해외 침략의 교두보와 같은 존재였던 것이다.

넷째는 사토의 에조치에 대한 침탈적 인식의 정착과 본격적인 침략론의 정착에 관한 문제이다. 사토의 에조치 인식은 에스노센트리즘적인 일본중심사상의 극대화 속에서 이루어지고 있는데, 일본 이외의 이민족을 벌레와 같이 보는 멸시관 속에서 대륙침략론으로 전개시켜 세계를 무력으로 통일한다는 망상적인 침략주의자의 일면을 적나라하게 드러내고 있었다. 그가 저술한『宇內混同秘策』와『天柱記』를 종합해 볼 때, 대륙침략론의 루트는 2가지로 설정되고 있다. 하나는 일본 동북부의 센다이 번을 기점으로 히가시에조치와 쿠나시리·에토로후에 진출해 무역 이득을 취함과 동시에 무기와 군졸을 정비한 후, 캄차카를 무력으로 공격하여 성곽을 구축한 후 일본 땅으로 만들고, 나아가서는 오호츠크를 거쳐 시베리아 지역까지 침략한다는 것이고, 또 하나는 일본 동북부를 기점으로 에조치 → 흑룡강 주변부와 연해주 → 만주 → 중국이라는 침략루트가 설정되어 있다. 이점으로 볼 때 에조치의 주변부에 대한 장악은 대륙침략을 위한 발판으로서의 성격을 가지고 있었으며, 이는 혼다의 에조치 인식과도 일맥상통하는 것이다. 하지만, 사토의 구체적인 침략루트의 설정과 대륙침략 구상은 일본에서 침탈적 에조치 인식의 정착을 의미하는 것이었으며, 또 다른 측면에서 본다면, 쿠도·하야시·혼다와는 차원을 달리하는 강렬한 침략주의를 근대 일본에 이식시켜 나갔다고 평가할 수 있다.

결과적으로 볼 때 에조치에 대한 침탈적 인식의 변화는 시대 흐름과 더불어 쿠도 → 하야시 → 혼다 → 사토를 거치면서 침략주의로 노골화되어 당대의 지식인층에 확산되어 갔고, 점차적으로 침략 대상의 공간적 확대가 이루어지면서 근대 일본의 제국주의적 침략정책의 기조를 만들어 내었다고 볼 수 있다. 이것이 바로 일본의 근대적 침략주의가 메이지유신으로 탄생한 것이 아니라, 이미 에도시대에 잉태되어 있었다는 것의 만증이다. 한편, 본고에서는 사토의 대륙침략의 획책이 이후 근대 일본의 침략정책에 어떠한 형태로 차용되고 있었는가에 대해서는 구체적으로 살펴보지 못했다. 또한, 최근 '새로운 역사 교과서를 만드는 모임'('새역모', 'つくる會')에서 출판한 교과서에서 사토를 개국론자로서만 평가한 것에 대한 비판을 하지 못했는데, 이에 대해서는 금후의 과제로 삼겠다.

참고문헌

1. 사료

工藤平助外, 『赤夷動靜·赤蝦夷風說考·三國通覽圖說:北方未公開古文書集成-第 3卷』, 叢文社, 1978.

吉田松陰, 『幽囚錄』, 松本三之介編, 『日本の名著(31)-吉田松陰』, 中央公論社, 1984.

本多利明, 『經世秘策』·『西域物語(下)』, 塚谷晃弘·藏並省自校注, 『日本思想大系44』, 岩波書店, 1970.

新井白石/坂倉源次郎/松前廣長, 『蝦夷地·蝦夷隨筆·松前志:北方未公開古文書集成-第1卷』, 叢文社, 1979.

井上隆明, 『赤蝦夷風說考』, 敎育社新書, 1979.

佐藤信淵, 『天柱記』·『混同秘策』, 『日本思想大系45』, 岩波書店, 1977.

佐藤信淵著/瀧本誠一編, 『佐藤信淵家學全集(上·中·下)』, 岩波書店, 1925~1927.

2. 단행본

ブレット·ウォーカー著/秋月俊幸譯, 『蝦夷地の征服1590~1800』, 北海道大學出版會, 2007.

榎森進, 『北海道近世史の硏究』, 北海道出版企劃センター, 1982.

高倉新一郎, 『北海道史の歷史』, 改訂版, みやま書房, 1964.

_____, 『蝦夷地』, 至文堂, 1959.

菊池勇夫, 『幕藩体制と蝦夷地』, 雄山閣出版, 1984.

_____, 『蝦夷地と北方世界』, 吉川弘文館, 2003.

紙屋敦之, 『大君外交と東アジア』, 吉川弘文館, 1997.

海保嶺夫, 『近世蝦夷地成立史の硏究』, 三一書房, 1984.

_____, 『日本北方史の論理』, 雄山閣, 1974.

3. 논문

桂島宣弘,「華夷思想の解體と自他認識の變容」, 島薗進他編,『岩波講座-近代日本の文化史(第2卷)』, 岩波書店, 2001.

谷本晃久,「貢納と支配-幕末期小笠原諸島と蝦夷地の'內國化'を事例に」,『北海道·東北史硏究』4, 2007.

纐纈厚,『大陸侵略思想の構造と系譜』,『情況』第二期5-11, 情況出版, 1994.

菊池勇夫,「海防と北方問題」,『岩波講座日本通史』14, 岩波書店, 1995.

宮田純, 「本多利明の北方開發經濟思想-寬政三年成立『赤夷動靜』を中心として」,『日本經濟思想史硏究』4, 2004.

大場四千男,「近世蝦夷地の內國植民經營と場所請負制」,『北海學園大學經濟論集』45-4, 1998.

麓愼一,「幕末における蝦夷地政策と樺太問題-1859(安政6)年の分割分領政策を中心に」,『日本史硏究』371, 1993.

麓愼一,「蝦夷地第二次直轄期のアイヌ政策」,『北大史學』38, 1998.

류미나,「'식민사상의 선구자·혼다 도시아키'의 재발견-'속도개업' 논의를 중심으로」,『동북아역사논총』30호, 2010.

尾崎房郎,「蝦夷地第1次幕領政策の論理」,『北大史學』27, 1987.

박훈,「18세기말-19세기초 일본에서의 '戰國'적 세계관과 해외팽창론」,『동양사학연구』104, 2008.

변정민,「18세기 후반 幕府의 蝦夷地 개발정책」,『역사와 세계』33, 효원사학회, 2008.

寺崎仁樹, 「第一次幕領期の蝦夷地政策と箱館-場所經營方法の變化への對應を中心に」,『論集きんせい』27, 2005.

寺崎仁樹,「第一次蝦夷地幕領政策の破綻-經營收支の檢討を中心に」,『日本歷史』712, 2007.

杉谷昭,「安政年間における蝦夷地政策」,『佐賀大學敎育學部硏究論文集』33(2-1), 1986.

신동규,「『赤蝦夷風說考』와 에도막부[江戶幕府]의 북방인식」,『東北亞歷史論叢』

30, 2010.

이규배, 「德川시대 일본의 국제정세 인식과 대응전략에 관한 一考察」, 『東아시아硏究論叢』9, 1998.

長谷川伸三, 「幕府の蝦夷地直轄と生產·流通政策」, 地方史研究協議會1979年度大會特集, 『地方史研究』29-4, 1979.

折原裕, 「江戶期における重商主義論の成立:海保靑陵と本多利明」, 『敬愛大學研究論集』43, 敬愛大學經濟學會, 1993.

池田喜義, 「本多利明の經濟說について」, 『宮崎大學學藝學部研究時報』1-3, 1957.

최은석, 「사토 노부히로의 대외관-구제와 침략」, 『東北亞歷史論叢』30, 2010.

平田厚志, 「本多利明の經濟思想小論-特に重商主義論を中心として」, 『龍谷史壇』59, 1968.

和田敏明, 「鎖國の夢を破った古典的三名著」, 『北方未公開古文書集成』第3卷, 叢文社, 1978.

제2부

답사보고서

1. 1차 답사

북큐슈 전역(北九州 全域)
- 후쿠오카(福岡)·야마구찌(山口)·오이타(大分)·사가(左賀)

1) 답사일정표(2010년 7월 26일 ~ 7월 31일, 5박 6일)

일 자	지 역	교통편	시 간	주요 일정	식 사
제1일 7월 26일 (월)	춘 천 인 천 후쿠 오카	시외 버스 KE787 전용 버스	04:10 08:00 09:14	춘천 출발 인천 국제공항 출발(비행시간:1시간 15분 / 350마일) 후쿠오카 공항 도착 및 입국수속 ● 답사 : 무나가타타이샤(宗像大社) 　　　　 신보칸(神寶館) 　　　　 덴진(天神)거리 　　　　 죠텐지(承天寺) 　　　　 묘라쿠지(妙樂寺) 　　　　 쇼후쿠지(聖福寺) ● 숙소 : 후쿠오카다이와로이넷토 호텔 　　　　 (TEL : 092-281-3600)	중 -현지식 석 -현지식
제2일 7월 27일 (화)	후쿠오카 신구항 아이노시 마항 신구항 후쿠오카	NO SVC 페리 페리 전용 버스	전일	신구항으로 이동(이동시간 : 약 40분) 신구항 - 아이노시마항(소요시간 : 약 20분) ● 답사 : 아이노시마 내 사적 　　　　 하토바(先波止) 　　　　 조선통신사 객관터, 史蹟有待邸跡 　　　　 太閤湖井の石 　　　　 와카미야진쟈(若宮神社)와 동굴관음(穴觀音) 　　　　 아이노시마 적석총군 아이노시마항 - 신구항(페리 탑승) ● 답사 : 후쿠오카 시립박물관(福岡市博物館) ● 숙소 : 후쿠오카다이와로이넷토 호텔 　　　　 (TEL : 092-281-3600)	조 -숙소 중 -현지식 석 -현지식
제3일 7월 28일 (수)	후쿠오카 야마구치	전용 버스	전일	야마구치로 이동 ● 답사 : 아카마신궁(赤間神宮) 야마구치시 역사민속자료관 (山口市立歷史民俗資料館) 루리코우지(瑠璃光寺)	조 -숙소 중 -현지식 석

일 자	지 역	교통편	시 간	주요 일정	식 사
				류후쿠지(龍福寺) 죠후쿠지(乘福寺) 묘켄지(妙見寺) ● 숙소 : 유다 뉴타나카 온천 호텔 (TEL : 083-923-1313)	-현지식
제4일 7월 29일 (목)	야마구치 오이타 유후인	전용 버스	전일	오이타로 이동 (이동시간 : 약 3시간 30분) ● 답사 : 오이타현립센테츠사료관 (大分縣立先哲史料館) 오오토모씨 유적 체험학습관 오이타시역사자료관 (大分市立歷史資料館) 유후인으로 이동 ● 숙소 : 노노카펜션(TEL : 0977-28-2528)	조 -숙소 중 -현지식 석 -숙소
제5일 7월 30일 (금)	유후인 가라츠 후쿠오카	전용 버스	전일	사가 가라츠로 이동 ● 답사 : 카가미신사(鏡神社) 에니치지(惠日寺) 가라츠성(唐津城) 나고야성 박물관(名古屋城 博物館) 겐코보루이(元寇防壘) 후쿠오카 시내로 이동 ● 숙소 : 후쿠오카다이와로이넷토 호텔 (TEL : 092-281-3600)	조 -숙소 중 -현지식 석 -현지식
제6일 7월 31일 (토)	후쿠오카 다자이후 인 천	전용 차량 KE790	 16:45 18:10	다자이후로 이동 ● 답사 : 오노죠(大野城) 큐슈국립박물관(九州國立博物館) 다자이후유적(太宰府遺跡) 미즈키(수성터) 후쿠오카 시내로 이동 후쿠오카 공항 출발 인천 국제공항 도착	조 -숙소 중 -현지식

2) 참가자 명단

연구팀			
번호	성 명	성별	직 위
1	손승철	남	연구책임자(강원대학교 사학과 교수)
2	김보한	남	공동연구원(단국대학교 교양기초교육원 교수)
3	남의현	남	공동연구원(강원대학교 사학과 교수)
4	민덕기	남	공동연구원(청주대학교 역사문화학과 교수)
5	신동규	남	전임연구원(강원대학교 인문과학연구소 연구교수)
6	엄찬호	남	공동연구원(강원대학교 인문과학연구소 HK연구교수)
7	유재춘	남	공동연구원(강원대학교 사학과 교수)
8	한문종	남	공동연구원(전북대학교 사학과 교수)
9	김강일	남	연구보조원(강원대학교 사학과 강사)
10	김윤순	여	연구보조원(강원대학교 사학과 박사과정)
11	서은호	여	연구보조원(강원대학교 사학과 석사과정)
12	정병진	남	연구보조원(강원대학교 사학과 박사과정)
13	정지연	여	연구보조원(강원대학교 사학과 강사)
14	황은영	여	연구보조원(강원대학교 사학과 강사)
참여 및 현지 자문			
번호	성 명	성별	직 위
1	사에키 코지 (佐伯弘次)	남	구주대학교 문학부 교수
2	이토 코지 (伊藤幸司)	남	야마구치현립대 문학부 교수
3	마쓰오 히로키 (松尾弘毅)	남	구주산업대학 강사
4	호리모토 카즈시게 (堀本一繁)	남	후쿠오카시립박물관 학예원

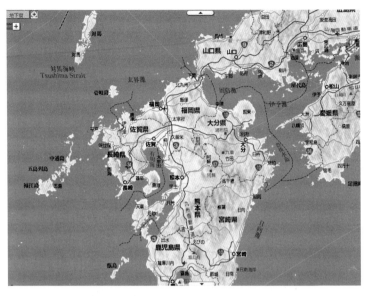

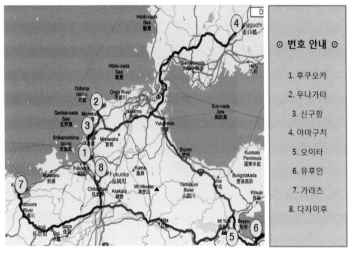

⊙ 번호 안내 ⊙

1. 후쿠오카

2. 무나가타

3. 신구항

4. 야마구치

5. 오이타

6. 유후인

7. 가라츠

8. 다자이후

4) 답사기록

■ 제1일 : 7월 26일 월요일

● 04:10 새벽의 춘천 터미널

새벽같이 일어나 모인 터미널, 모든 연구원들 얼굴에 잠이 가득했지만 이른 시간에도 불구하고 낙오한 사람 없이 춘천을 떠나는 버스에 몸을 싣고 출발했다.

두어 시간 뒤 인천공항에 도착해 연구원선생님들과 합류, 급하게 출국수속을 마치고 드디어 후쿠오카로 가는 비행기에 올랐다.

● 09:14 후쿠오카 공항 도착

이번 여행의 목적지, 후쿠오카 공항에 도착. 공항에서 손승철 교수님, 후쿠오카대학의 사에키 코지(佐伯弘次) 교수님, 공주대학의 서정석 교수님과 합류, 드디어 연구팀 전 일행이 모였다. 버스에 탑승 후 손승철 교수님께서 답사의 시작을 알리심과 동시에 간단한 자기소개 및 일정안내의 시간을 가졌다.

● 10:45 무나카타타이샤(宗像大社)

무나카타타이샤(宗像大社)는 오키츠미야(沖津宮), 나카츠미야(中津宮), 헤츠미야(辺津宮) 3사의 총칭으로 고대부터 한반도와 대륙의 정치·경제·문화의 해상로였고, 교통과 관련된 신을 모신 곳으로 한반도와 교류시 기도를 드리는 곳이었다.

무나가타[宗像] 지역은 중국 대륙과 한반도와 가장 가까워 예로부터 외국과의 무역과 발전된 문화를 받아들이는 창구로서 중요한 위치에 있었다. 사에키 교수님의 설명으로, 특히 오키츠미야가 있는 오키노시마(沖ノ島)는 큐슈(九州)와 한반도를 연결하는 현해탄의 거의 중앙에 있음을 알 수 있었다.

• 11:17 신보칸(神寶館)

1954년 이후 십 수 년에 걸쳐 발굴조사가 이루어져 4, 5세기부터 9세기 사이의 제사 유물 약 10만 점이 발견되었는데, 이 보물들은 국가의 번영과 해상교통의 안전을 빌면서 신들에게 바쳐졌던 것이다. 무나카타 타이샤의 신보칸은 오키노시마 발굴로 인한 고고학적 유물들 수만 점을 보관중이며 이들 중 대부분이 국보로 지정되어 있다고 한다. 또한 오키츠미야에서 발굴된 중세시기의 고문서 천여 점이 지정문화재가 되었는데, 그 중 무나가타씨(宗像氏)와 조선 사이의 서계 사본이 전시되어 있었다. 이 유물들은 1~3층으로 나누어 전시되어 있었다.

> 1층 神勅, 대리석과 나무로 만든 해태상, 조선과 중국의 화폐 등
> 2층 오키노시마에서 발굴된 유물, 오키노시마 관련 영상
> 3층 歌人들의 競演에 관한 전시, 족자형태

오키츠미야 섬은 섬 전체가 神體라서 지금도 여성의 출입이 금지되어 있다고 한다. 갈 수 없는 곳이라는 생각이 드니 아쉬움이 컸지만 꼭 보고야 말겠다는 의지도 내심 불타고 있었다.

• 14:25 덴진(天神)거리

점심식사로 일본 음식의 상징이라 할 수 있는 우동, 소바를 먹고 덴진거리로 이동했다. 덴진거리는 큐슈의 중심가로 오피스가와 쇼핑상가가 잘 조화를 이루고 있는 활기 넘치는 거리였다. 우리들은 그곳에 있는 키노쿠니야(紀伊國屋書店)에 들어가 연구 관련 서적 등을 구입하며 눈이 즐거운 시간을 보냈다.

• 15:50 죠텐지(承天寺)

숙소에 도착해 짐을 옮겨놓고 여독을 풀 여유도 없이, 다시 버스에 탑승해 도착한 곳은 죠텐지였다. 죠텐지는 1242년에 開山한 오래된 사원이다. 일본 선종은 오산을 중심으로 이루어지는데, 특히 중국과 관련이 깊다고 한다. 이 사원은 초대 주지스님인 엔니(円爾)가 송에서 유학 후 돌아와 개산하였으며 중국으로부터 우동, 소바, 만두 등을 전래받았다는 얘기가 전해진다는 설명을 들을 수 있었다.

사에키 선생님은 이 사원이 15세기경에 조선과도 통교하였는데, 이는 『노송당일본행록』에 1420년 노송당(송희경 선생)이 하카다에 한 달 동안 체재하며 죠텐지 스님과 시를 주고받은 내용을 통해 알 수 있어 이러한 점들 때문에 중국, 조선과 관련이 깊은 사원이라 할 수 있다고 하셨다.

또한 하카다는 예부터 무역으로 유명한 곳으로 중국, 한국, 유구, 동남아시아 등과 관계가 있다. 오랜 시기 동안 무역관계가 이루어졌으므로, 이러한 무역관계의 흔적이 여러 유물로 남아있는데, 그중 하나가 돌닻(각황전 앞의 蒙古碇石)이다. 초기에는 몽고군 침입 시 사용되었다고 여겨졌으나, 오키나와나 아마미오오시마에서도 발견되는 것으로 보아 중국 무역선의 돌닻일 가능성도 있다고 한다. 덧붙여 시대상으로 송, 원 시대 것으로 추정되는데 최근에는 태안반도에서 이와 같은 돌이 발견되고 있다고 하며 하카다에서 30개 정도가 발견되었는데 가장 무거운 것이 500kg에 이른다고 한다.

이 사원은 도로 때문에 도로를 사이에 두고 두 부분으로 나누어져 있었는데 교통이 편리해져서 좋은 것인지, 원래의 상태에 훼손이 가해져 나쁜 것인지 사람에 따라 판단이 다르겠지만 왠지 모를 쓸쓸함이 남았다.

• 17:00 묘라쿠지(妙樂寺)

주택가와 상가가 있는 골목길을 따라 걷다보면 나오는 조그마한 입구의 사원으로, 가는 길까지 표지판이 상세하지 않아 어디가 묘라쿠지이고 어디가 쇼후쿠지인지 조금은 어리둥절했다. 조그만 입구를 지나자 길게 이어진 참배로와 연노란 담장 너머로 묘라쿠지의 여러 건물들이 보였다. 하지만 경내의 건물들은 문이 굳게 잠겨있어 자세히 볼 수 없었다.

쇼후쿠지와 이 사원은 하카다의 무역, 교역에 관련한 선종 계열의 사원으로 유명하며, 축대가 석성처럼 보여 세키조(石城)라고 부른 것에서 유래하였다고 한다. 14세기 초 하카다 상인들에 의해 세워졌고, 창건 당시에 견명사 일행의 숙박 시설로 사용되어 중국과 관계가 깊다고 한다. 17세기에 현재의 위치로 옮겨졌으나 원래 개창되었을 때는 항구 가까이에 위치해 있었다고 한다. 중국뿐만 아니라 이곳은 한국과도 관계가 깊은데, 이는『노송당일본행록』에 묘라쿠지라는 사원이 많이 언급되어 있고 노송당이 이곳에 방문해 차 대접을 많이 받았다는 내용을 통해 알 수 있다.

● 17:08 쇼후쿠지(聖福寺)

1195년 창건된 일본 최초의 선종사원으로 유명하다. 요사이(榮西) 스님이 두 차례에 걸쳐 중국을 다녀온 뒤 창건한 오래된 사원으로 일본 오산계열 중에서도 전통이 깊은 사원이다. 중국과 관계도 깊지만 한국과도 연관성이 있음을 알 수 있는데,『노송당일본행록』에 쇼후쿠지 스님 7~8명이 와 시를 요구했다는 기록을 통해 알 수 있다. 이 사원에는 당시 외교를 담당했던 스님이 많았는데, 특히 16세기 조선과의 외교를 담당한 스님이 많았다고 한다.

입구에 들어서자 2층 구조의 山門 앞으로 근사하게 연못이 조성되어 있었다. 묘라쿠지의 빽빽한 느낌이 아닌 시원스러운 느낌의 사원이었다. 그런데 넓은 경내에서 실상 우리가 볼 수 있었던 것은 산문과 참배로를 따라가면 보이던 종루뿐이었고, 쇼후쿠지 소재의 고려 범종인 連年有兵銘鍾 역시 공개되어 있지 않아 보지 못했다. 산문과 연못을 배경으로 단체사진을 찍는 것으로 아쉬움을 달래야 했다.

• 17:35

일정 첫날의 답사를 마치고, 저녁식사를 위해 나카스(中州) 거리로 이동했다. 저녁식사 겸 간단한 술자리를 가지며, 첫날의 노곤함을 씻어버릴 수 있었다. 손승철 교수님과 사에키(佐伯弘次) 교수님, 서정석 교수님께서는 큐슈대 숙소로 이동하시고 남은 일행들은 숙소로 돌아갔다.

■ 제2일 : 7월 27일 화요일

• 08:20 둘째 날 여정의 시작

숙소 앞에서 손승철 교수님, 서정석 교수님, 큐슈대 연구원인 신영근 선생님을 만나면서 둘째 날 일정이 시작되었다. 하카다역 신칸센 JR에서 출발해 훗코우다이마에(福工大前)에 도착한 우리들은 사에키 교수님과 합류해 신구항(新宮町)으로 향했다. 이곳에서 조선통신사와 인연이 깊은 아이노시마(相島)행 배에 탑승했다.

• 09:40 아이노시마(相島)

아이노시마는 현해탄에 떠 있는 후쿠오카현 카스야(糟屋郡)군 신구마치(新宮町)의 섬이며, 신구해안에서 북서쪽으로 8km 가량 떨어진 곳에 위치하였다. 이 섬은 에도시대 12번의 통신사 행렬 중 마지막 통신사를 제외한 11번의 접대를 담당하였던 곳이다. 사절단의 접대는 후쿠오카번에서 담당하였는데 특히 음식준비를 담당하였다고 한다.

후쿠오카번의 문화인들이 이곳으로 찾아와 조선통신사와 교류하는 수가 너무 많아 통신사들이 이들을 기피하는 경향도 있었다고 한다. 에도시대에 조-일 관계에서 중요한 역할을 담당한 곳이다.

• 10:05 하토바(先波止)

하토바(先波止)는 선창, 부두를 뜻하는 토바(波止)에 먼저를 뜻하는

先을 붙여 앞쪽 부두라는 의미를 가지고 있는 곳으로, 통신사들이 배를 대던 곳이다. 사에키 교수님의 말씀으로는 이곳의 존재는 근처에 객관이 존재한 것을 반증하는 것이라 하셨다. 또한 이곳이 중세시대 교통의 요점이라고 볼 수 있으며, 『해동제국기』에 아이노시마에 살던 일본인이 조선과 통교했다는 기록이 있음을 알려주셨다. 그리고 『조선왕조실록』에는 '1429년에 통신사 일행이 아이노시마에 왔다'는 내용이 기록되어 있어 15세기 이래로 조-일 관계를 증명하는 주요한 장소라고 한다.

▶ 조선통신사 객관터
하토바를 지나 올라가다보면 조선통신사 객관터가 나오는데 지금은 조그마한 팻말 뒤로 건물터와 주춧돌만 확인할 수 있었다. 부두 앞에는 지난 1995년 발견된 아이노시마 지도를 표지판으로 만들어 놓았는데 이 지도가 발견되면서 조선통신사 객관터를 발굴하게 되었다고 한다.

▶ 史蹟有待邸跡
통신사 건물터 중의 하나인데 팻말만이 그곳이 건물터였음을 알려주고 있었다.

● 10:45 太閤湖井の石

이 돌산은 太閤湖井의 돌이라고 부르는데, 임진왜란·정유재란 때 각 번의 군대가 해로로 나고야성으로 향하던 도중 아이노시마에 들러 해안에 돌을 쌓으며 전승을 기원했던 흔적이라고 한다.

● 10:46 와카미야진쟈(若宮神社)와 동굴관음(穴觀音)

와카미야진쟈는 섬의 氏神으로서 두터운 신앙으로 지지되고 있는 신사라고 한다. 유지는 되고 있는 듯 했지만 황량해 보였고, 神木이 있었다. 푸르른 바다를 끼고 있는 절벽해안에는 동굴관음이 있는데 예로부터 섬사람들의 해상 안전, 無病息災를 기원하는 신앙의 대상이었다고 한다.
현재는 안전상의 이유로 출입이 금지되고 있다.

• 11:30 아이노시마 적석총군

아이노시마 북동쪽의 해안에는 254기의 적석총이 있는데 과거에는
일본원정 당시의 몽고군 무덤이라고 여겨지다가 최근 발굴 조사에서 가
야계 토기 등 한반도와 관련된 유물이 다수 출토되었다고 한다. 그러나
누가 어떤 목적으로 만들었는지는 아직 알지 못한다고 한다.

적석총을 찾아 헤매다 흩어진 우리들은 아이노시마 대합실에서 겨우
만날 수 있었다. 한여름 무더위와 함께 한 고된 산행 후에 먹었던 아이노
시마 식당에서의 점심(해물짬봉 등)은 정말 꿀맛이었다.

• 15:45 후쿠오카 시립박물관

貝塚역에서부터는 사에키 교수님을 대신하여 큐슈대 대학원생인 호
가씨가 안내를 맡아주셨다. 다시 지하철을 타고 니시진(西新)에 도착, 잠
시 걸으니 후쿠오카 시립박물관에 도착할 수 있었다.

후쿠오카 시립박물관은 처음에 박람회장의 테마관으로 개설되어 박
람회의 종료와 함께 일단 폐쇄되었으나, 1990년에 박물관으로 개관하면
서 현재까지 유지되고 있다. 하카타의 대외교류와 후쿠오카의 변화와 관
련된 역사적 정보를 중심으로 발굴된 유물들을 볼 수 있었다.

방문당시에는 특별전시로 앙코르와트전을 하고 있었는데, 손승철 교
수님이 보유하고 계셨던 티켓 세장을 얻기 위혜 막내부터 선생님들에 이
르기까지 가위바위보를 하며 순수한 경쟁을 하기도 했다.

• 17:05 저녁회식

박물관 앞에서 일본의 비싼 교통비를 실감하며 버스탑승, 祇園町에서
하차하여 도보로 숙소까지 이동했다. 이동 중에 호가 씨는 학교로 복귀

하고 우리들은 숙소에 도착해 잠시의 휴식을 취한 후 저녁 식사 장소인
頤和園으로 이동했다. 이날 저녁은 큐슈대 관계자분들과 야마구치대 관
계자분들과 회식자리를 가졌다.

사에키코지 교수님을 비롯 모리히라마사히코, 마쓰오히로키, 오사카
와노부히사, 니무라코스케, 이토코지, 타다미아키히로 선생님 등을 만나
자기소개의 시간을 가진 후 역사, 문화 등에 관한 담소를 나누었다. 회식
후에는 사에키 교수님 및 일본 측 관계자분들과 손승철, 서정석 교수님
과 헤어져 숙소로 돌아와 둘째 날 일정을 마쳤다.

■ 제3일 : 7월 28일 수요일

• 09:00 셋째날 일정의 시작

숙소 앞에서 손승철, 사에키, 서정석, 이토코지 교수님과 합류하면서
셋째 날 일정을 시작했다. 이동시간 중에는 교수님들의 강의를 들을 수
있었다.

> ▶ 민덕기 교수님 - 중세일본과 일·중 교류
> - 平氏政權과 宋王朝에서부터 시작하여 室町幕府와 明王朝에 이르
> 기까지의 일중 간 교류를 통한 당시 교류 상황과 영향에 대한 강의

> ▶ 김보한 교수님 - 고려후기의 왜구(13~14C 왜구)
> - 『고려사』에 수록된 왜구 출몰 빈도와 한일의 사료를 통해서, 고려
> 후기 왜구의 발생원인과 그 주체에 대한 강의

• 10:55 아카마신궁(赤間神宮)

다른 신사와 다르게 유난히 눈에 띤 빨간색의 아카마신궁은 본래 아
미타사라는 절이었으나 메이지시대에 개불하면서 이름이 아미타신궁으

로 바뀌었다. 현재는 아미타라는 지명만 남아있으며 『노송당일본행록』
에 노송에 대한 기록이 남아있다. 이토 선생님에 의하면 신궁 근처에는
1185년의 미나모토 씨와 타이라 씨의 단노우라 전투지역이 있는데 당시
안토쿠 천황이 죽으면서 그 시신이 아미타사에 안치되었다고 전해진다
한다.

아카미신궁 안에는 단노우라전투에서 멸망한 헤이케 일가의 무장을
모셔놓은 시치모리즈카(七盛塚)가 있고 귀 없는 호이치 목상이 있다. 목
상으로도 헤이케 일가에서 멀리 떨어질 수 없는 호이치의 구슬픈 비파소
리가 귀에 들리는 듯 했다.

• 13:31 야마구치시 역사민속자료관

야마구치 발굴담당 사토우(佐藤)씨 설명으로는, 이곳에서 약 2km 떨
어진 곳에 오우치 씨의 유적지가 있으며 소화 34년(1959)에 국가지정 유
적지로 지정되었고 땅 밑에 유적지가 남아있다고 한다. 오우치 씨의 관
은 한 면이 160m가량으로 이는 당시 다이묘들의 일반적인 관 크기이다.
발굴조사결과 담장과 물이 담겨져 있지 않았던 해자가 발견되었고 유물
이 점점 넓은 지역에 거쳐 발굴되면서 발굴지가 더욱 커졌다. 다만 당시
에 있던 중심 건물지는 아직 발견되지 않았다. 그 대신 정원 2개가 발견
되었는데 위쪽에는 중세 정원이, 남쪽에는 물을 담아놨던 정원이 발견되
었다. 이는 당시 다이묘(大名)들이 인공호를 만든 정원에서 손님을 맞이
한 것과 관련이 있다. 연회 시에 사용된 그릇들(유약을 쓰지 않는 스이야
키, 당시 유행)이 대량으로 발견되어 이것이 손님을 대접하는데 쓰였음
을 알 수 있다. 또한 연회와 의식은 교토의 쇼군이 했던 형태를 본떠서
열었고 사용된 접시는 교토의 그릇을 가져다 사용했다고 한다.

오우치 씨는 한반도와 관계가 깊다고 알려져 있으나 현재 건물 흔적
에서는 한반도와의 관계를 입증할 만한 유적이 발견되지 않는데, 유적
지 5km 내 존재한 죠후쿠지에서 한반도와 관련된 유물들이 발견되고 있

다. 이 절은 오우치 시게히로의 제사를 담당하던 절로, 가마쿠라 후기에 창건되어 무로마치 말기까지 존재하였다. 에도시대에 화재로 중심건물이 타버리고 현재는 당시보다는 조금 떨어진 장소에 재건되어 있다. 발굴조사 결과 기와편이 많이 발견되었는데 일본에서 보통 사용하는 양식뿐 아니라 당시 일본에서 쓰지 않던 양식의 기와들이 발견되었다. 이는 오우치 씨의 선조가 백제와 관련 있음을 내세우기 위한 목적에 의한 것이었다고 추정된다. 그 모양은 한반도(삼각형 모양, 용무늬, 잡상 등) 양식이며 만드는 재료 및 방식은 일본식(흙=일본 흙)임을 볼 때 조선의 기술자들이 일본에서 만들었다고 추정되기도 한다. 또한 이를 흉내 낸 양식들의 기와편도 있다. 이렇게 오우치 씨와 관련해 이런 기와들이 발견되는 것은 죠후쿠지뿐이라고 한다.

• 14:21 루리코우지(瑠璃光寺)

루리코우지의 탑은 국보로 원래 코샤쿠지의 탑이었고, 코샤쿠지는 오우치씨를 모시는 사당이었다. 이토코지 선생님의 말씀으로는 이 탑이 완성된 다음해 조선에 대장경을 요청하여 대장경을 받았는데, 오우치 씨의 멸망 이후 모리 씨에 의해 절을 빼앗겼고 대장경은 교토의 죠죠지를 비롯한 여러 곳에 흩어졌다고 한다. 이는 모리 씨가 오우치 씨 세력을 약화시키기 위한 것으로 현 유리광사는 모리 씨가 예전 오우치 씨의 부하인 스에 씨를 불러 본래 모리 씨의 절이었던 이곳에 지은 것이며 스에 씨는 오우치 씨를 배신했던 가신으로 모리 씨는 이 가신을 이용해 절을 지음으로써 본보기를 삼은 것으로 볼 수 있다고 한다.

루리코우지의 많은 사람들이 가장 많이 모여 있는 곳이 루리코우지의 5층 목탑 앞이었다. 오우치 문화의 걸작이라 할 만큼 주위의 풍경과 너무나도 잘 어울렸다. 5층 목탑의 건축양식이 일본식이지만 일부는 중국 양식이 채택되었다고 한다.

루리코우지 경내에는 일본에 있는 주요한 5층탑 55기를 1/100의 모형

으로 소개하고 있는 루리코우지 자료관과 하기시(萩市)의 天樹院, 大照
院, 東光寺와 함께 쵸슈 번주, 메이지 유신 당시의 당주인 모리 타카치카
등의 묘가 있는 香山墓所가 있다. 길게 세워진 묘소의 음산함 보다는 묘
소 앞에 石疊을 강하게 밟거나 손으로 치면 나는 소리에 신기해 박수를
계속 치는 통에 나중에는 손바닥이 얼얼했다.

• 15:10 류후쿠지(龍福寺)

야마구치시에 있는 曹洞宗사원으로 오우치 미치모리(大內滿盛)가 설
립자가 되어 창건한 瑞雲寺에서 시작된다고 한다. 모리모토나리가 오우
치씨를 위해 세운 절로 건물자체를 수리중이라 관람할 수 없었다. 오우
치씨의 관이 있던 자리기 때문에 여기에 세웠고, 관을 둘러보면 사각형
의 건물이라서 해자나 담벼락을 볼 수 있었다.

예전에는 정원과 산이 세트인 구조였다고 하는데 연못이 있던 곳은
보존을 위해 묻어두었고 산은 현재 병원에 가려져 보이지 않았다. 이러
한 구조는 산과 함께 물을 사용하지 않는 정원(枯山水庭園)을 조성한 것
임을 알 수 있다.

복원된 니시진(西門)은 「洛中洛外図屛風」을 참고한 것인데, 실제 문
은 규모가 더 클 것이고 위치는 현재보다 더 앞쪽에 있을 것으로 추정되
나 아직 발굴 중이라고 한다.

• 15:51 죠후쿠지(乘福寺)

종파는 임제종으로 正和 원년(1312) 오우치 시게히로(大內重弘)가
건립하였다. 오우치 씨의 모사라 할 수 있는 절로 수호지역에서 가장 먼
저 생긴 절이다. 교토의 유명스님을 초대해 개창했으며 자료관에서 본
기와편들의 발굴지이다. 옛날에는 계곡 전체가 절인 큰 규모의 절이었다.

안에는 오우치 씨가 선조라 주장한 백제 임성태자의 목상이 있다. 사
실관계를 정확히 알 수는 없지만 백제 성명왕의 셋째 아들이 조상이라고

주장했는데, 삼국사기에는 성명왕의 아들이 둘이라고 기록되어 있다. 오우치 씨가 이 같은 주장을 했을 당시, 즉 일본 중세에는 강력한 군주가 없었기 때문에 외국 유명인을 끌어들여 선조로 삼는 풍조가 있었다고 한다(보통은 교토의 미나모토, 타이라, 후지와라와 연결한다). 이 같은 풍조는 주변지역에서 성행하였는데 도요토미 씨 등 통일정권이 만들어진 후에는 이런 풍조가 사라지게 되었고, 오우치 씨의 선조관은 이러한 중세적인 특징을 가진 것이라 할 수 있다고 한다. 임성태자를 자신의 선조로 모시며 백제 성왕 능에 제문을 올리는 오우치 씨 후손을 우리는 어떻게 바라봐야 할지 역사의 궁금증을 풀 길은 아직도 멀게만 느껴졌다.

● 16:21 묘켄지(妙見寺)

묘견사는 천태종 계열의 절로 지금은 작지만 예전에는 두 계곡 전체를 포함하던 큰 규모였다고 한다. 북극성 신앙을 가지고 있으며, 오우치 씨가 신앙을 가져오면서 숭배하기 시작하였다. 일설로는 오우치 씨의 선조가 백제에서 이곳으로 넘어왔을 때 지켜준 곳이 이곳 묘견사라고 한다. 오우치 씨에게 이곳은 지배를 수월하게 하기 위한 수단인 동시에 식량생산을 위한 장소이기도 했다. 왼쪽에는 범종이 있고, 오른쪽에는 불전이 있어 신과 절이 합치된 모습을 잘 보여주는 일본 절의 대표적 형태이다. 이곳에서는 1년에 한번 2월 달에 큰 행사가 있는데 오우치 씨의 지배를 받았던 전 지역의 사람들이 참여한다. 이는 오우치 씨의 지배 모습을 보여주는 것이라 할 수 있다.

이곳 범종의 특성은 조선과 일본종의 특징을 모두 가졌다는데 있다. 후쿠오카현 아시야지역의 이모노 씨가 만들었고 일본범종의 특징인 많은 유두, 심플함 뿐 아니라 조선종의 특징인 사천왕상과 연꽃무늬가 있다. 이는 오우치 씨가 한반도와 관계가 있는 것을 반영한 것이다. 종 전체가 천축의 형태를 가지고 있으며 비에산의 스님이 종에 글씨를 썼다고 한다. 수미선의 형태를 가지고 있으며 치의 글씨는 비에산의 스님이 적었다.

16세기 개창되었을 당시에는 이 지역(서쪽)에서 가장 큰 절이었으며 현재 중요지정문화재이다.

• 19:00 저녁 식사

숙소에 도착해서 서정석 선생님은 일정을 끝내고 돌아가셨고, 남은 일행은 숙소 식당에서 사에키, 이토코지 선생님과 저녁식사를 함께 하며 셋째 날 일정을 마쳤다.

■ 제4일 : 7월 29일 목요일

• 09:02 4일차 답사의 아침

숙소 앞에서 이토코지 선생님과 헤어진 우리는 오이타로 이동하는 버스에 탑승했고 어제에 이어 버스강의가 시작되었다.

> ▶ 한문종 교수님 - 조선전기 조일관계와 대마도
> - 조선전기 동아시아 국제 정세 속 조일외교의 성립과 당시 조일관계
> 의 주요 쟁점이 되었던 왜구 근절과 통교왜인의 통제 현안에 중심에 있었
> 던 대마도의 역할에 대한 강의.

> ▶ 손승철 교수님 - 조선통신사
> - 조선전기는 시대적인 배경이나 조일관계의 양상이 다른 만큼, 조선
> 후기의 기준으로 전기 통신사를 규정하는 것은 문제가 있으므로 통신사
> 의 시작과 개념에 대한 재검토 필요에 대한 강의.

• 13:38 오이타현립선철사료관

벳푸에서 점심식사를 마친 일행은 다시 오이타현립선철사료관으로

향했다.

사료관은 이 지역의 先哲을 비롯하여 역사와 문화에 관한 사료를 조사·연구하고, 전시와 열람, 총서간행들을 통해 문화발전에 기여하는 것을 목적으로 1995년에 설립되었다고 한다.

본래 오오토모 씨 관련 전시인데 방문당시에는 고대유물을 전시하고 있었다.

• 14:12 오오토모 씨 유적 체험학습관

버스를 타고 이동한 곳은 넓은 공터자리로 휑한 땅위 한편에 체험학습관이란 곳이 있었다. 사에키 교수님께서 현재 이곳이 만수사라고 하는 오오토모 씨의 근거지임을 말씀해 주셨다. 오우치 씨는 백제출신이라고 주장했는데 오오토모 씨는 지금의 카나가와현 사가미라는 지역의 무사로, 미나모토 요리토모의 가신이 되어 붕고(Bungo)와 다른 지역을 같이 지배했었다. 전국 대명으로 성장하면서 이후 오우치 씨와 대립하게 되었는데 이는 북부큐슈 영역과 하카다의 영유권, 곧 중국, 한반도 관련한 무역권을 다투었기 때문이다. 초기에는 오우치 씨 세력이 우세했으나 16세기에 멸망하면서 오오토모 씨가 대두하였다. 현재 오이타에서 오오토모 씨에 관한 발굴조사가 한창이며 현재 지역도 몇 년 전에 발굴조사가 이루어졌다고 한다.

• 15:30 오이타시역사자료관

오이타역에서 사에키 교수님과의 아쉬운 작별을 뒤로하고, 오이타시의 역사자료관에 도착했다. 자료관은 붕고 옥분사를 중심으로 하는 구석기 시대~고대, 오오토모씨를 중심으로 하는 중세에서 근세 오이타시의 역사에 관한 자료를 2개의 전시실에서 상설전시하고 있는 곳이었다. 학예원 나카니시(中西) 씨 설명으로, 2층에는 오오토모관계 고문서, 예수회 관련 자료가 전시되어 있음을 알 수 있었다. 또한 화상과 직접 쓴 소

장, 교토를 본떠 만든 오오토모시대의 마을지도도 전시되어 있었고, 문화
적으로 포르투갈 예수회의 영향을 받았으며 서양문화, 연극, 의학 등이
붕고(Bungo) 지역에서 빨리 수용되었음을 당시 선교사들의 서한들을 통
해 알 수 있었다. 인상 깊었던 면은 1650년 서양에 출판된 서양 옛 지도
에 오이타지역이 크게 나타나 있었던 것으로 당시 이 지역에 대한 인식
을 알 수 있었다.

● **16:00 잠시 주변을 둘러볼 수 있었던 여유**

여행이 중반에 지나가고 있을 때 일행을 태우고 달리던 버스에서 내
려 온천을 즐기며 한때의 여유를 즐길 수 있었다. 우리는 노천온천에서
피로를 달래고 미타라이 씨 부부의 따뜻한 환대를 받으며 유후인 노노카
펜션에 도착했다. 세면대 하나 소품 하나하나에도 자연이 묻어나는 아름
다운 곳이었다. 이윤희 선생님과 합류하여 자연 속에서 포근하고 여유로
운 저녁을 보낼 수 있었다.

■ **제5일 : 7월 30일 금요일**

● **09:15 숙소를 벗어나며 버스에 탑승,**
　　　　　　　　마지막 버스강의가 시작되었다.

▶ 신동규 교수님 - 일본사 개관과 전국시대

- 일본사 시대 구분에 있어서 고대 야마토 정권 및 중세, 근대시기의
역사적 사건들 설명, 이어 도요토미 히데요시의 통일정책을 정리하며 쇼
쿠호(織豊)시대를 전후로 한 일본의 변화를 국제관계와 사상변화에 초점
을 맞추어 설명

▶ 유재춘 교수님 - 한국, 일본 성곽의 비교

- 집단과 세력의 발현으로 지역, 민족, 국가에 따라 다양하게 나타나

는 성곽은 전쟁의 규모 변화와 무기의 발달에 영향을 받는데, 일본과 조선은 군사 운용의 차이가 존재해서 성곽의 형태가 다른 양상을 보인다. 다곽식으로 나타나는 일본 성곽과 성벽이 하나인 경우가 대부분인 조선 성곽의 특징과 양상에 대한 강의

● 13:16 카가미(鏡神)신사

가라츠에서 마쓰오 히로키 선생님이 합류하였고 일행은 간단하게 점심을 먹고 카가미신사로 향했다. 카가미신사는 삼한정벌 때 신공황후가 카가미산 정상에서 전승을 기원하며 바친 거울에서 영험한 빛을 발했다는 전설이 내려오는 곳으로, 이 신사는 항구와 근접해 있어 무역이 이루어졌을 것으로 추정되는 곳이다. 마쓰오 선생님의 말씀으로는 옛 기록에 카가미신사에 살고 있던 선원이 고려까지 무역하고 있어 절에서 가마쿠라 막부에 알렸다는 내용이 있다고 한다. 무역에 관한 사료가 많지는 않지만『조선왕조실록』에 쿠사노 씨가 여기에서 조선과 무역했다는 내용이 있음도 또한 알 수 있었다.

● 13:32 에니치지(惠日寺)

후쿠시마현에 있는 사찰로 일찍이 慧日寺라고 불렸으며, 메이지 시대에 폐사되었지만, 부흥되어 현재의 사호를 쓰게 되었다고 한다. 에니치지 경내에 고려범종이 전시 중임을 확인하고 기쁨의 발걸음을 떼었다. 경내로 들어서서 오른쪽 종루 안에 덩그러니 종이 있어서 확인했더니 고려범종이 아닌 일본종이었다. 고려범종은 복원된 金堂 안에 보관되어 있었는데, 單頭의 龍頭와 音痛, 상하대, 당좌, 천인상 등을 갖추고 있었다. 13세기 왜구에 의해 약탈된 것으로 보이는 고려범종을 일본까지 와서 보게 된 것에 묘한 감정들이 뒤섞였다.

• 14:05 가라츠성(唐津城)

버스를 이동하면서 가라츠성의 혼마루(本丸)가 보였다. 일행은 촉박한 일정 때문에 방문을 하지 못했으나 히로키 선생님께 간단한 설명을 들을 수 있었다. 이곳의 초대영주였던 테라자와 히로타카가 1608년에 지은 것으로 메이진 유신 이후 허물어졌다가 1966년에 재건된 것이라고 한다. 바다와 인접한 언덕에 위치하여 가라츠의 거리와 바다를 볼 수 있고, 경치도 뛰어나며, 또 비상하는 학의 모습과 유사하다고 하여 '마이즈루성(無鶴城)'이라는 별명으로도 불리고 있다고 한다. 가라츠성에서 내려다 보이는 바다와 가라츠 시내의 풍경을 볼 수 없었던 아쉬움에 짧기만 한 시간을 괜히 탓했다.

• 14:36 나고야성 박물관

지금은 성터만 남아있지만 나고야성 박물관의 규모를 보고 있자니 학예사 하야시 유미 씨의 설명처럼 나고야 성은 13만 헥타르로 야구장 3개 크기이며 도요토미 히데요시 당시에 오사카성에 이어 두 번째로 큰 성이었음이 실감났다. 이 나고야성은 16세기 말 도요토미 히데요시가 조선을 침략할 때 거점지로 쌓은 성이라고 하는데 성터에서 금박을 입힌 기와가 출토되는 등 전쟁을 목적으로 지은 성곽이라는 생각이 들지 않게 화려한 모습을 엿볼 수 있었다. 박물관에는 고대부터 현대까지의 일본열도와 한반도의 교류 역사를 중심 주제로 전시하고 있었고 교류사는 나고야성 이전, 역사 속의 나고야성, 나고야성 이후로 구분하여 전시하고 있었다.

관람을 마치고, 시청각실에서는 나고야성 역사, 문화에 관련한 영상을 시청하였다.

• 17:00 겐코우보루이(元寇防壘)

겐코우보루이는 가마쿠라 시대, 그 당시 집권하고 있던 호조 도키무네가 두 번째 몽고의 습격에 대비하여 하카다 연안에 돌로 축조한 방어

벽으로 총길이가 20㎞에 이른다고 전해지고 있으며, 현재는 이마즈, 니시진, 이키노마 쓰바라에서 볼 수 있다고 한다. 방루를 올라가는 길에는 큐슈의 御家人 다케자키 스에나가가 그린 『蒙古襲來繪詞』가 있어 건축 당시의 방루의 모습을 엿볼 수 있었다. 한여름 달려드는 모기떼가 아니었다면 더 자세히 볼 수 있었을 텐데 하는 아쉬움이 남았다.

● **18:20 마지막 날 저녁**

후쿠오카에 도착한 우리는 오랜만에 김치와 함께 하는 저녁식사를 했다. 물론 한국 음식은 김치 밖에 없었지만 그것마저도 행복했다. 식사를 마치고 마지막 날 안내를 해주신 마쓰오 선생님과 헤어져 숙소로 돌아와 짐을 풀었다.

아직 먹어보지 못한 후쿠오카의 명물이라는 라면을 먹으러 나섰다. 김치와 함께한 저녁도 무척 많이 먹었는데도 구수한 라면 육수에 빠져 나온 배를 더욱 불렸다.

■ **제6일 : 7월 31일 토요일**

● **09:43 오노죠(大野城)**

숙소를 출발하며 마지막 일정을 시작한 일행은 이윤희 선생님과 미타라이 씨와 헤어지고 큐슈대 대학원생인 나카무타 씨와 합류해 오노성에 도착했다.

백제 부흥을 꾀하여 일으킨 663년 백촌강 전투에서 백제부흥군과 왜 연합군은 나당연합군에 패하고, 연합군의 공격이 두려운 야마토 조정은 한반도와 가까운 큐슈 지방을 중심으로 다양한 방어 시설을 만들었다. 그 가운데 큐슈의 외교와 국방을 관할한 다자이후가 북쪽 수비를 위해 시오지산에 구축한 것이 오노성이라고 한다.

백제인들의 지휘로 만들어진 두 개의 시와 쵸(町)에 걸쳐 있는 대규모 고대 조선식 산성으로, 산꼭대기와 산등성이를 보루와 석루로 둘러싸고 성곽 안에는 많은 건물 초석이 남아 있었다. 이는 만일에 대비해 다자이후의 기능을 옮길 생각이었던 것으로 보인다고 나카무타 씨가 설명해주셨다. 또 안에는 탄화된 볍씨도 보였는데 곡물도 이곳에 저장했음을 알 수 있었다.

- **10:43 큐슈국립박물관**

버스를 타고 이동해 큐슈국립박물관에 도착했다. 큐슈박물관은 일본에서 4번째로 설립된 국립박물관으로 다자이후텐만구(太宰府天満宮) 뒤의 구릉지에 있다. 100년 이상의 역사를 지닌 도쿄(東京), 교토(京都), 나라(奈良)의 국립박물관이 미술 관련 박물관인 것에 비해 이곳은 역사 관련 박물관이다. 규슈(九州) 지역은 아시아 문화와의 교류에 중요한 창구 역할을 했던 곳이다. 박물관은 일본문화의 형성을 아시아사(史)의 관점에서 보는 것을 기본이념으로 하고 있다. 이런 관점에서 구석기시대부터 근세 말기까지의 일본의 문화 형성에 대한 문화재 자료를 전시하고 있다.

우리가 도착했을 때는 박물관에서 특별전으로 '말(馬)'과 관련된 유물들을 전시하고 있었는데 지금은 쉽게 생각되는 도구들이 발명 당시, 그 이후 역사적으로 가져온 파급효과에 새삼 놀라움을 느꼈다.

- **12:00 다자이후(大宰府) 유적**

다자이후는 백제·일본군이 백촌강 전투에서 나당연합군에 패한 후, 일본 정부가 설치한 지방관청이다. 그 역할은 7세기 후반에서 나라·헤이안 시대(8~12세기)까지 규슈를 다스리고 일본의 서부 지역 방위와 한국, 중국 등 외국과의 교섭의 창구로서 중요한 역할을 해왔다고 한다. 현재도 당시의 역사를 알려주는 초석과 회랑 주변의 관청유적이 복원되어 공원화되어 있음을 확인할 수 있었다. 일행은 유적터를 돌며 정원터 및 남문유적 복원모습을 보고 전시관에 들러 유적에서 출토된 유물과 유구 등을 보았고, 다자이후의 역사를 소개하는 자료도 볼 수 있었다.

• 12:30 미즈키(수성터)

664년 당나라의 공격에 대비해 축성한 1.2㎞ 길이의 다자이후 방위시설인 '미즈키'이다. 다자이후에서 후쿠오카를 향해 도로나 노선을 가로지르는 나무로 덮여 있는 언덕이 당시를 떠올리게 한다.

• 답사의 종료

일본에서의 마지막 식사를 거대한 접시에 나오는 해물짬뽕으로 마무리하고, 후쿠오카 공항에 도착했다. 비행기가 이륙하고 그동안의 여행일정을 떠올리는 일행의 얼굴에는 피곤함과 그리움이 가득하다. 인천 공항에 도착한 뒤 손승철 교수님의 답사 종료가 선언되었고, 일행은 서울과 춘천 팀으로 흩어져 일정을 종료했다.

기록: 김강일, 김윤순, 서은호, 정병진, 정지연, 황은영

2. 2차 답사

홋카이도 전역(北海道 全域)

1) 답사일정표(2011년 1월 28일 ~ 2월 1일, 4박 5일)

일 자	지 역	교통편	시 간	주요 일정	식 사
제1일 1월 28일 (금)	춘 천 인 천 치토세 노보리벳츠	시외 버스 KE765 전용 차량	05:30 10:05 12:35	춘천 출발 인천 국제공항 출발 치토세 공항 도착 ● 답사 : 시라오이 아이누 민속박물관 　　　　　아이누 민속박물관 노보리벳츠로 이동 ● 답사 : 지옥계곡(地獄谷) ● 숙소 : 노보리벳츠 미야비테이 호텔	중 -기내식 석 -숙소
제2일 1월 29일 (토)	노보리벳츠 삿포로	전용 버스	전일	삿포로로 이동 ● 답사 : 홋카이도 개척촌 박물관 　　　　　홋카이도 개척마을 　　　　　홋카이도 대학 견학 　　　　　홋카이도청 구 본청사 　　　　　삿포로시 시계탑 　　　　　오오도리 공원 ● 숙소 : 삿포로 게이오프라자 호텔	조 -숙소 중 -현지식 석 -현지식
제3일 1월 30일 (일)	삿포로 네무로 쿠시로	도보 JR 전용 버스	전일	기차역으로 이동(도보) JR타고 네무로역으로 이동(약 6시간) (삿포로 출발-07:03/네무로역 도착-13:00) ● 답사 : 노삿푸미사끼곶-북방관(北方館) 　　　　　북방영토자료관 쿠시로 이동(약 2시간) ● 숙소 : 쿠시로 프린스 호텔	조 -숙소 중 -현지식 석 -숙소
제4일 1월 31일 (월)	쿠시로 하코다테	대중 교통 항공기 전용 버스	12:35 13:50	쿠시로 공항으로 이동(시내버스, 약 40분) 쿠시로 공항 출발 하코다테 공항 도착 ● 답사 : 마쓰마에성(松前城) ● 숙소 : 타쿠보테이 호텔	조 -숙소 중 -현지식 석 -숙소
제5일	하코다테	전용		● 답사 : 시립 하코다테 박물관	

| 2월
1일
(화) | 인천 | 버스

KE774 |

13:20
16:20 | 북방민족자료관(北方民族資料館)
북방역사자료관(北方歷史資料館)
고료가쿠(五稜郭)
하코다테 공항 출발
인천공항 도착 및 해산 | 조
-숙소 |

2) 참가자 명단

연구팀			
번호	성명	성별	직위
1	손승철	남	연구책임자(강원대학교 사학과 교수)
2	김보한	남	공동연구원(단국대학교 교양기초교육원 교수)
3	남의현	남	공동연구원(강원대학교 사학과 교수)
4	민덕기	남	공동연구원(청주대학교 역사문화학과 교수)
5	신동규	남	전임연구원(강원대학교 인문과학연구소 연구교수)
6	엄찬호	남	공동연구원(강원대학교 인문과학연구소 HK연구교수)
7	유재춘	남	공동연구원(강원대학교 사학과 교수)
8	한문종	남	공동연구원(전북대학교 사학과 교수)
9	김강일	남	연구보조원(강원대학교 사학과 강사)
10	김윤순	여	연구보조원(강원대학교 사학과 박사과정)
11	서은호	여	연구보조원(강원대학교 사학과 석사과정)
12	정병진	남	연구보조원(강원대학교 사학과 박사과정)
13	정지연	여	연구보조원(강원대학교 사학과 강사)
14	황은영	여	연구보조원(강원대학교 사학과 강사)
현지 자문			
번호	성명	성별	직위
1	권석영	남	북해도대학 교수
2	橋本 雄	남	북해도대학 교수
3	제홍일	남	삿포로학원대학 교수
4	김영미	여	북해도대학 박사과정

3) 답사지역 지도

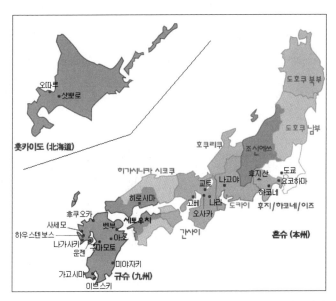

치도세 → 노보리베츠 → 삿포로 → 네무로 → 구시로 → 하코다테

4) 답사기록

■ 제1일 : 1월 28일 금요일

● 05:30 어둠이 뒤덮고 있는 춘천의 터미널

아직 동이 트지 않은 오전 5시 30분, 춘천에서 인천공항으로 향하는 버스에 각자의 몸을 실었다. 이른 아침이라 피곤할 텐데도 답사가 마침내 시작됐다는 설렘은 버스에서의 두어 시간의 여유에도 우리를 잠 못 들게 하는 듯 했다. 한참을 달린 버스는 인천공항에 무사히 도착했고, 한문종, 김보한 교수님과 김강일 선생님, 그리고 홋카이도 답사의 안내를 도와줄 김임지 가이드와 합류하였다.

인천공항에는 롯데법인의 박재승 팀장이 우리의 답사를 배웅하기 위해 나와 있었고, 공항에서의 출국수속을 무사히 마친 답사팀은 10시 05분에 홋카이도로 향하는 대한항공 KE765 비행기에 탑승하였다.

● 12:35 치토세 공항 도착

치토세 공항에서 간단한 입국심사를 거치고 오후 1시 10분 전용버스에 탑승하였다. 답사의 설렘이 책임감과 뒤섞여 답사가 시작된 것을 실감케 했다.

전용버스는 답사의 첫 목적지인 시라오이 아이누 민속박물관으로 향했다. 약 1시간 정도의 이동시간을 활용하여 손승철 교수님께서는 이번 홋카이도 답사목적과 홋카이도의 기후, 면적, 인구 및 특산품 등 전반적인 개괄을 해주셔서 답사지에 대한 이해에 도움을 주셨다.

차창 밖으로 보이는 홋카이도의 풍경은 하얀 빛을 뿜어내고 있는 눈으로 가득했다. 이 때문에 주택의 지붕들은 대부분 45도 경사의 삼각형 모양을 하고 있고 고속도로에는 열선을 깔아 대비하고 있다는 가이드님의 설명에 저절로 고개가 끄덕였다.

• 14:18 시라오이 아이누 민속박물관

아이누 민족은 홋카이도 지역의 선조로 불리고 있으며, 그들의 문화유산을 보존하고 공개하기 위해 포로토 호수에 취락시설을 이전해 복원한 것이라고 한다. 갑자기 쏟아져 내리는 눈과 함께 우리를 반긴 것은 코탄코로쿠르이라고 불리는 거대한 촌장상이었다. 촌장상을 배경으로 사진 찍는 장소가 마련되어 있기에 놓치지 않고 단체사진을 찍었다.

우선 아이누 민족의 민속춤을 관람하였는데 공연된 민속춤은 차례로 ①남자가 새(?)를 향해 활을 쏠까 말까하는 모습을 나타낸 춤 ②아이누 민족의 자장가(이훈케) ③악기(오현금) 연주 ④대나무로 만든 전통악기인 뭇쿠리 연주 ⑤신에게 제사를 지낼 때 재물의 영혼을 신에게 전송하는 의식을 나타낸 춤(이오만테)이 공연되었다. 그들의 춤과 연주는 홋카이도의 광활한 자연을 상상하게 했다.

우리의 시선을 붙잡은 것은 민속춤만이 아니었다. 공연이 끝나고 우리 답사팀에게 "안녕하세요"라는 능숙한 한국어로 인사를 건네 온 노모토 미쓰하루 씨도 우리의 시선을 끌었다. 노모토 미쓰하루 씨는 아이누 민족에 대한 보다 상세한 설명을 한국어를 섞어가며 재미있게 이야기해 주셨다. 그는 포로토 호수의 명칭은 '포로'는 크다, '토'는 호수라는 의미를 가지고 있어 커다란 호수라는 뜻을 지니고 있고, 홋카이도 지명은 90%가 아이누 지명이라는 점을 알려주었다. 또한 아이누 가옥은 '치세'라고 부르며 마을의 규칙에 따라 동일한 모양과 방향으로 짓는다고 하였다. 치세의 서쪽은 입구이며 동쪽은 신을 위한 문(창문)으로 신과 인간을 이어주는 문을 상징한다고 하였다. 창문이 있는 쪽은 신이 살고 있는 나라를 의미하는 것이며 큰 행사가 열리는 경우에는 동쪽 문에서 신이 들어오는 것으로 여긴다고 하였다.

아이누 민족이 입는 옷의 이름은 '카무에'라고 하며 지역에 따라 차이가 있는데 문양을 보고 출신지역을 파악할 수 있다고 하였다. 칠기[行器]는 아이누 민족의 선조가 만든 것이 아니라 에도시대 사무라이들이 가져온 것으로 상인들과의 물물교환을 통해 획득한 것이며 주로 축제나 행사가 있을 때에 사용한다고 하였다. 치세의 한편에는 나무껍질로 만들어진 장식품이 있었는데 이런 장식품이 많은 집은 행사나 축제가 많은 집을 의미하기도 하며 장식품들은 액막음의 의미도 포함되어 있다고 한다.

치세 천정에 걸려있는 연어는 가을에 잡아서 겨우내 말리는데 봄에는 가옥에 들여와서 화덕의 연기에 훈제시켜 먹는다고 하면서 선조의 보존 지혜를 언급하였다. 현재 1마리에 4천 500엔 정도의 가격으로 팔리고 있으며 전통가옥인 치세 옆에는 한국의 동해안에서 명태를 말리는 모습을 떠올리게 되는 수많은 연어가 말려지고 있었다.

아이누 민족의 여자들은 문신을 하였는데 남성들은 하지 않았고, 액막음의 의미를 가지고 있으며 문신의 모양을 통해 출신지를 알 수 있다고 하였다. 현대에는 문신을 하지 않으며, 치세에 사는 일도 없으며, 전통복장도 거의 입지 않고 보통의 일본인과 동일한 생활을 하고 있다고 설명하였다.

아이누 인구는 약 2만 5천이라는 조사가 존재하지만 노모토 미쓰하루 씨에 의하면 10배 이상이 홋카이도와 본토에 있는 것으로 추정된다고 한다. 편견과 취업 등의 이유로 인하여 정확한 수치를 확인할 수 없다고 하였다. 현재도 아이누 민족의 권리를 위해 여러 활동이 진행되고 있긴 하지만 여전히 아이누 민족이라고 당당히 밝힐 수 없는 그들의 심정은 나라를 잃었던 우리의 암울하고 슬픈 과거를 생각나게 했다.

● **15:15 아이누 민속박물관**

아이누 민족의 민속공연과 노모토 미쓰하루 씨의 상세한 설명을 듣고, 3시 15분에 인접한 아이누 민속박물관을 견학하였다. 박물관의 내부에는 아이누 민족의 전통의상과 작은 칼, 장신구, 악기(오현금이) 등 아이누 민족의 생활, 주거, 일상, 죽음과 관련된 자료들이 박물관을 구성하고 있었다. 아이누 민족은 칠기류나 보도, 화살통 등을 보물로 여겨서 많이 소유하는 것을 부의 상징으로 여겼다고 한다.

● 16:30 지옥계곡(地獄谷)

지옥계곡은 현대에는 휴양지로 발전하였지만 과학이 발전하지 않았던 시기에는 음산한 느낌의 지옥과 같은 곳으로 여긴 곳이라고 한다. 지옥계곡이라는 명성에 걸맞게 유황냄새가 진동하고 있었으며 쌓여있는 눈과 따뜻한 물에서 나오는 연기의 조화는 과거의 일본인들이 이곳을 현실에 존재하는 지옥으로 여길 수밖에 없었다는 생각을 하게 했다.

● 17:00 숙소 도착

지옥계곡 관광을 마치고 노보리벳츠 미야비테이 호텔로 향하였다. 호텔은 지옥계곡에서 멀지 않은 곳으로 따뜻한 온기를 뿜는 온천이 흐르는 소리가 들렸다. 저녁에는 다양한 요리와 함께 일본의 소주를 마시며 답사에 대한 마음가짐이 처음 설렘을 느꼈던 그대로 영원하길 바랐다.

■ 제2일 : 1월 29일 토요일

오전 08시 30분 호텔에서의 조식을 마치고 노보리벳츠를 출발하여 삿포로로 향했다. 전용버스에 탑승한 답사팀을 위해 손승철 교수님께서 일정을 안내해 주셨다. 21세기 일본과 리시아의 영토 분쟁지역인 북방영토의 답사와 에도막부 이후 일본이 홋카이도를 어떤 과정을 통해 편입시켜 나갔는지가 답사의 포인트임을 알려주셨다.

이어서 답사예정지인 북해도 대학은 과거 7개 제국대학 중 하나이며 슬라브연구센타라는 독립도서관과 북방민족연구소가 있으며 'Boys be ambitious!'라는 명언을 남긴 클라크 총장의 동상이 있다는 설명도 해주셨다. 이동하는 중에는 집을 거의 찾아 볼 수 없었고 어제의 눈 때문인지 1m 정도 쌓인 눈 사이로 차들이 지나다녔다.

• 10:05 홋카이도 개척촌 박물관

박물관에는 약 900년 전에 폭발한 백두산의 화산재가 일본에도 쌓여 있다고 하는 지도와 홋카이도의 동·식물 외에도 죠몬문화를 나타내는 토기, 여러 석기 및 고서적과 문서가 전시되어 있었다.

• 11:07 홋카이도 개척마을

개척마을에는 말이 끄는 썰매를 운행하고 있었는데, 답사팀원들은 효율적인 관람을 위해 2조로 나누어 썰매를 타고 개척마을을 탐방하였다. 개척촌은 다른 곳으로 이전하였으나, 신문사, 양조장, 진료소, 학교, 교회, 고딕 양식의 주택 등 당시의 개척마을의 모습을 눈에 담을 수 있었다.

말이 끄는 썰매 외에도 삿포로식의 스키도 타보았는데 폭이 좁고 현재의 스키와 달라서 고도의 기술이 요구되었다. 나무로 만든 썰매는 비교적 안정적이어서 쉽게 탈 수 있었는데 썰매와 함께 어린 시절의 추억 속으로 내달리는 듯 했다.

• 13:37 홋카이도 대학

오전 11시 40분에 홋카이도 개척마을을 떠난 답사팀은 토모와(とも わ)라는 식당에서 따뜻한 우동과 튀김을 점심으로 먹고 다시 홋카이도 대학으로 출발하였다. 점심을 먹고 잠시나마 나른해질 수 있는 이동시간에는 김임지 가이드가 일본에서는 지진이 자주 발생해서 출구의 확보를 위해 집들이 판자 하나로 연결되어 있는 경우가 많은데 이는 사생활보다는 생명을 중시하기 때문이라고 설명하였다. 집의 구조자체가 사생활 보호가 취약하기에 일본인들은 남의 사생활에 영향을 끼치지 않으려는 의식이 생겨난 원인이 되었다고 하였다.

홋카이도 대학 남문에 도착한 우리는 그곳에서 유학 중인 김영미 선생님을 만나 함께 클라크 동상을 찾았다. 클라크는 1876년 건설된 홋카이도 대학의 초대총장으로 우리에게 익숙한 명언인 'Boys be ambitious!'라는 명언을 남긴 인물이며 홋카이도 대학은 그런 그의 신념과 학문이 담겨져 있는 곳이다. 이 후 홋카이도 대학의 권석영 교수님 연구실을 방문하여 이야기를 나눈 뒤 까마귀들이 아쉬움으로 울어대는 대학의 교정을 나왔다.

• 14:38 홋카이도청 구 본청사

구도청의 건물 전경에서는 개척사 깃발의 상징인 별모양을 확인할 수 있으며 약 250여 만 개의 벽돌로 지어져 '도청 붉은 벽돌 청사' 등으로 불리고 있다. 관내에는 홋카이도 개척자료를 전시, 보존하는 홋카이도립 문서관 등이 일반인에게 공개되고 있고, 일부는 인접한 현청사의 회의실로 현재도 사용되고 있다고 한다. 특히 한 문서관은 러시아와의 국경분쟁을 벌이고 있는 북방영토에 대한 자료가 많이 전시되어 있었다.

• 15:25 삿포로시 시계탑

시계탑에서는 수동으로 운영되었던 시계탑의 역사뿐만 아니라 유사한 시기에 건축된 일본 각지의 시계탑에 대해 안내하고 있었다. 특히 시계탑의 작동원리에 대한 비디오를 상영하고 있어 관람객들의 이해에 도움을 주고 있었다.

시계탑은 삼각지붕 위에 큰 시계를 올려놓은 특징적인 외관의 건축물로 삿포로시 중심부의 유명 관광지이며 삿포로 컨트리 사인의 디자인으로도 사용되는 등 삿포로시의 상징적인 건물이라고 한다. 그래서인지 가게의 간판이나 관광포스터 등에서 많이 사용되고 있었다.

- **15:58 오오도리(大通)공원**

시계탑에서 출발해 오오도리 공원으로 향했다. 어제 눈이 많이 와서 한쪽에서는 제설 작업이 한창이었고 한쪽에서는 눈 축제 준비기간에 대비해 얼음조각을 세공하고 있었지만 아직 작업 중이라 모두 둘러보지 못하여 아쉬움이 컸다.

- **16:20 JUNKUNDO 서점**

숙소에서 먼저 짐을 풀고 일정을 진행하려 했으나 눈으로 인한 도로 사정으로 일정을 변경하여 시내의 JUNKUNDO 서점으로 향하였다. 그곳에서 답사와 관련된 서적을 구입하였다.

- **5:58 キリソビー八園에서 저녁식사**

운전기사의 실수로 식사 장소를 잘못 찾아 권석영, 제형일 교수님과 약속시간이 30분이나 지체되었다. 권석영, 제형일 교수님과 인사를 나누고 저녁식사와 더불어 담소를 나누었다. 게를 원 없이 먹고 배가 불러본 적은 처음이었다. 식사를 마치고 권석영, 제형일 교수님과 헤어지고 숙소로 향하였다.

- **20:50 わたみ家 도착**

저녁식사 후 숙소에 들러 짐을 풀고 わたみ家에 가서 답사에 대한 이야기, 김영미 선생님의 유학생활에 대한 이야기를 들으며 답사의 하루를 마무리했다.

■ 제3일 : 1월 30일 일요일

답사 3일차를 맞은 우리는 오전 5시 55분에 호텔로비로 집합하였다. 답사팀이 평소보다 일찍 출발준비를 마친 것은 네무로로 향하는 기차시

간을 위해서였다. 우리는 호텔에서 답사팀을 배려하여 보다 이른 시간에
식사를 준비해준 성의에 고마워하며 간단한 조식을 마치고 6시 30분에
도보로 삿포로 역으로 향했다.

삿포로 역에서 답사 2일차 일정을 함께한 김영미 선생님과 헤어지고
7시 3분 쿠시로행 열차에 탑승하였다. 약 4시간 정도를 달린 기차는 쿠
시로 역에 도착하였고 우리는 바로 11시 1분에 네무로행 열차로 환승하
였다. 우리가 탑승한 네무로행 열차는 한 칸짜리 작은 기차로 아담한 분
위기를 자아내었다. 기차에서는 기관사가 있는 곳에서도 사진을 촬영할
수 있었는데 사슴들이 자주 보여 사슴들을 위한 기적소리를 내기도 하였
다. 우리에게 사슴은 약간은 지루한 네무로로 향하는 길을 달래주는 즐
거움이었으나 기관사들은 돌아오는 길을 걱정하는 눈치였다.

기차 안에서 도시락으로 점심을 해결하고 드디어 오후 1시에 네무로
역에 도착하였다. 네무로 역에서는 우리를 위한 버스가 기다리고 있었
고 다시 힘을 내어 노삿푸미사끼곶으로 향하였다. 그곳으로 향하는 길
은 온통 뿌연 안개 속이었고 곳곳에는 바람을 막기 위한 철 구조물이
보였다.

• 13:53 노삿푸미사끼곶

호텔에서 출발한지 6시간 정도가 지나서야 노삿푸미사끼곶에 드디어
도착했다. 그곳에는 北方館이라는 건물이 있었는데 물개, 사슴 등의 동
물모습과 망원경을 통해 북방영토의 모습을 선명하게 볼 수 있었다. 우
리를 안내한 버스기사의 설명에 의하면 이곳은 러시아 순시선이 자주 돌
아다니고 일본 해상자위대도 자주 출몰해 가끔씩 충돌이 일어나기도 한
다고 한다.

• 15:13 북방영토자료관

이곳에는 북방영토 4개도의 역사와 환경, 현재의 모습과 교류에 관한

전시물이 전시되어 있었다. 북방영토자료관의 1층에는 소규모의 북방영
토와 관련된 도서자료실이 있고 북방영토 4개도와의 교류와 관련된 영상
물을 볼 수 있는 시청각실이 있었다. 영상물에는 네무로 시장을 중심으
로 북방영토에 살았던 사람들의 자손이 방문하여 러시아인과 교류하고
학술대회를 열었던 모습이 담겨져 있다.

• 19:20 쿠시로 프린스호텔

큰 유리창 너머로 깜깜한 바다를 가로지르고 있는 배들의 불빛을 보
며 저녁식사를 시작했다. 이곳에서 유명한 '北の勝'라는 술과 함께 여정
의 노곤함을 풀었다.

▣ 제4일 : 1월 31일 월요일

• 8:30 프린스호텔 집담회

8시 30분부터 〈전근대 동아시아 지역의 해류 경계인식과 분쟁에 관한
종합적 연구〉를 주제로 각 연구원들의 발표 및 토론이 시작되었다. 약
2시간 동안 손승철 교수님의 사회로 진행된 집담회는 각자의 연구주제에
대한 간략한 발표와 질문을 통해 향후 연구 방향을 모색하였고 추후 일
정도 결정하였다.

2시간의 집담회를 마치고 쿠시로 공항으로 향하는 버스에 탑승하였
다. 약 45분 정도의 시간이 걸려 쿠시로 공항에 도착한 뒤 하코다테 행
일본 국내선 비행기에 몸을 실었다.

• 14:05 버스 특강

  ▶ 신동규 선생님 – 明治維新을 전후한 일본의 변화, 근대국가의 성립
    – 페리가 이끄는 쿠로후네(黑船)가 일본에 내항한 것을 기점으로 시

작된 일본의 개항을 국내외적 배경 6가지를 들어서 설명. 일반적으로 明治維新은 1868년으로 단정되어 있는데, 실제로는 明治元年(1868)을 전후한 시기에 서양에서 학습한 근대적 개혁을 시도한 것이 명치유신임을 지적하면서 일본의 개국과 명치유신, 미국과의 관계를 설명.

▶ 유재춘 교수님 - 고료가쿠(五綾郭)·마쓰마에성(松前城), 일본의 성곽변천사

 - 일본에서 축성된 성곽이 시기에 따라 구조적인 차이가 발생하는 이유를 상비군의 출현 및 전투양상의 변화와 연관해 설명. 막부말기에 축성된 고료가쿠와 마쓰마에성의 축성방법에 근본적인 차이가 존재함을 구체적으로 지적. 한국과 일본이 문화를 받아들이는 양식에 차이가 존재한다는 의견을 수원화성과 고료가쿠를 예로 들어서 설명.

▶ 김보한 교수님 - 아이누의 역사

 - 'アイヌ'라는 단어의 의미를 시작으로 아이누 민족의 분포지역, 홋카이도에 거주하기 시작한 시기, 아이누가 가지고 있었던 문화를 고대부터 근대에 이르는 시기까지 설명. 일본 및 중국의 사서에 나오는 아이누와 연관된 역사적 사건을 소개하면서 아이누의 역사를 전반적으로 개관.

● **16:56 마쓰마에성(松前城)**
'여기가 바로 홋카이도야'라는 생색을 내듯 밤송이만한 눈발이 쏟아졌다. 마쓰마에성으로 가는 3시간은 거북이걸음과 같이 느릿느릿했다. 눈발을 헤치며 도착했건만 마쓰마에성은 폐쇄되어 있어(12월~4월까지 폐쇄) 울타리 밖에서 격전장의 과거를 가지고 있는, 우뚝 솟아 있는 성을 바라보는 것으로 만족해야 했다.

- **20:10 숙소 타쿠보테이 호텔**

금방 도착한다던 숙소는 도착할 기미가 보이지 않았다. 예상시간을 넘어 숙소에 도착해 한국에서도 쉽게 맛볼 수 없는 산해진미를 맛본 것으로 답사의 아쉬움을 달랬다.

■ 제5일 : 2월 1일 화요일

답사의 마지막 날이 밝았다. 우리를 배웅하려고 홋카이도는 쾌청한 날씨를 선물해 주는 듯 했다. 타쿠보테이 호텔을 출발해 고료가쿠로 향하였다. 하지만 버스기사가 도로사정으로 임의로 답사장소를 변경하여 시립 하코다테 박물관으로 향하였다.

버스로 이동하는 도중에 시선을 끌었던 하코다테 산은 소가 누워있는 모양을 하고 있었다. 이곳은 1899년에 군사요충지로 일반인의 출입이 제한되면서 희귀동식물이 대량으로 서식하고 있다고 한다.

- **8:38 시립 하코다테 박물관**

어제 퍼붓던 눈 때문에 차량 진입이 어려워 언덕 위의 박물관까지 도보로 이동하였다. 한국에서는 폭설이라 할 만한 눈이 쌓였는데도 여기는 늘 있는 일이라는 듯 조용히 눈을 치우고 있는 사람들의 모습이 간간히 보일 뿐이었다. 박물관이 개관 전이지만 직원들이 한국에서 온 점을 고려해 흔쾌히 박물관을 개방해 주었다.

박물관 내부에는 중국 화폐가 약 37만 엔 정도가 든 채 매장되어 있었다고 하는 항아리가 전시되어 있었고 토기, 장신구, 광물 등이 전시되어 있었다. 또한 죠몬시대의 토기, 구석기 시대의 석기, 도자기의 역사가 전시 중이었으며 북해도의 전경을 그린 그림도 전시하고 있었다.

• 9:35 북방민족자료관

자료관의 1층에는 아이누 풍속을 소재로 만들어진 12폭의 병풍이 있었고 생업에 따른 북방민족 분포도가 있었는데 예상외로 많은 종족이 존재하고 있었다. 2층에는 木偶, 칼, 제사도구, 어로기구, 토기, 악기 등이 전시되어 있으며 「三國通覽圖說附圖」(1785)라는 지도는 당시의 조선, 류큐, 에조치 지역을 그림으로 표시했는데 해방지식의 보급을 꾀한 지도라고 한다.

• 10:07 북방역사자료관

북방민족자료관 근처에 있었던 조그마한 자료관이었던 지라 우왕좌왕 길을 헤맸다. 이곳에는 북방영토 관련 자료와 高田屋嘉兵衛의 동상을 보고 근대 일본의 여명이라는 제목의 비디오를 시청하였다.

• 10:45 고료가쿠(五稜郭)

고료가쿠에 도착해 처음으로 향한 곳은 고료가쿠의 전체적인 모습을 한 눈에 내려다 볼 수 있는 전망대였다. 전망대의 가격 때문인지 의외로 전망대를 오르는 사람이 많지 않다고 했다. 전망대에 올라 내려다보니 별 모양을 하고 있는 고료가쿠가 홋카이도의 눈에 덮여 빛나고 있었다. 누가 이곳을 외국의 위협에 대항하기 위해 만든 곳이라고 생각하겠는가. 전망대를 내려와 봉행소에 갔지만 공사 중이라 볼 수 없었다.

• 12:00 하코다테 공항

일본에서 우리가 마지막 발자취를 남긴 곳은 공항이었다. 모두 안전하고 건강하게 답사를 마쳤구나라는 안도감과 아쉬움이 교차했다.

• 16:30 답사의 처음과 끝 인천 공항

답사의 처음이자 마지막인 장소 인천공항에 도착했다. 5일 전과 특별히 달라진 것이 없는 데도 새롭게 느껴졌다. 처음에 느꼈던 설렘이 아쉬움과 안도감으로 바뀐 기분 탓이리라. 한국의 품속에서 우리의 답사는 끝을 맺었다.

기록: 김강일, 김윤순, 서은호, 정병진, 정지연, 황은영

집필진

연구책임자

- 손승철(강원대학교 사학과 교수)
  성균관대학교 사학과 동·대학원 졸업(문학박사)
  일본 東京大學·北海道大學·九州大學 연구교수
  한일관계사학회 회장
  한일역사공동연구위원회 위원
  (현) 국사편찬위원회 위원

공동연구원 및 전임연구원(7명, 가나다순)

- 김보한(공동연구원, 단국대학교 교양기초교육원 교수)
- 남의현(공동연구원, 강원대학교 사학과 교수)
- 민덕기(공동연구원, 청주대학교 역사문화학과 교수)
- 신동규(전임연구원, 강원대학교 인문과학연구소 연구교수
  현 동아대학교 국제학부 일본학전공 교수)
- 엄찬호(공동연구원, 강원대학교 인문과학연구소 HK연구교수)
- 유재춘(공동연구원, 강원대학교 사학과 교수)
- 한문종(공동연구원, 전북대학교 사학과 교수)

중 · 근세 동아시아지역의 해륙 경계인식   값 25,000원

2013년 7월 3일   초판 인쇄
2013년 7월 11일   초판 발행
엮 은 이 : 손 승 철
펴 낸 이 : 한 정 희
펴 낸 곳 : 경인문화사
편   집 : 신학태 김지선 문영주 송인선 조연경 강하은
서울특별시 마포구 마포동 324-3
전화 : 718-4831~2, 팩스 : 703-9711
http://www.kyungin.mkstudy.com
E-mail : kyunginp@chol.com
등록번호 : 제10-18호(1973. 11. 8)

ISBN : 978-89-499-0949-3 93910
ⓒ 2013, Kyung-in Publishing Co, Printed in Korea